Títulos en esta serie

EDITADOS Y CON INTRODUCCIONES POR MARY-ALICE WATERS

Las mujeres en Cuba: Haciendo una revolución dentro de la revolución
POR VILMA ESPÍN, ASELA DE LOS SANTOS, YOLANDA FERRER (2012)

Soldado de la Revolución Cubana
POR LUIS ALFONSO ZAYAS (2011)

El capitalismo y la transformación de África
POR MARY-ALICE WATERS Y MARTÍN KOPPEL (2009)

La Primera y Segunda Declaración de La Habana (2007)

Nuestra historia aún se está escribiendo
POR ARMANDO CHOY, GUSTAVO CHUI, MOISÉS SÍO WONG (2005)

Aldabonazo
POR ARMANDO HART (2004)

Marianas en combate
POR TETÉ PUEBLA (2003)

October 1962: The 'Missile' Crisis as Seen from Cuba
POR TOMÁS DIEZ ACOSTA (2002)

De la sierra del Escambray al Congo
POR VÍCTOR DREKE (2002)

Playa Girón / Bahía de Cochinos
POR FIDEL CASTRO Y JOSÉ RAMÓN FERNÁNDEZ (2001)

Cuba y la revolución norteamericana que viene
POR JACK BARNES (2001)

Terreno fértil: Che Guevara y Bolivia
POR RODOLFO SALDAÑA (2001)

Che Guevara habla a la juventud (2000)

Haciendo historia
ENTREVISTAS CON CUATRO GENERALES CUBANOS (1999)

Pombo: A Man of Che's *guerrilla*
POR HARRY VILLEGAS (1997)

Junto a Che Guevara
POR HARRY VILLEGAS (1997)

Sigue en la próxima página

Episodes of the Cuban Revolutionary War, 1956–58
POR ERNESTO CHE GUEVARA (1996)

The Bolivian Diary of Ernesto Che Guevara (1994)

To Speak the Truth
POR FIDEL CASTRO Y ERNESTO CHE GUEVARA (1992)

¡Qué lejos hemos llegado los esclavos!
POR NELSON MANDELA Y FIDEL CASTRO (1991)

¡EE.UU. fuera del Oriente Medio!
POR FIDEL CASTRO Y RICARDO ALARCÓN (1990)

In Defense of Socialism
POR FIDEL CASTRO (1989)

Che Guevara: Economía y política en la transición al socialismo
POR CARLOS TABLADA (1989)

EN CUBA:
IA REVOLUCIÓN
DENTRO DE LA REVOLUCIÓN

Vilma Espín
Asela de los Santos
Yolanda Ferrer

Las mujeres en Cuba: Haciendo una revolución dentro de la revolución

PATHFINDER
NUEVA YORK LONDRES MONTREAL SYDNEY

Editado por Mary-Alice Waters
Edición en español: Martín Koppel

ISBN 978-1-60488-037-3
Número de Control de la Biblioteca del Congreso
(Library of Congress Control Number) 2011945975
Impreso y hecho en Estados Unidos de América
Manufactured in the United States of America

Primera edición, 2012

DISEÑO DE LA PORTADA: Toni Gorton
FOTO DE LA PORTADA: Unidad miliciana de trabajadoras de grandes almacenes y de obreros de cervecería, Plaza de la Revolución, La Habana, Cuba, Primero de Mayo de 1959.

PÁGINAS DE FOTOS: Eva Braiman, Carole Caron

Pathfinder
www.pathfinderpress.com
E-mail: pathfinder@pathfinderpress.com

Tabla de materias

MAPAS

FOTOS

Arriba: Vilma Espín con otros combatientes del Segundo Frente del Ejército Rebelde, fines de 1958. **Centro:** Melba Hernández y Espín (izquierda y derecha) con Nguyen Thi Dinh, vicecomandante de las Fuerzas Armadas de Liberación del Sur durante la guerra de Vietnam, La Habana, 1974. **Abajo:** Espín y Fidel Castro en evento en La Habana por el Día Internacional de la Mujer, 8 de marzo de 2005.

Vilma Espín Guillois

VILMA ESPÍN, dirigente de la Revolución Cubana por más de 50 años, nació en 1930 en Santiago de Cuba, provincia de Oriente. Su madre, Margarita, era ama de casa. Su padre, José, era el principal contador de la empresa de ron Bacardí y ayudante ejecutivo del presidente de la compañía.

Espín ingresó a la Universidad de Oriente en 1948, un año después de que abriera. Allí participó en la lucha por el reconocimiento oficial y financiamiento del gobierno en La Habana para la nueva universidad.

Despúes del golpe militar del 10 de marzo de 1952, que impuso a la dictadura de Fulgencio Batista respaldada por Washington, ella se integró al Movimiento Nacional Revolucionario, cuyo jefe de acción en Oriente era el dirigente estudiantil Frank País.

El 26 de julio de 1953, 160 revolucionarios bajo el mando de Fidel Castro realizaron un asalto armado a los cuarteles militares de Batista en Santiago de Cuba y en Bayamo. Al regarse la noticia de que decenas de los combatientes capturados habían sido torturados y asesinados, Espín y otras tres jóvenes, una de ellas Asela de los Santos, se dirigieron al complejo militar Moncada en Santiago para enterarse de los hechos. Poco después, Espín se integró a la recién formada Acción Revolucionaria Oriental, dirigida por País.

En mayo de 1955, Fidel Castro y otros 31 moncadistas presos fueron puestos en libertad gracias a una campaña nacional de amnistía. Al mes siguiente Castro dirigió un reagrupamiento para fundar el Movimiento Revolucionario 26 de Julio. Espín fue una de sus primeros miembros.

En 1954 Espín se graduó, siendo una de los primeros ingenieros químicos formados en Cuba, y una de las pocas mujeres en ese ramo. Fue a Estados Unidos en el verano de 1955 para cursar un año de posgrado en el Instituto Tecnológico de Massachusetts (MIT). En junio de 1956, cuando iba a regresar a Cuba, la dirección del Movimiento 26 de Julio le pidió que pasara por México a encontrarse con Fidel Castro. Cuadros del Movimiento 26 de Julio se entrenaban ahí para lo que unos meses después sería el desembarco del yate *Granma* en el oriente de Cuba, con 82 combatientes al mando de Fidel Castro, para lanzar una guerra revolucionaria destinada a derrocar el régimen de Batista.

Al regresar a Santiago, Espín empezó a asumir importantes responsabilidades en el Movimiento 26 de Julio, colaborando estrechamente con Frank País. Ayudó con los preparativos para la acción armada del 30 de noviembre de 1956 en esa ciudad, cuyo fin era alejar a las fuerzas militares de Batista de la zona del desembarco del *Granma*. La casa de su familia se convirtió por un tiempo en el centro organizador de la dirección clandestina del Movimiento 26 de Julio en Santiago.

En febrero de 1957 Espín participó en la primera reunión de la dirección nacional del Movimiento 26 de Julio celebrada en la Sierra Maestra. En julio, poco antes de que Frank País fuera baleado mortalmente por la policía de Batista, ella pasó a ser la coordinadora del movimiento en la provincia de Oriente.

En junio de 1958, mientras la policía de Batista peinaba la provincia buscándola, Espín fue trasladada al Segundo Frente Oriental Frank País del Ejército Rebelde. Tras la derrota en julio de 1958 de la ofensiva del ejército, el Segundo Frente se convirtió en una extensa zona liberada al norte y al este de Santiago donde los combatientes bajo el mando de Raúl Castro empezaron a establecer una estructura de gobierno civil. Ahí Espín asumió diversas responsabilidades, entre otras, como instructora en la escuela que preparaba a combatientes como maestros.

Después del triunfo contra la dictadura el 1 de enero de 1959, las mujeres que querían organizarse para apoyar la creciente transformación revolucionariarecurrieron a la dirección de Espín, una de las más conocidas de las mujeres que habían sido dirigentes de la clandestinidad así como combatientes del Ejército Rebelde. Ella encabezó el trabajo para crear la Federación de Mujeres Cubanas, y fue su presidenta y principal dirigente desde la fundación de la FMC en agosto de 1960 hasta su fallecimiento en 2007.

Entre sus muchas responsabilidades, Espín dirigió el Centro Nacional de Educación Sexual, fundado en 1989, y la Comisión Nacional de Prevención y Atención Social, fundada en 1986. Fue vicepresidenta de la Federación Democrática Internacional de Mujeres a partir de 1973.

Espín fue miembro del Comité Central del Partido Comunista desde su fundación en 1965, miembro del Buró Político del partido de 1980 a 1991, y miembro del Consejo de Estado de Cuba a partir de 1976. Como miembro desde 1976 de la Asamblea Popular del Poder Popular, ella presidió la Comisión de Atención a la Niñez, la Juventud y la Igualdad de Derechos de la Mujer. Recibió el título honorífico Heroína de la República de Cuba en 2003.

Espín estaba casada con Raúl Castro Ruz, ministro de las Fuerzas Armadas Revolucionarias de 1959 a 2008 y hoy presidente del Consejo de Estado y del Consejo de Ministros. Tuvieron cuatro hijos.

CORTESÍA DE ASELA DE LOS SANTOS

FEDERACIÓN DE MUJERES CUBANAS

MARTÍN KOPPEL/MILITANTE

Arriba: Asela de los Santos (izquierda) con Zoila Ibarra, segunda jefa del Departamento de Educación del Segundo Frente Oriental del Ejército Rebelde, fines de 1958. **Derecha:** De los Santos recibe la Orden Ana Betancourt, 1974. De la izquierda: Vilma Espín, Fidel Castro, Raúl Castro, De los Santos. **Abajo:** De los Santos, noviembre de 2011.

Asela de los Santos Tamayo

ASELA DE LOS SANTOS nació en 1929 en Santiago de Cuba. Su padre, José de los Santos, era teniente retirado del ejército y su madre, Parmenia Tamayo, era ama de casa. Ingresó a la Universidad de Oriente en 1949, poco antes de que los estudiantes y profesores, a través de sus manifestaciones, lograran el reconocimiento oficial de la nueva institución. Mientras estudiaba pedagogía en ese centro, conoció a Vilma Espín. Las dos se hicieron amigas y compañeras de lucha de por vida.

De los Santos y Espín fueron de los estudiantes que inmediatamente salieron a las calles para protestar contra el golpe militar que Fulgencio Batista, respaldado por Washington, llevó a cabo el 10 de marzo de 1952. En 1954 se graduó de la universidad y empezó a trabajar como maestra en El Caney, cerca de Santiago. Ese mismo año empezó a colaborar con Acción Revolucionaria Oriental, organización dirigida por Frank País. En 1955 se incorporó al recién formado Movimiento Revolucionario 26 de Julio, del cual País llegó a ser el dirigente principal en Santiago y luego su jefe de acción nacional.

El 30 de noviembre de 1956, De los Santos fue una de los participantes del Movimiento 26 de Julio que organizaron y realizaron una acción armada en Santiago de Cuba, que se había planificado para coincidir con el anticipado desembarco del *Granma*. Poco después, dejó su trabajo de maestra para dedicarse a tiempo completo al Movimiento 26 de Julio.

En marzo de 1957 trabajó junto a Celia Sánchez y Vilma Espín para trasladar el primer refuerzo de 51 combatientes al Ejército Rebelde, desde Santiago hasta Manzanillo, el punto de concentración para los combatientes que se sumaban al frente rebelde en la Sierra Maestra. En julio, fue una de los integrantes del Movimiento 26 de Julio que ayudaron a asegurar el éxito de la masiva y espontánea erupción popular que paralizó la ciudad de Santiago en respuesta al asesinato de Frank País.

En 1957–58 De los Santos hizo nueve viajes a Miami como mensajera, facilitando el transporte de armas, municiones, dinero y comunicaciones para el movimiento revolucionario en Cuba. En agosto de 1958, por una propuesta de Vilma Espín, ella fue trasladada al Segundo Frente Oriental Frank País del Ejército Rebelde y puesta a cargo del sistema educativo que se organizaba allá. En el espacio de unos meses, el Departamento de Educación se hizo responsable de 400 escuelas primarias así como programas educativos para los combatientes, muchos de los cuales no sabían leer y escribir.

Después de la victoria revolucionaria del 1 de enero de 1959, De los Santos se mantuvo a cargo de las escuelas en la región que había sido gobernada por el Segundo Frente. Ese mismo año aceptó la responsabilidad de dirigir la educación en toda la provincia de Oriente.

De 1960 a 1966, trabajó junto a Vilma Espín en la fundación y el desarrollo de la Federación de Mujeres Cubanas. Como miembro de su Buró Nacional, fue organizadora y después secretaria general de la FMC. Actualmente es miembro del Comité Nacional de la FMC y asesora de su secretaria general.

De los Santos fue miembro fundadora del Partido Comunista de Cuba en 1965, y miembro de su Comité Central de 1975 a 1991.

De 1966 a 1970 fue jefa de la dirección de enseñanza de las Fuerzas Armadas Revolucionarias, ocupando el grado de capitana. Ayudó a establecer las Escuelas Militares Camilo Cienfuegos, donde los alumnos, conocidos popularmente como los Camilitos, adquieren adiestramiento y habilidades militares al tiempo que obtienen su bachillerato de escuela secundaria.

En 1970 De los Santos pasó a ser directora general de formación de personal docente del Ministerio de Educación. Fue viceministra de educación de 1974 a 1979, y ministra de educación de 1979 a 1981.

Está casada con el general de división de la reserva José Ramón Fernández, vicepresidente del Consejo de Ministros. Fernández comandó la columna principal de los combatientes que en abril de 1961 derrotaron la invasión organizada por Washington en Playa Girón.

De los Santos recibió la Orden Playa Girón en 2009, y el título honorífico Heroína del Trabajo en 2011. Actualmente es investigadora en la Oficina de Historia de las Fuerzas Armadas Revolucionarias.

CORTESÍA DE YOLANDA FERRER

MARTÍN KOPPEL/MILITANTE

FEDERACIÓN DE MUJERES CUBANAS

Arriba izquierda: Yolanda Ferrer (derecha) con Vilma Espín en evento internacional, fines de los 70. **Arriba derecha:** Yolanda Ferrer, secretaria general de la Federación de Mujeres Cubanas, noviembre de 2011. **Abajo:** (de izquierda a derecha) Ricardo Alarcón, presidente de la Asamblea Nacional de Cuba; Vilma Espín; Raúl Castro, ministro de las Fuerzas Armadas Revolucionarias; y Yolanda Ferrer, Día Internacional de la Mujer, 8 de marzo, 2004, La Habana.

María Yolanda Ferrer Gómez

YOLANDA FERRER es secretaria general de la Federación de Mujeres Cubanas. Es miembro del Comité Central del Partido Comunista de Cuba, y del Consejo de Estado de la República de Cuba.

Ferrer nació en 1946 y creció en La Habana. Su madre, Amparo, era trabajadora administrativa. Su padre, Roberto, tenía una pequeña agencia de mudanzas.

Seleccionada entre estudiantes ejemplares en el Instituto de La Víbora, ella fue propuesta y admitida como militante de la Unión de Jóvenes Comunistas en 1962. Fue secretaria general de la UJC en esa escuela de bachillerato al año siguiente. Se graduó de la Universidad de La Habana en 1973 como licenciada en ciencias políticas.

En 1960, a los 14 años, Ferrer se incorporó a la Federación de Mujeres Cubanas, primero como voluntaria, después ocupando responsabilidades como cuadro profesional. Fue miembro fundadora de las milicias revolucionarias. Durante la campaña nacional de alfabetización en 1961, enseñó a leer y escribir a siete pescadores.

Ferrer fue miembro de la Comisión de Relaciones Internacionales de la FMC hasta 1972. Fue elegida al secretariado nacional en 1973, y desde entonces ha ocupado diferentes responsabilidades en la Federación, incluidas las de secretaria adjunta a la presidenta, Vilma Espín; secretaria de estudios políticos; y secretaria de orientación ideológica. En el quinto congreso de la FMC en 1990, Ferrer fue elegida secretaria general de la FMC, y fue ratificada en ese cargo en los tres congresos siguientes. Tras el fallecimiento de Espín, en el congreso de 2009 el cargo de secretaria general pasó a ser el de mayor nivel de dirección en la Federación.

Ferrer ha sido militante del Partido Comunista desde 1976 y miembro de su Comité Central desde 1980. De 1986 a 1991 fue miembro suplente del Buró Político del partido. Es diputada a la Asamblea Nacional del Poder Popular desde 1986, y en 2008 fue elegida por la Asamblea a miembro del Consejo de Estado, órgano que ostenta la suprema representación del gobierno cubano.

De 1997 a 2004 Ferrer fue miembro del comité de expertos de Naciones Unidas encargado de evaluar el cumplimiento de la Convención para la Eliminación de Todas las Formas de Discriminación contra la Mujer, adoptada por la ONU en 1979. Desde 1972 ha sido presidenta de la Asociación de Amistad Cuba-Vietnam. En 1985 ella recibió la Orden Ana Betancourt, otorgada por el Consejo de Estado. Ferrer es casada y tiene una hija y un hijo.

Introducción

Mary-Alice Waters es presidenta de la editorial Pathfinder y directora de la revista *Nueva Internacional*. Ha editado más de 20 libros sobre la Revolución Cubana y ha dado charlas en muchas ciudades de Estados Unidos y otros países sobre el ejemplo de esta revolución para los trabajadores y los jóvenes hoy día.

Waters, miembro del Comité Nacional del Partido Socialista de los Trabajadores desde 1967, fue reclutada al movimiento obrero revolucionario en Estados Unidos a principios de los años 60 ante el impacto de la revolución socialista en marcha en Cuba y la creciente lucha de masas que tumbó al sistema de segregación racial *Jim Crow* en el sur de Estados Unidos. Ha ayudado a dirigir por varias décadas el trabajo internacional del partido así como sus actividades en la lucha por la emancipación de la mujer. Entre otros títulos recientes, Waters es autora de *¿Es posible una revolución socialista en Estados Unidos?*

Introducción

MARY-ALICE WATERS

Este fenómeno de las mujeres en la revolución
es una revolución dentro de otra revolución.
Si nos preguntaran qué es lo más revolucionario
que está haciendo la revolución, responderíamos que
es precisamente esto: ¡la revolución que está teniendo lugar
en las mujeres de nuestro país!

FIDEL CASTRO
9 de diciembre de 1966

La verdadera igualdad entre el hombre y la mujer
solo puede convertirse en realidad cuando la explotación
de ambos por el capital haya sido abolida,
y el trabajo privado en el hogar
haya sido transformado en una industria pública.

FEDERICO ENGELS
5 de julio de 1885

HACIENDO UNA REVOLUCIÓN DENTRO DE LA REVOLUCIÓN no es un libro sobre la mujer. O quizás sería más exacto decir que su punto de partida no es la mujer, ni podría serlo. Es un libro sobre la Revolución Cubana. Trata sobre los millones de trabajadores y agricultores —hombres y mujeres, de todas las edades— que han hecho esa revolución socialista, y cómo se transformaron a través de sus acciones al luchar por transformar su mundo.

No tenían ni "estructuras preconcebidas ni programas diseñados", afirma aquí Vilma Espín. Solo contaban con el deseo de las mujeres de "participar en un proceso revolucionario que se planteaba transformar la situación de los explotados y discriminados y crear una sociedad mejor para todos". Y la dirección de la revolución respondió.

Espín fue una combatiente legendaria del Movimiento 26 de Julio en la clandestinidad de Santiago de Cuba y en el Segundo Frente del Ejército Rebelde durante la guerra revolucionaria y la masiva lucha popular de los años 50 que derrocaron a la sangrienta dictadura militar de Fulgencio Batista. Después del triunfo del 1 de enero de 1959, ella llegó a ser la principal dirigente de la actividad revolucionaria que dio origen a la Federación de Mujeres Cubanas, y fue presidenta de la FMC hasta su fallecimiento en 2007.

La Revolución Cubana comenzó mucho antes de que las columnas del victorioso Ejército Rebelde entraran a Santiago de Cuba, Santa Clara y La Habana en los primeros días de enero de 1959, impelidas por insurrecciones populares y una huelga general de masas que se extendió por todo el país.

Comienza con la vanguardia de los hombres y mujeres que se unieron después del golpe militar de Batista del 10 de marzo de 1952, decididos a resistirlo a toda costa. Comienza con su rechazo incondicional de un sistema político caracterizado por décadas de corrupción endémica y subordinación a los dictados del coloso yanqui imperialista del norte. Comienza con la voluntad de entretejer los hilos de continuidad de la larga historia cubana de luchas por la soberanía nacional, la independencia y profundas reformas sociales.

La trayectoria de la revolución pasa por los asaltos del 26 de julio de 1953 al cuartel militar Moncada en Santiago de Cuba y al cuartel Carlos Manuel de Céspedes en Bayamo, dirigidos por Fidel Castro y Abel Santamaría, acciones que señalaron el inicio de la lucha revolucionaria. Pasa por los años de organización paciente de una amplia campaña de masas por la amnistía de los combatientes del Moncada y otros presos políticos. Abarca la labor a nivel nacional para difundir el programa popular revolucionario presentado por Fidel Castro en *La historia me absolverá,* su alegato judicial en defensa de los moncadistas, que se convirtió en el fundamento del Movimiento 26 de Julio.

El cauce de la revolución pasa por la expedición del *Granma,* que dio inicio a la guerra revolucionaria a fines de 1956. Pasa por las acciones del bisoño Ejército Rebelde, que iba consolidando apoyo entre los campesinos y trabajadores de la Sierra Maestra y otras partes de Cuba oriental en 1957 y 1958. Por su accionar al empezar a dirigirlos en la práctica hacia las nuevas relaciones económicas y sociales que el pueblo trabajador pronto crearía a nivel nacional.

El hilo conductor de esa historia —que se conoce ampliamente en Cuba y otros países— recorre este libro. Lo que se desprende de estas páginas con una nueva agudeza y claridad es algo menos conocido. Es un cuadro de la *revolución social* que el Ejército Rebelde dirigió en las sierras durante los dos años de la guerra revolucionaria, y cómo esa revolución preparó y educó a los que se vieron influidos por ella.

En los relatos de primera mano que nos brindan Asela de los Santos y Vilma Espín, vemos la interacción entre los combatientes del Ejército Rebelde y los explotados campesinos y trabajadores agrícolas sin tierra en esa región. Vemos las maneras en que se transforman entre sí y juntos llegan a ser una fuerza revolucionaria más fuerte y consciente.

A través de estos relatos, observamos la creciente confianza que el Ejército Rebelde se gana entre los pobres del campo, quienes por primera vez son tratados con respeto y dignidad. Vemos cómo el incipiente ejército proletario responde a esa aceptación y desarrolla cada vez más confianza, claridad y conciencia de clase al luchar juntos para ampliar la enseñanza y la atención médica y cumplir otros sueños muy abrigados por el pueblo trabajador, aún en medio de una guerra. Y vemos la creciente participación de las mujeres, tanto en las filas como en la dirección.

El Ejército Rebelde derrotó en agosto de 1958, después de tres meses de combates, lo que el régimen de Batista había ilusamente denominado una operación para "arrinconar y aniquilar". Esta victoria abrió paso a su contraofensiva estratégica, la cual culminó con la desbandada y el derrumbe de la tiranía unos meses más tarde. La reciente publicación en dos tomos del recuento de Fidel Castro sobre las acciones del Ejército Rebelde desde mayo hasta diciembre de 1958 —*La victoria estratégica* y *La contraofensiva estratégica*— hace más asequible que nunca una comprensión de esos meses decisivos de la guerra revolucionaria.[1]

Al retirarse las tropas abatidas de Batista de grandes extensiones de las regiones montañosas de la provincia de Oriente —que se extendían al norte y al este de Santiago hacia Guantánamo, Baracoa y más allá— las fuerzas revolucionarias ganaron el tiempo y el espacio necesario para consolidar lo que se conocía como el Segundo Frente Oriental Frank País. Los mortíferos bombardeos y ametrallamientos por parte de la fuerza aérea batistiana continuaron en toda esa región, la cual estaba bajo el control de las fuerzas del Ejército Rebelde comandadas por Raúl Castro. Pero en esos últimos meses de la guerra revolucionaria, los soldados de infantería del enemigo, mayormente desmoralizados, ya salían menos y menos de los cuarteles.

Con un amplio apoyo popular, el naciente gobierno en armas del Ejército Rebelde fue desplazando las estructuras desintegradas del régimen capitalista en la región y organizó al pueblo trabajador para que fuera tomando control

1. *La victoria estratégica* y *La contraofensiva estratégica*, por Fidel Castro. De la Oficina de Publicaciones del Consejo de Estado de la República de Cuba, 2010.

del cuidado médico, la educación, la justicia, la agricultura, la construcción y la recaudación de impuestos, al tiempo que establecieron su propia estación de radio y otras formas de diseminar noticias y orientaciones. Los trabajadores y campesinos en el territorio del Segundo Frente empezaron a poner en práctica el programa delineado en *La historia me absolverá*.

Se convirtió prácticamente en "una república", según afirma Vilma Espín en el libro. Una república dotada de un nuevo carácter de clase.

El Ejército Rebelde organizó un congreso de campesinos en armas en septiembre de 1958. La reforma agraria se codificó por decreto militar en los territorios liberados, y se entregaron títulos a los que trabajaban la tierra.

Se abrieron más de 400 escuelas primarias, organizadas por el departamento de educación del Ejército Rebelde encabezado por Asela de los Santos. Llenas de entusiasmo, familias campesinas realizaron un censo infantil, buscaron locales adecuados para las aulas, hallaron libros y armaron escritorios y bancas. Los mismos locales servían a menudo para los combatientes que estudiaban en clases nocturnas.

Se crearon clínicas y hospitales de campaña que atendían tanto a los combatientes como a los pobladores y a los soldados enemigos heridos. Era la primera vez en su vida que la mayoría de los campesinos habían recibido atención médica.

Con la participación de todos, se repararon caminos y se abrieron nuevas carreteras.

Se recolectaron impuestos de los dueños de los centrales azucareros, las compañías mineras y las haciendas cafetaleras. Los trabajadores sabían exactamente cuánto se había producido y vendido.

Se resolvieron disputas y se oficiaron matrimonios.

Se fue organizando una revolución popular, una revolución proletaria incipiente, en las montañas orientales, a medida que los trabajadores y campesinos se movilizaron para empezar a transformar las relaciones sociales. Esta revolución se propagó por toda Cuba con el triunfo el 1 de enero de 1959.

■

"Cuando se produce una revolución profunda, la mujer, que ha estado oprimida por siglos, por milenios, quiere participar", nos recuerda Asela de los Santos en estas páginas.

La creciente participación de las mujeres fue parte íntegra de este estremecimiento revolucionario. Forjada al fragor de las movilizaciones populares en los primeros meses de 1959, lo que llegó a ser la Federación de Mujeres Cubanas surgió de la decisión resuelta de las mujeres de participar en la revolución, y no al revés. Según lo describe Vilma, las mujeres insistieron en organizarse, y en ser organizadas, para integrarse a las tareas más apremiantes de la revolución. A través de ese proceso forjaron una organización que les permitiría hacer precisamente eso.

Muchos años después, una periodista del diario cubano *Granma* le preguntó a Vilma Espín si ella había anticipado todo esto cuando estaba combatiendo en las sierras orientales de Cuba. ¿Se había imaginado que estaría tan implicada e identificada con el proceso de hacer —según lo expresara Fidel Castro— una revolución dentro de la revolución? La respuesta espontánea de Espín fue:

> ¡Ni remotamente! No se me había ocurrido ni siquiera remotamente que debería existir una organización femenina. No lo pensé siquiera. Yo me incorporé a la lucha en un grupo, donde había muchachas y muchachos, y no se me ocurrió pensar en que con las mujeres tendríamos que hacer un trabajo especial…
>
> Cuando me plantearon lo de crear una organización

> femenina, para mí fue una sorpresa... Al poco tiempo de creada la organización, me di cuenta que sí, que era imprescindible... era una fuerza enorme, muy revolucionaria.[2]

La segunda parte de *Haciendo una revolución dentro de la revolución* nos permite ver cómo "Nace la Federación de Mujeres Cubanas" a través de las entrevistas con Vilma Espín y Yolanda Ferrer.

Lo que más llama la atención del lector en el relato de Espín es la ausencia de dogmas y esquemas, la ausencia de jerga política densa. Había una sola guía: abrir paso a la incorporación de las capas más amplias de mujeres —con organización, eficacia y disciplina— en las luchas que se desarrollaban y en la construcción de un nuevo orden social.

Al principio estuvo el acto. Los dirigentes eran los que dirigían.

"Aprender por la mañana y enseñar por la tarde" llegó a ser una popular consigna revolucionaria y una realidad. En muchos casos significaba hacerlo bajo el fuego —literalmente— cuando Washington hacía fallidos intentos, una y otra vez, de organizar y armar a cuadros contrarrevolucionarios. Al igual que en los demás frentes de la revolución que iba avanzando, la forma siguió al contenido, y las estructuras organizativas se fueron codificando en tanto lo permitían las condiciones de lucha.

No hay nada que capte mejor este fenómeno que la imagen de la escuela para muchachas del campo, donde se capacitaban para trabajar en círculos infantiles, cuando fue ametrallada y bombardeada por aviones provenientes de Estados Unidos en abril de 1961, unos días antes de la invasión organizada por Washington por Playa Girón. "Nadie quiso volver

2. Entrevista concedida a Mirta Rodríguez Calderón, agosto de 1985, en *La mujer en Cuba* (La Habana: Editora Política, 1990), pp. 79–81.

para su casa", señala Espín. "Todas se mantuvieron allí".

"Cuando yo hablo de la creación de la Federación", dice Espín,

> siempre recalco el hecho de que en aquel momento nosotros no hablábamos ni de liberación de la mujer, ni de la emancipación de la mujer, ni de la lucha por la igualdad. Nosotros ni usábamos esos términos en aquel momento. De lo que sí hablábamos era de la participación. Las mujeres querían participar...
>
> A diario se daban pruebas reales de que la revolución ya no era una de esas historias o de esos cuentos que habían contado los politiqueros hasta aquel momento. Esta revolución sí era cierta, y las mujeres querían participar y hacer algo. En la medida en que las leyes revolucionarias hacían más fuerte esa convicción, más las mujeres demandaban, y más ganaban en conciencia de la necesidad de su contribución.

Cuba en los años 50 era uno de los países más desarrollados económicamente de América Latina; no era de los más pobres. Aun así, en 1953 solo el 13.5 por ciento de las mujeres trabajaban fuera de sus casas, muchas sin remuneración. Ya para 1981, apenas 20 años después del triunfo de la revolución, esa cifra había subido al 44.5 por ciento, y para 2008 había alcanzado el 59 por ciento.

En 1953, de las mujeres que formaban parte de la fuerza laboral "por o sin paga", la categoría más grande —un total de más de 70 mil— eran sirvientas domésticas, de las cuales una gran proporción eran negras. Esto representaba casi el 30 por ciento de todas las mujeres que tenían empleos. Algunas trabajaban por salarios de apenas 20 centavos al día, o solo a cambio de techo y comida, lo cual podría significar un tapete para dormir y las sobras de los platos de sus patrones.

La dinámica social de los primeros años de la revolución se capta de manera impresionante en las escuelas nocturnas para antiguas domésticas, organizadas por la FMC. Estas mujeres habían quedado abandonadas sin forma de ganarse el sustento cuando sus acaudalados patrones se marcharon del país. Se recapacitaron para toda una gama de oficios —desde choferes de taxi y mecánicas de auto hasta empleadas bancarias, secretarias, trabajadoras de círculos infantiles y avicultoras— y empezaron nuevas vidas, con confianza y orgullo.

La misma dinámica fue esencial en una de las campañas más extensas de la FMC en los primeros años de la revolución: la creación de la Escuela Ana Betancourt para jóvenes campesinas. Entre 1961 y 1963 unas 21 mil jóvenes llegaron a La Habana, con el consentimiento de sus padres, para participar en un curso intensivo de seis meses en el cual se alfabetizaron, aprendieron corte y costura y adquirieron los fundamentos de la higiene y la nutrición. Algunas también se capacitaron en habilidades básicas de trabajo de oficina.

Una de las acusaciones contra la Revolución Cubana que han hecho sus opositores en otros países —a menudo, mujeres que provinieron de algunas de las organizaciones feministas de los años 60 y 70— es que la FMC, al enseñarles a las mujeres a confeccionar ropa para sus familias y para sí mismas, reforzó los estereotipos tradicionales de la mujer. Apuntaló la opresión de la mujer en vez de promover su liberación, según alegan. En la entrevista de *Granma* citada antes, le preguntaron a Espín si todavía pensaba que habían hecho lo correcto.

"Pienso que sí", fue su respuesta inmediata, "porque en aquellos momentos eso fue lo que nos permitió sacar a las mujeres de sus casas. Y lo que hizo que las muchachas de zonas del Escambray o de Baracoa, donde la contrarrevolución estaba trabajando intensamente con las familias campesinas, vinieran a la capital, supieran qué cosa era la revolución y se convirtieran...

en los primeros cuadros de la revolución en aquellas zonas.

"Y eso fue importante, no solo para luchar contra la contrarevolución, sino en aras de la formación de las mujeres como cuadros… Lo que hicimos fue partir de lo que la mujer era, para elevarla a otros niveles".

La revolución que se obró en la condición social, económica y política de la mujer no fue un fenómeno *paralelo* al avance revolucionario del pueblo trabajador de Cuba. *Se enmarcó* en ese avance.

■

Al hablar en una reunión de dirección de la Federación de Mujeres Cubanas en diciembre de 1966, el primer ministro cubano Fidel Castro subrayó los prejuicios contra la mujer que predominaban en la Cuba prerrevolucionaria, al igual que en toda la sociedad de clases a nivel mundial. Son "prejuicios que tienen, no voy a decir años, ni siglos, sino prejuicios que tienen milenios", dijo.

> El prejuicio de considerar que las mujeres solo eran aptas para fregar, lavar, planchar, cocinar, limpiar la casa y tener hijos. El prejuicio milenario que situaba a la mujer, dentro de la sociedad, en un estrato inferior; prácticamente no se puede decir ni siquiera en un modo de producción.

En el capitalismo, agregó, la gran mayoría de las mujeres son "doblemente explotadas o doblemente humilladas".

> Una mujer pobre, como perteneciente a la clase trabajadora o familia de trabajadores, era explotada simplemente por su condición humilde, por su condición de trabajadora. Pero, además, dentro de la propia clase y dentro de

> su propia situación de mujer trabajadora, era a su vez subestimada, explotada y menospreciada por las clases explotadoras. Pero es que dentro de su propia clase la mujer era vista a través de un sinnúmero de prejuicios…
>
> Hay dos sectores del país, dos sectores de la sociedad que, aparte de las razones económicas, han tenido otras razones para ver con simpatía y con entusiasmo la revolución. Esos dos sectores son la población negra del país y las mujeres del país.

La claridad política y el liderazgo firme que Fidel Castro, el dirigente central de la Revolución Cubana por más de medio siglo, ha brindado a la lucha por la igualdad de la mujer es una de las medidas más justas del carácter proletario de esa revolución y del calibre de su dirección. Así ha sido desde los primeros días de la lucha contra la dictadura de Batista. Esa misma claridad y firmeza ha sido garantía de una alianza revolucionaria de los trabajadores y agricultores en Cuba a lo largo de esas décadas.

En cada etapa de la lucha participaron mujeres en la vanguardia y su dirección. Mujeres como Haydée Santamaría y Melba Hernández, que se sumaron al asalto al cuartel Moncada en Santiago de Cuba el 26 de julio de 1953. Mujeres como Celia Sánchez, principal organizadora del Movimiento 26 de Julio en Manzanillo, la primera mujer en incorporarse al Ejército Rebelde como combatiente, y miembro de su estado mayor. Mujeres como Vilma Espín, cuya historia usted leerá en las páginas a continuación.

La Revolución Cubana se distingue de todas las anteriores en la historia del movimiento obrero moderno, entre otras cosas, por el número de mujeres que ocuparon un papel central, día a día, en su dirección.

Por otra parte, la rapidez de los avances económicos y sociales que la mujer cubana ha logrado en el espacio de los 30 años entre 1960 y 1990 —avances que pueden medirse en términos de educación, empleo, tasas de mortalidad infantil y materna, así como otros índices— le permitieron conquistar un grado de igualdad que a las mujeres en Estados Unidos y otros países capitalistas industrializados les tomó más de un siglo y medio.

Pero nada de esto fue automático o inevitable.

"Cuando se juzgue a nuestra revolución en los años futuros", dijo Fidel Castro en el segundo congreso de la FMC en 1974, "una de las cuestiones por las cuales nos juzgarán será la forma en que hayamos resuelto en nuestra sociedad y en nuestra patria los problemas de la mujer".

Sin la perspectiva clara trazada por Fidel así como otros dirigentes centrales —entre ellos Abel Santamaría, Frank País y Raúl Castro, quienes el lector llegará a conocer mejor en las páginas de este libro— el historial de la lucha revolucionaria cubana habría sido mucho menos ejemplar. Espín destaca, por ejemplo, el liderazgo de Frank País, observando que él "tenía una concepción de la mujer que posibilitó que la mujer pudiera trabajar exactamente igual que los hombres en el Movimiento 26 de Julio" en Santiago de Cuba.

La voluntad política de Fidel Castro de impugnar los prejuicios antimujer que tenían algunos de los mejores cuadros del movimiento se demostró en la lucha que él libró en 1958 para organizar el Pelotón Femenino Mariana Grajales del Ejército Rebelde: lo que Espín señala como "un momento extraordinario en la historia de la participación femenina en la revolución".

"Algunos de nuestros compañeros eran todavía muy machistas", dijo Fidel en un encuentro en junio de 1988 para despedir una batería del Primer Regimiento Femenino de Artillería Antiaérea de Guantánamo que partía para Angola el día siguiente. Las mujeres se habían ofrecido como voluntarias para cumplir una misión internacionalista defendiendo pistas aéreas recién construidas en el sur de Angola contra ataques de la fuerza aérea del régimen sudafricano del apartheid. A ese encuentro también se había invitado a embajadores de países africanos acreditados en Cuba. Fidel dijo:

> Algunos... dijeron, "¿Cómo les van a dar esos fusiles a esas mujeres mientras nosotros estamos desarmados?"
>
> A mí me daba realmente rabia aquella reacción. Y le dije a uno de ellos, "Te voy a explicar por qué les vamos a dar estos fusiles a estas mujeres: porque son mejores soldados que tú". No les argumenté más nada.
>
> Vivíamos en una sociedad de clases, una sociedad donde tenía que producirse una revolución, una sociedad donde las mujeres estaban siendo discriminadas y debían ser liberadas, una revolución en que las mujeres debían mostrar su capacidad y sus méritos.

¿Cuál era el objetivo estratégico de aquella idea? planteó Fidel.

> Primero... creíamos en la capacidad de las mujeres, en la valentía de las mujeres, en su capacidad de luchar; y segundo... sabíamos también que aquel precedente tendría una enorme importancia en un futuro, cuando llegara el momento de plantear los problemas de la igualdad en nuestra sociedad.[3]

El historial de combate del Pelotón Femenino Mariana Grajales resultó ser uno de los más sobresalientes en la guerra

3. Discurso pronunciado en un encuentro con miembros del Primer Regimiento Femenino de Artillería Antiaérea de Guantánamo, 24 de junio de 1988, en *Mujeres y Revolución* (La Habana: Editorial de la Mujer, 2006, 2010), pp. 216–17.

revolucionaria. Y el precedente que sentó nunca se perdió.

Al dirigirse a los invitados del cuerpo diplomático que asistían a la despedida del regimiento antiaéreo femenino, Fidel Castro bromeó diciendo, "Quizás puedan preguntarse nuestros invitados esta noche si es necesario que vaya una batería de mujeres para el sur de Angola, si... ya no hay más cubanos que mandar allá y tenemos que acudir a las mujeres cubanas para cumplir esa misión internacionalista. En realidad no es así".

La movilización de la batería femenina de artillería antiaérea a Angola "no es una necesidad militar", les dijo Fidel. "Es una necesidad moral, es una necesidad revolucionaria".

Lo que descubrirá el lector en estas páginas es la trayectoria consecuente de la dirección revolucionaria de Cuba respecto a la lucha por la igualdad de la mujer durante más de medio siglo. Y una continuidad que se remonta a Carlos Marx y Federico Engels, fundadores del movimiento obrero moderno.

■

Las tres autoras de este libro, quienes se conocieron y trabajaron juntas a lo largo de unas cinco décadas, reflejan dos generaciones distintas en la dirección de la "revolución dentro de la revolución".

Espín y De los Santos fueron amigas de por vida y compañeras de combate desde sus primeros días de estudiantes en la Universidad de Oriente en Santiago de Cuba. Después del golpe militar del 10 de marzo de 1952, que llevó a Batista al poder, fueron de los primeros en incorporarse a la lucha contra esta dictadura, más y más brutal, que gozaba del apoyo de Washington. Trabajaron hombro con hombro en la clandestinidad de Santiago y en el Segundo Frente Oriental del Ejército Rebelde. Después del triunfo de 1959, De los Santos participó junto a Espín, de 1960 a 1966, en la dirección de la recién formada Federación de Mujeres Cubanas; fue su primera secretaria general.

Yolanda Ferrer, actual secretaria general de la Federación de Mujeres Cubanas, narra la historia de los tremendos avances que lograron las mujeres en los primeros años de la revolución desde otra óptica. Ella formó parte de una nueva generación, demasiado joven para haber participado en la lucha contra la dictadura, que se lanzó de lleno a las grandes batallas sociales que impelieron a la revolución. Esas jóvenes, apenas adolescentes, se integraron a las primeras milicias y ayudaron a forjar la organización de jóvenes comunistas. Fueron la columna vertebral de la histórica campaña nacional que en 1961, en una movilización de un solo año, eliminó el analfabetismo entre la población adulta, el 23 por ciento de la cual, en su mayoría mujeres, no había tenido antes la oportunidad de aprender a leer y escribir.

Fue la unión entrelazada de estas dos generaciones en las tareas de la revolución lo que aseguró la energía y disciplina de las campañas que definieron el carácter de la FMC en su inicio. A través de los relatos de las tres autoras podemos constatar —de primera mano— el impacto de las luchas revolucionarias que las transformaron a ellas y a millones de otras mujeres cubanas en la lucha por edificar una sociedad en la cual, según lo expresara Federico Engels hace más de 125 años, haya sido abolido la explotación por parte del capital y "la verdadera igualdad entre el hombre y la mujer pueda convertirse en realidad"... si es que la lucha no se para.

■

Haciendo una revolución dentro de la revolución no habría sido posible sin la extensa colaboración ofrecida por la dirección de la Federación de Mujeres Cubanas a través de varios años, incluida la ayuda de sus cuadros en ciudades desde La Habana hasta Santiago de Cuba y Holguín.

Corresponde un agradecimiento especial a Yolanda Ferrer, secretaria general de la FMC, y a Asela de los Santos por las muchas horas que dedicaron leyendo borradores, corrigiendo errores y explicando aspectos de la historia de la Revolución Cubana que, de otra manera, habrían quedado sin esclarecer.

Carolina Aguilar, cuadro fundadora y dirigente por mucho tiempo de la FMC, e Isabel Moya, directora de la Editorial de la Mujer, la casa editorial de la FMC, ofrecieron su tiempo, sugerencias, colaboración y aliento a cada paso, peinando los archivos en busca de fotos, documentos y publicaciones agotadas desde hace años.

Iraida Aguirrechu, encargada de política actual en la Editora Política, la casa editorial del Comité Central del Partido Comunista de Cuba, brindó su irrestricto apoyo, ayuda y pericia editorial, como siempre.

La Oficina de Asuntos Históricos del Consejo de Estado, a través de su director, Eugenio Suárez, y Elsa Montero, organizadora de su archivo de fotos (y además mensajera del Ejército Rebelde a los 14 años y combatiente del Tercer Frente bajo el mando de Juan Almeida) ofreció una ayuda valiosísima al brindar numerosas imágenes históricas reproducidas en este libro y al identificar a individuos, sitios, fechas y circunstancias de muchas otras fotos.

Los directores de los archivos fotográficos de *Bohemia* y *Granma*, Magaly Miranda Martínez y Alejandro Debén, fueron generosos con su tiempo al ayudar a buscar muchas otras fotos que captan momentos y sucesos específicos en la historia de la revolución.

Por último, pero no menos importante, expresamos nuestro reconocimiento a la familia del fotógrafo Raúl Corrales por permitir la reproducción —gratuita para esta edición— no solo de tres fotos que aparecen en este libro, sino de la foto evocativa de una unidad de milicias obreras que figura en la portada.

Las empleadas de una tienda por departamentos con sus armas y sus vestidos blancos de trabajo —marchando hombro con hombro con sus compañeros de una cervecería el Primero de Mayo de 1959: cada cual dispuesto o dispuesta a dar la vida para defender su revolución— capta una imagen indeleble de la vanguardia de la clase trabajadora cubana en ese momento decisivo de la lucha de clases. Lo hace con una perspicacia que pocos fotógrafos pudieron lograr como lo logró Raúl Corrales.

El oficio de vendedora en tiendas por departamentos era uno de los pocos que se consideraba apropiado para una mujer cubana en la década de 1950. Y tenían muy buenas razones para estar armadas. Dos de las acciones más destructivas de la contrarrevolución fueron las bombas incendiarias que se colocaron en dos famosas tiendas por departamentos en el centro de La Habana: El Encanto y La Época. Una miliciana —como las que se ven en la portada de este libro— que estaba de guardia en El Encanto murió cuando volvió a entrar a la tienda, en medio de las llamas, para tratar de recuperar los fondos que los trabajadores habían recaudado a fin de construir un círculo infantil allí. Solamente en los años 1960 y 1961, nueve tiendas por departamentos en La Habana fueron objeto de estos ataques.

Se dedica *Haciendo una revolución dentro de la revolución* a las nuevas generaciones de mujeres y hombres, tanto en Cuba como a nivel mundial, para quienes una historia exacta de la Revolución Cubana —y de cómo se hizo— es y será un arma indispensable en las tumultuosas batallas de clases cuyas escaramuzas iniciales ya estamos viviendo.

enero de 2012

LA HABANA
MATANZAS
LA HABANA
MATANZAS
GUANIGUANICO
PINAR DEL RÍO
PINAR DEL RÍO
CIÉNAGA DE ZAPATA
SANTA CLARA
LAS VILLAS
CIENFUEGOS
ESCAMBRAY
Isla de Pinos

OCÉANO ATLÁNTICO
GOLFO DE MÉXICO
Bahamas
Cuba
Puerto Rico
Haití
Jamaica
República Dominicana
México
Honduras Br. (Belice)
Honduras
MAR CARIBE
Guatemala
El Salvador
Nicaragua
Costa Rica
OCÉANO PACÍFICO
Venezuela
Panamá
Colombia

CAMAGÜEY
CAMAGÜEY
ORIENTE
SAGUA BARACOA
SIERRA MAESTRA
SANTIAGO DE CUBA
BASE NAVAL DE EE.UU. GUANTÁNAMO
0 50 100 millas
0 80 160 kilómetros

Cuba 1959

PRIMERA PARTE

De Santiago de Cuba al Segundo Frente del Ejército Rebelde

Introducción a la primera parte

Los independentistas en Cuba, una de las últimas colonias de España en el Nuevo Mundo, batallaron 30 años con las armas en la mano por la liberación nacional. En 1898, cuando estaban a punto de ganar esa histórica batalla, la potencia imperialista en ascenso al norte intervino para arrebatarles la victoria.

Bajo el tratado de París de 1898 que puso fin a la primera guerra de la época imperialista —pactado sin representación cubana— España le cedió a Washington Puerto Rico en el Caribe y Guam en el Pacífico, y le vendió Filipinas por 20 millones de dólares.

Madrid renunció a su reclamo de soberanía sobre Cuba y la entregó a la ocupación militar norteamericana. Cuba pasó a ser un protectorado de Estados Unidos en todo sentido menos el título. La tristemente célebre Enmienda Platt —el nombre es del senador que la propuso— fue incluida en la constitución de 1901 y plasmada en un tratado impuesto a Cuba. Establecía el "derecho" del gobierno norteamericano de "intervenir para la conservación de la independencia de Cuba" y garantizar "un gobierno adecuado para la protección de vidas, propiedad y libertad individual" cuando Washington lo considerase necesario. La enmienda permitía la creación de lo que es hoy la infame base naval estadounidense en la Bahía de Guantánamo, territorio cubano que hasta el presente sigue ocupada contra la voluntad del pueblo cubano.

Durante más de medio siglo, las familias gobernantes de Estados Unidos saquearon las riquezas que producían los campesinos, los trabajadores agrícolas, los pequeños productores de mercancías y la pequeña pero creciente clase trabajadora urbana. Para proteger sus ganancias, los gobernantes norteamericanos impusieron sucesivos gobiernos brutales y corruptos sometidos a sus dictámenes. Estos regímenes repartían jugosas recompensas para sobornar a los capitalistas y hacendados cubanos y a los políticos que los representaban.

Para mediados del siglo 20, las familias capitalistas norteamericanas poseían el 75 por ciento de las tierras cultivadas en Cuba. El 80 por ciento de las empresas de servicios públicos y el 90 por ciento de la riqueza mineral estaban en manos de compañías estadounidenses. Las tres refinerías de petróleo pertenecían a compañías estadounidenses o británicas. Por otra parte, más de 700 mil trabajadores rurales estaban sin tierra, y unos 600 mil estaban totalmente desempleados.

Una encuesta realizada por la Agrupación Católica Universitaria en La Habana en 1957 documentó las condiciones de vida de las familias de casi un millón de trabajadores agrícolas, un 34 por ciento de la población. Solo el 4 por ciento dijo que la carne formaba parte de su dieta habitual; apenas el 2 por ciento consumía huevos. El 44 por ciento no había asistido a un solo día de escuela. Según las cifras del censo oficial de 1953, el 42 por ciento de los habitantes del campo eran analfabetos.

Las mujeres en Cuba: Haciendo una revolución dentro de la revolución retoma el hilo de esta historia cuando empieza a desarrollarse después del golpe militar que Fulgencio Batista, apoyado por Washington, realizó el 10 de marzo de 1952, derrocando al gobierno electo del presidente Carlos Prío Socarrás. Resueltos a combatir la dictadura y poner fin a las décadas de dominación económica y política norteamericana y a la desenfrenada corrupción en el gobierno, surgió una nueva generación de dirigentes revolucionarios. Entre ellos figuraban Fidel Castro, Raúl Castro, Frank País, Vilma Espín: todos protagonistas de este libro.

El 26 de julio de 1953, 160 combatientes, incluidas dos mujeres, bajo la dirección de Fidel Castro realizaron el primer ataque en gran escala contra las fuerzas militares del régimen batistiano: el asalto al cuartel Moncada en Santiago de Cuba y al cuartel Carlos Manuel de Céspedes en Bayamo. El intento fracasó. Cinco combatientes murieron en el ataque y 56 de los capturados fueron asesinados por el ejército, muchos tras ser torturados. Ante la creciente indignación por esta matanza que presionó al régimen, otros 32 moncadistas fueron enjuiciados en octubre de 1953 y condenados a penas de hasta 15 años de cárcel. Entre ellos estaban Fidel Castro, Raúl Castro y Juan Almeida, así como Melba Hernández y Haydée Santamaría, las dos combatientes que eran mujeres.

Detrás de las rejas, las voces de las fuerzas revolucionarias se fueron haciendo más fuertes. En un esfuerzo impulsado por las moncadistas Haydée Santamaría y Melba Hernández, las dos primeras en ser excarceladas, el impactante alegato de defensa de Fidel Castro ante el tribunal, escrito en trozos de papel, fue sacado de la prisión y publicado de forma clandestina en octubre de 1954. *La historia me absolverá*, el programa del movimiento revolucionario, pasó de mano en mano por toda la isla.

Con una amplia campaña de amnistía se logró la libertad de los presos en mayo de 1955. Al mes siguiente se fundó el Movimiento Revolucionario 26 de Julio, aglutinando a moncadistas y cuadros de otras agrupaciones comprometidas con la acción revolucionaria para derrocar a la dictadura.

Exiliadas por la represión, las fuerzas revolucionarias se reagruparon en México, donde reclutaron, recaudaron fondos y se entrenaron para regresar a Cuba. A fines de noviembre de 1956, prometiendo que "seremos libres o seremos mártires", 82 combatientes bajo el mando de Fidel Castro zarparon de Tuxpan, México, a bordo del yate *Granma*. Su desembarco en el sudeste de Cuba el 2 de diciembre de 1956 marcó el nacimiento del Ejército Rebelde y el inicio de la guerra revolucionaria.

Al mismo tiempo, según relatan Asela de los Santos y Vilma Espín, el 30 de noviembre se realizó una acción de gran envergadura en Santiago de Cuba, organizada para que coincidiera con la anticipada llegada del *Granma*. Con apoyo amplio entre la población, más de 360 cuadros del Movimiento 26 de Julio, dirigidos por Frank País, participaron en ataques al cuartel de la policía, a la estación de la policía naval y a otros objetivos.

El Ejército Rebelde, tras sufrir una derrota inicial devastadora cerca de donde había desembarcado el *Granma*, estableció su base en la Sierra Maestra, al noreste de Santiago de Cuba. A lo largo de los dos años siguientes, estos combatientes se convirtieron en la punta de lanza de la creciente oposición de masas a la dictadura. En un mayor grado que nunca antes en la historia, mujeres asumieron responsabilidades en el trabajo del movimiento revolucionario en las ciudades y el campo, así como en los frentes del Ejército Rebelde organizados en la sierra.

En las páginas siguientes, Asela de los Santos y Vilma Espín narran esta historia de primera mano: desde los primeros días de la clandestinidad revolucionaria en la provincia de Oriente, pasando por las responsabilidades que desempeñaron en el Segundo Frente Oriental Frank País del Ejército Rebelde, hasta la derrota de la dictadura de Batista, asegurada por la insurrección popular y huelga general que se extendió por todo el país en los primeros días de enero de 1959.

A medida que la Caravana de la Libertad del Ejército Rebelde atravesaba el país, recibida por multitudes jubilosas de decenas de miles de personas, desde Santiago hasta La Habana, comenzó la próxima etapa de la lucha revolucionaria.

FEDERACIÓN DE MUJERES CUBANAS

"La lucha clandestina apoyó y aseguró al Ejército Rebelde en cuadros revolucionarios y en recursos. Divulgó lo que pasaba en la Sierra, la insurgencia en los pueblos y las ciudades, lo que orientaba Fidel". —Asela de los Santos

En la reunión de la Dirección Nacional del Movimiento 26 de Julio en marzo de 1958 en la Sierra Maestra, participaron dirigentes de la clandestinidad urbana y del Ejército Rebelde. De la izquierda, sentados: Celia Sánchez, Vilma Espín, Fidel Castro; parados: Haydée Santamaría; René Ramos Latour (Daniel), Marcelo Fernández, David Salvador y Faustino Pérez.

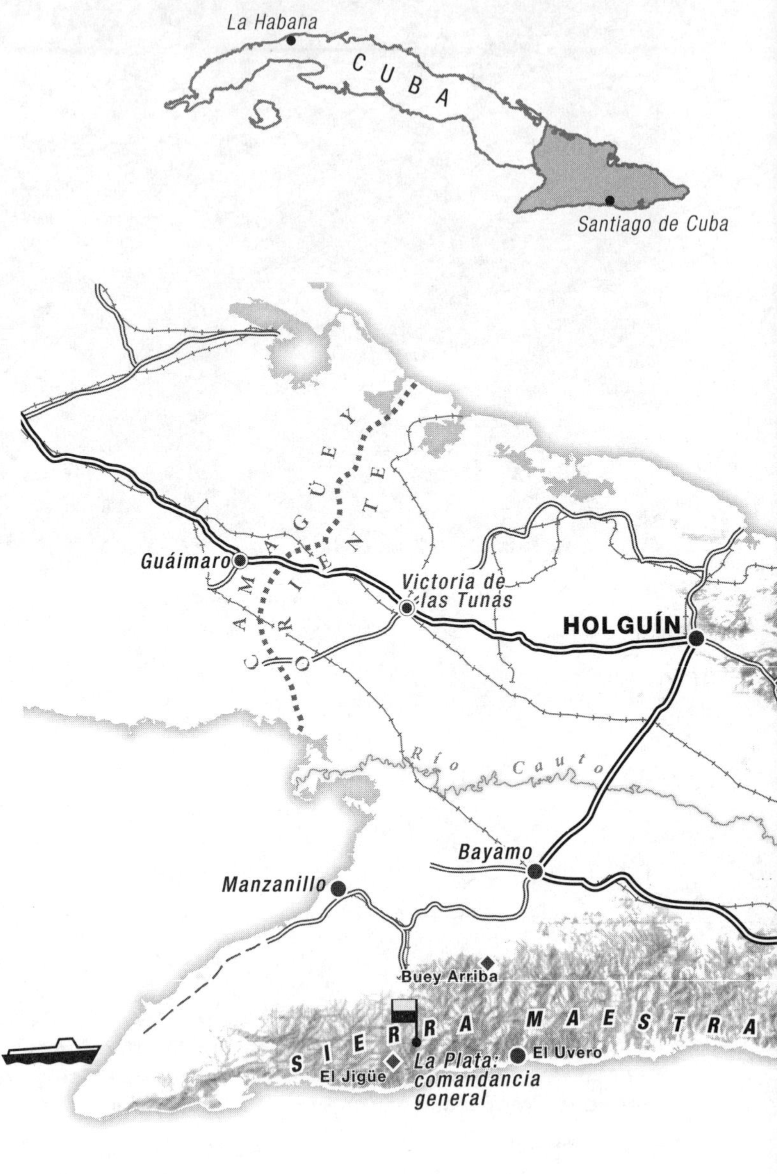
La Habana
CUBA
Santiago de Cuba
CAMAGÜEY
ORIENTE
Guáimaro
Victoria de las Tunas
HOLGUÍN
Río Cauto
Bayamo
Manzanillo
Buey Arriba
SIERRA MAESTRA
El Jigüe
La Plata: comandancia general
El Uvero

Provincia de Oriente 1958

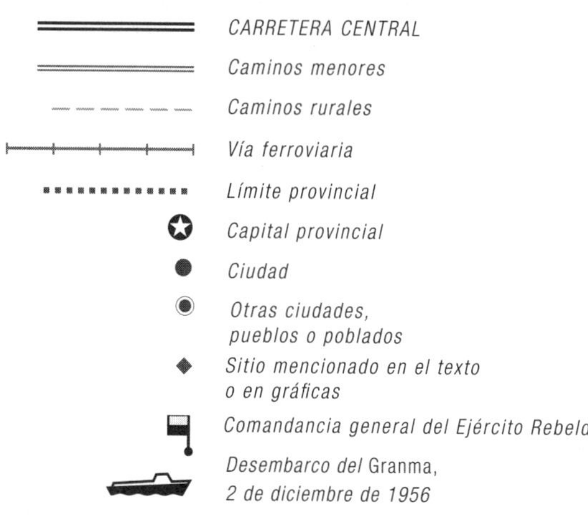

'Nos dio un sentido de valor'

ENTREVISTA A ASELA DE LOS SANTOS

MARY-ALICE WATERS: Siendo una joven que fue madurando en Santiago de Cuba en los años 50, respondiste a las luchas sociales y políticas que estallaron por todo el país, y fuiste una de los primeros miembros del Movimiento Revolucionario 26 de Julio. ¿Qué acontecimientos te impulsaron en esa dirección?

ASELA DE LOS SANTOS: La época que me tocó vivir estuvo muy marcada por la historia. Cuando se produjo el golpe de estado de Batista el 10 de marzo de 1952, yo era estudiante de pedagogía de la Universidad de Oriente. En el estudiantado universitario en ese entonces existía mucha inquietud por la situación económica, política y social del país.

Antes de enero de 1959, cuando triunfó la revolución, las condiciones eran cada vez más intolerables para la gran mayoría de la población en Cuba. El latifundio dominaba nuestra sociedad. Pocos campesinos tenían acceso a la tierra. El desempleo, el analfabetismo, las enfermedades y desatención de los servicios públicos a la población eran desenfrenados. La corrupción y el robo por parte de los políticos caracterizaban aquella época.

Mary-Alice Waters y Martín Koppel, editores de Pathfinder, entrevistaron a Asela de los Santos en La Habana el 26 de febrero de 2008. Se realizaron dos entrevistas más, en marzo de 2009 y en marzo de 2010.

La lucha insurreccional para derrocar a la dictadura de Batista comenzó el 26 de julio de 1953 con el asalto al cuartel Moncada dirigido por Fidel. A esto le siguió la masacre de casi 60 moncadistas por el ejército y la policía de Batista, y después el juicio a Fidel y a los otros compañeros, el presidio, la campaña por amnistía y su excarcelación. Esto a su vez fue seguido por el exilio en México y el reclutamiento y entrenamiento intensivo de los 82 expedicionarios revolucionarios que salieron a bordo del *Granma* a fines de noviembre de 1956 para comenzar la lucha armada en la Sierra Maestra.[1]

Yo me incorporé al Movimiento 26 de Julio desde su misma fundación en 1955, después de que Fidel y los otros compañeros salieran de la prisión. Pero mi decisión de enfrentar a la dictadura fue en el mismo instante en que se produjo el golpe de estado a principios de 1952.

WATERS: Tú y Vilma Espín, quien pronto llegaría a ser una de los dirigentes más capaces de la lucha revolucionaria, fueron de los primeros estudiantes en la Universidad de Oriente ¿no?

DE LOS SANTOS: Efectivamente. La Universidad de Oriente daba sus primeros pasos. Vilma, que era estudiante de ingeniería, ingresó en 1948, y yo, como estudiante de pedagogía, en 1949.

La universidad se fundó en 1947 mediante un patronato integrado por profesionales cultos que aspiraban a tener en Oriente un centro docente superior con sede en Santiago de Cuba. La única otra universidad en ese entonces se encontraba en La Habana. Una de las primeras batallas que libramos los estudiantes y profesores de aquel centro fue por su oficialización, es decir, que se reconociera como universidad estatal. Fue oficializada, e incluida en el presupuesto nacional

1. Acerca de estos y otros sucesos, individuos y organizaciones mencionados, ver la cronología y el glosario.

de Cuba, en marzo de 1949.

Fue muy importante para Santiago de Cuba la creación de aquel centro, cuyo nivel de exigencia académica era alto para alumnos y profesores. La universidad fue fiel a su lema de "Ciencia y Conciencia". Con la apertura de esta, también llegó un grupo numeroso de profesores españoles, personas que habían apoyado a los republicanos durante la guerra civil española de 1936–39. Algunos habían sido miembros del Partido Comunista de España, entre ellos López Rendueles y Galbe.[2] Todos eran de muy alto nivel profesional y científico, e influyeron mucho en el estudiantado y también en el profesorado cubano.

La mayoría de los estudiantes y profesores en la universidad tenían una posición progresista. Los profesores que más gustaban a los alumnos eran aquellos de ideas revolucionarias, de ideas nuevas, de causas justas.

MARTÍN KOPPEL: ¿Quiénes eran algunos de esos profesores?

DE LOS SANTOS: Algunos de los cubanos eran miembros del Partido Comunista, como José Antonio Portuondo, o de pensamiento progresista como Regino Boti, Pedro Cañas Abril y Max Figueroa.

En la universidad no todos los alumnos siguieron el camino revolucionario. Algunos sí lo hicieron. Otros, aunque no estaban de acuerdo con el régimen, simplemente se fueron para su casa a ver qué pasaba.

WATERS: Dinos acerca de tus actividades después del golpe de estado.

DE LOS SANTOS: Yo lo rechacé desde sus inicios porque lo consideré brutal. En aquellos días la universidad cerró sus puertas en actitud de protesta. Sin embargo, allí permanecimos un grupo de alumnos que queríamos saber lo que pasaba, y después saber lo que debíamos hacer. En ese grupo de muchachas y

2. Ver en el glosario, Julio López Rendueles, José Luis Galbe.

muchachos estaba Vilma, que sin proponérselo se fue haciendo centro del grupo. Ella era muy valiente y serena; no era pretenciosa. Tenía un sentido patriótico que influía en los demás.

Voy a contarles una experiencia personal. El grupo que permanecía en la universidad después del golpe decidió repartir en la ciudad unas tiras de papel impresas, para denunciar a la dictadura. Vilma seleccionó unos versos de José María Heredia, gran poeta cubano del siglo 19, que se refieren al papel de los pueblos frente al tirano:

> Que si un pueblo su dura cadena
> no se atreve a romper con sus manos,
> bien es fácil mudar de tiranos,
> pero nunca ser libre podrá.

Eso costó que nos cogieran presas y nos llevaran al cuartel; allí nos interrogaron. Pero otros de la universidad se movilizaron y nos liberaron horas después.

Eso fue muy al principio, cuando ellos todavía querían dar una imagen de Batista como buena gente, de que este hombre había venido para salvar todos los problemas de Cuba. Así empezaron.

En el cuartel Moncada, donde nos llevaron, los militares nos daban consejos y nos decían, "Nosotros también fuimos jóvenes revolucionarios. Hace 20 años, cuando la dictadura de Machado, nosotros también hicimos cosas. Pero aquí el hombre que va a resolver los problemas es Batista".

Los rebatíamos y finalmente nos soltaron por incorregibles.

El asalto al Moncada

Pasados algunos meses después del golpe de estado, la Universidad de Oriente volvió a una relativa normalidad. El estudiantado en Santiago se movilizaba ante cualquier hecho ofensivo, lo reprimían a golpes y con detenciones de estudiantes. Ante el alboroto de todos los soltaban. Y así seguían transcurriendo los días y meses.

Llegó el año 1953, año del centenario del nacimiento de José Martí. En Cuba se le conoce como el Apóstol.

En La Habana, un grupo de jóvenes revolucionarios, organizados y dirigidos por Fidel Castro, había llegado al convencimiento de que la única forma de eliminar la dictadura era por la fuerza de las armas. Ya se habían agotado otras vías. Estos jóvenes llegaron a conocerse como la Generación del Centenario, ya que 1953 era el centenario del natalicio de Martí. Las ideas martianas mantenían toda su vigencia.

Escogieron a Martí como autor intelectual para producir uno de los hechos patrióticos de más audacia y sacrificio de la historia de Cuba: el asalto del 26 de julio al cuartel Moncada en Santiago de Cuba y al cuartel Carlos Manuel de Céspedes en Bayamo. Más de la tercera parte de los moncadistas fueron asesinados a sangre fría. Muchos de ellos fueron torturados salvajemente, como lo fue Abel Santamaría, uno de los principales dirigentes.

La gran mayoría de la población de Santiago de Cuba estaba consternada, sin poder impedir los asesinatos. Escuchaba el tableteo de ametralladoras a sabiendas de que los estaban cazando.

Ante todos aquellos horrores Vilma, dos compañeras más y yo decidimos acercarnos al Moncada, para ver nosotras mismas si todo lo que se decía era cierto. Decían que los jóvenes asesinados estaban tirados en la hierba en los alrededores del cuartel.[3] Pudimos llegar nada más hasta un lugar

3. Lo que decían era cierto. Las tropas de Batista colocaron los cadáveres de los combatientes asesinados dentro y fuera del cuartel para dar la apariencia de que habían muerto en combate.

> Se hicieron desde los primeros momentos [del asalto al Moncada] numerosos prisioneros... Estos [soldados] declararon ante el tribunal, y todos sin excepción han reconocido que se les trató con absoluto respeto, sin tener que sufrir ni siquiera una palabra vejaminosa...
>
> Nuestras pérdidas en la lucha habían sido insignificantes; el 95 por ciento de nuestros muertos fueron producto de la crueldad y la inhumanidad cuando aquella había cesado...
>
> No murieron durante un minuto, una hora o un día entero, sino que en una semana completa, los golpes, las torturas, los lanzamientos de azotea y los disparos no cesaron un instante como instrumentos de exterminio manejados por artesanos perfectos del crimen. El cuartel Moncada se convirtió en un taller de tortura y de muerte.*
>
> FIDEL CASTRO
>
> *La historia me absolverá*
> 1953

cercano porque había estado de sitio. Los militares estaban como fieras.

El Moncada influyó en la conciencia y los sentimientos patrióticos de la ciudadanía santiaguera. Fue un crimen contra

* *La historia me absolverá* es la versión que Fidel Castro reconstruyó de su alegato de defensa en el juicio por haber dirigido el asalto al cuartel Moncada. El documento fue sacado de contrabando de la prisión, publicado y diseminado clandestinamente por toda la isla a fines de 1954. Las moncadistas Haydée Santamaría y Melba Hernández desempeñaron un papel vital en la dirección de la campaña para diseminarla ampliamente.

los jóvenes asaltantes cometido a la vista de todos. Los cadáveres los tiraban en camiones y después los enterraban. Todo aquello se fue conociendo inmediatamente.

La provincia de Oriente es territorio donde tradicionalmente se han iniciado las luchas libertadoras: las guerras contra el colonialismo español en 1868 y en 1895. Y allí también se inició en 1956 la etapa final de la lucha por la independencia verdadera, dirigida por Fidel. Todo eso tiene mucho que ver con la conciencia política y patriótica de la gente de Oriente.

WATERS: ¿Habías oído hablar de Fidel Castro antes del Moncada?

DE LOS SANTOS: No. Cuando el asalto al cuartel Moncada, fue la primera vez que supe de él. Se hablaba de un joven abogado de La Habana, Fidel Castro Ruz, aunque él no es de La Habana, es de Oriente. Se hablaba de la historia de Fidel desde que ingresó a la universidad en 1945, sus días de joven revolucionario que como estudiante deseaba limpiar de la politiquería aquel centro universitario, y posteriores acciones de solidaridad con el pueblo de Santo Domingo.[4]

Pero aquí en Santiago de Cuba no conocíamos nada sobre Fidel. Lo conocimos cuando los hechos del Moncada.

El Moncada fue un acontecimiento definitorio para el grupo de jóvenes al que yo pertenecía. Es cuando decidimos organizarnos. Junto a Vilma, a Frank País y a un grupo de numero-

4. En julio de 1947, Fidel Castro se alistó en una expedición para derrocar a la dictadura, apoyada por Washington, de Rafael Trujillo en República Dominicana. La operación —conocida como la expedición de Cayo Confites, por el nombre de la islita sobre la costa norte de Cuba donde se hicieron los preparativos— estuvo financiada y controlada por el gobierno del presidente cubano Ramón Grau San Martín del Partido Auténtico. Ante las presiones de Washington, Grau San Martín le retiró su apoyo en septiembre de 1947.

sos jóvenes que deseábamos combatir a la tiranía, contribuí al trabajo de Acción Revolucionaria Oriental, aunque yo no era miembro. ARO fue uno de los grupos que se integraron al Movimiento 26 de Julio cuando este se fundó dos años después.

El Movimiento Revolucionario 26 de Julio estaba básicamente integrado por jóvenes, incluyendo estudiantes, que como generación se comprometieron con la patria a romper con todas aquellas viejas estructuras que representaba el pasado político. De entrada considerábamos a todos los políticos como unos bandidos. Determinamos romper con aquel presente tan bochornoso que existía en el país.

WATERS: ¿Fue entonces que conociste a Frank?

DE LOS SANTOS: Conocí a Frank en la universidad. Yo estaba en el último año de la carrera y él iniciaba su primer año.[5]

KOPPEL: ¿Qué nos puedes decir sobre otras organizaciones políticas a las que pertenecían los estudiantes universitarios, como la Juventud Ortodoxa?

DE LOS SANTOS: La mayoría de los estudiantes de la Universidad de Oriente sentían simpatía por Eduardo Chibás, el fundador y dirigente del Partido del Pueblo Cubano, conocido como los ortodoxos. También había alumnos de filiación comunista; el Partido Comunista en ese entonces se llamaba el Partido Socialista Popular. Creo que la mayoría no pertenecía a ningún partido.

La fundación del Partido Ortodoxo en 1947 logró captar la simpatía de la mayoría del pueblo, que vio en él la solución de muchos problemas sociales. Chibás, su líder principal, planteaba en su programa limpiar el gobierno. Prometió luchar

5. Frank País, anteriormente presidente de la asociación de estudiantes de la Escuela Normal en Santiago, enseñaba en la escuela primaria a principios de 1954 y asistía a clases los sábados en la Universidad de Oriente.

contra la corrupción y exigir reivindicaciones sociales. Fue conocido por su constante denuncia para alertar al pueblo y movilizarlo. Fue un líder, revolucionario y nacionalista, que conquistó la simpatía sobre todo de los jóvenes. Fidel, Abel Santamaría y otros revolucionarios estaban afiliados al Partido Ortodoxo.

Chibás se dio un tiro en agosto de 1951, al final de su programa dominical de radio, para demostrar con ello la verdad de sus denuncias contra el ministro de educación, imposibles de demostrar con pruebas en un tribunal.[6] Así pensaba salvar la verdad de la denuncia, su prestigio y dignidad.

Aquello impactó al pueblo, que habría votado mayoritariamente por los candidatos del Partido Ortodoxo si las elecciones hubieran ocurrido en junio de 1952. Sin embargo, Batista estaba postulado por un partido que respondía a sus intereses. Sabiendo que no iba a lograr la presidencia así, dio un golpe de estado el 10 de marzo de 1952 y canceló las elecciones.

Ya con Batista en el poder, comenzó su rejuego político para estabilizarse como si fuera el presidente electo. Fidel ha dicho en más de una ocasión que si Chibás hubiera estado vivo, Batista no habría podido dar el golpe. El Partido Ortodoxo había perdido a su líder, y con ello el espíritu combativo.

En agosto de 1955, cuando Fidel estaba en México preparando la expedición a Cuba, le envió una carta al Partido Ortodoxo para que se leyera y analizara en una reunión nacional de los principales dirigentes ortodoxos que se haría a finales del mes. En la carta él explicaba por qué el partido no debía tomar la línea electoral en 1956, haciéndole el juego a Batista.

6. José Manuel Alemán fue ministro de educación de 1946 a 1948. Su sucesor, de 1948 a 1952, fue Aurelio Sánchez Arango. Chibás los acusaba de ser igualmente corruptos.

Hacia cárcel de Boniato
(ver recuadro)
Cementerio
Universidad
de Oriente
Casa de
Frank
País
CUARTEL
MONCADA
Instituto de
Segunda
Enseñanza
San Félix
Escuela Normal
Casa de Raúl Pujol
San Jerónimo
Avenida Victoriano Garzón
Donde asesinaron a Frank País
Casa de Vilma Espín
Ayuntamiento
Enramada
Parque Céspedes
Casa de América Domitro
Bahía
de
Santiago
Estación de
policía

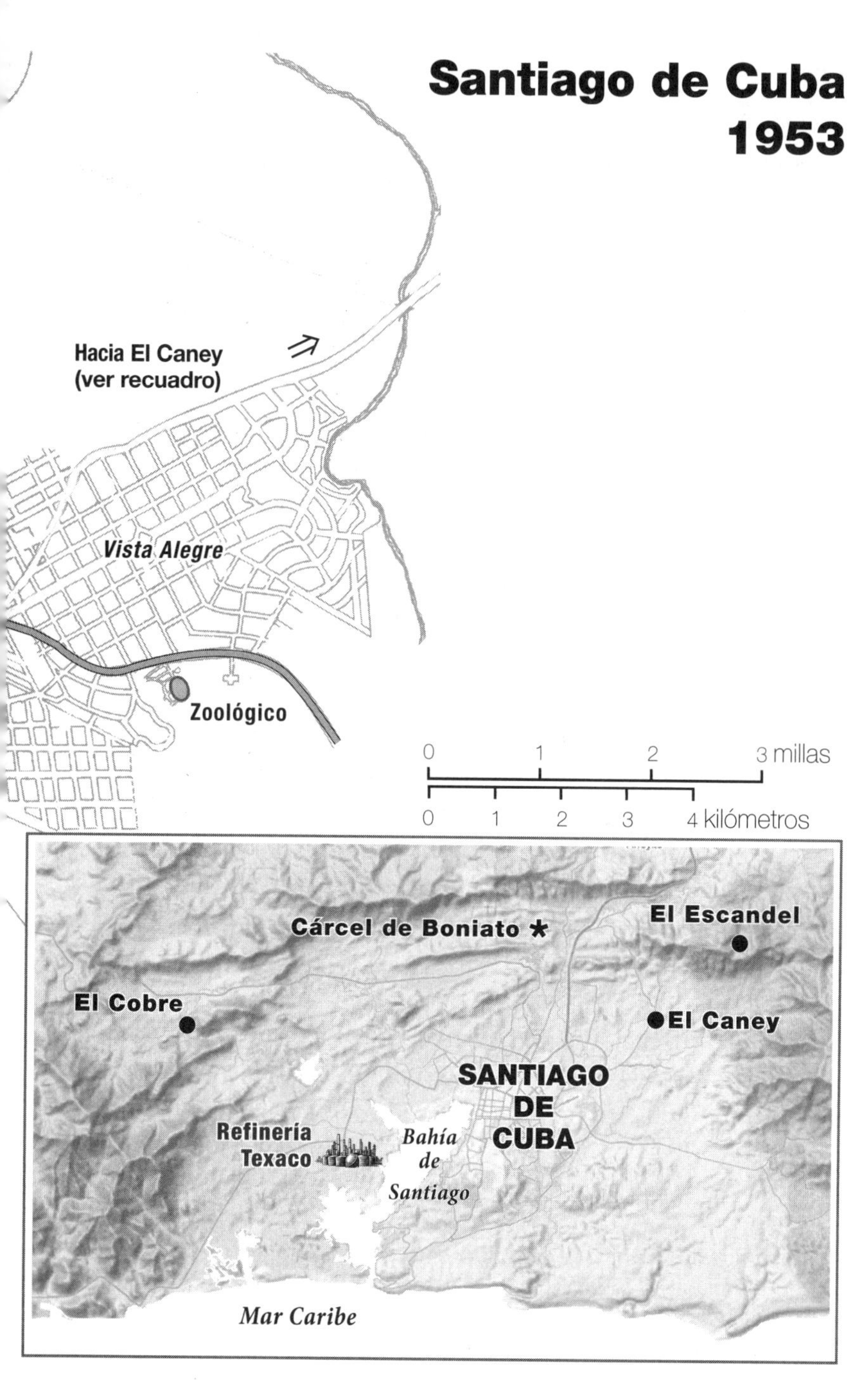

Santiago de Cuba
1953
Hacia El Caney
(ver recuadro)
Vista Alegre
Zoológico
0 1 2 3 millas
0 1 2 3 4 kilómetros
Cárcel de Boniato
El Escandel
El Cobre
El Caney
SANTIAGO
DE
CUBA
Refinería
Texaco
Bahía
de
Santiago
Mar Caribe

Destacó que las elecciones serían fraudulentas y estarían de antemano decididas a favor del dictador. Le darían a Batista un estatus legal para mantenerse en el poder.

La carta de Fidel pedía que el partido asumiera una línea insurreccional. Demostraba, explicando los hechos y la situación existente, que era la única vía para eliminar la dictadura. Esa línea no la aceptó la mayoría de los dirigentes de la ortodoxia.

Y lógicamente, la juventud cubana patriota y honesta sí siguió la línea de Fidel y de la Generación del Centenario, que había reiniciado la lucha clandestina y armada para derrocar a la dictadura.

Cuando Fidel salió de la cárcel en mayo de 1955, liberado por la campaña de amnistía, pretendió quedarse en La Habana y organizar un movimiento cívico-revolucionario, para crear las condiciones para derrocar a Batista por la vía civil. Pero no fue posible. Lo primero que hicieron las autoridades militares fue perseguirlo para asesinarlo.

Fidel trataba de comunicarse por la radio y otros medios masivos de comunicación. Trataba de informar al pueblo para explicar la verdad de la situación, y lo que hacía el régimen era clausurar las estaciones de radio, televisión y prensa escrita y perseguirlo.[7]

Estando aún en La Habana, Fidel organizó el grupo que formaría la dirección nacional del movimiento. Se unieron revolucionarios de diferentes grupos. Allí decidieron que la nueva organización se llamara Movimiento Revolucionario 26 de Julio.

7. Pocas semanas después de que Fidel Castro fuera excarcelado, la dictadura de Batista le prohibió hablar por radio. El 15 de junio de 1955 las autoridades ordenaron que *La calle*, un diario de tirada masiva, dejara de publicar artículos de Castro; al día siguiente la policía clausuró el diario.

> Cuba está pues en una encrucijada, en que se marcha hacia la postración política y moral más vergonzosa... o se liberta gloriosamente de una vez por todas de la opresión.
>
> Un camino se llama elecciones parciales: transacción con la tiranía, reconocimiento de la legitimidad del régimen, ambiciones desaforadas a cargos municipales y actas de representantes, hambre, miseria, injusticia, desvergüenza, traición al pueblo, olvido criminal de los muertos.
>
> El otro camino se llama revolución. El ejercicio del derecho que tienen los pueblos a rebelarse contra la opresión, continuación histórica de la lucha de 1868, de 1895 y de 1933, intransigencia irreductible frente al golpe traidor de marzo [de 1952] y la mascarada vergonzosa de noviembre. Justicia para el pueblo oprimido y hambriento, dignidad, desinterés, sacrificio, lealtad a los muertos.*
>
> FIDEL CASTRO
>
> Carta al Partido Ortodoxo
> 15 de agosto de 1955

Fidel y otros compañeros irían hacia México para preparar lo que sería después la expedición del *Granma*. Los que permanecían se harían responsables del trabajo revolucionario en Cuba.

* Carta al Congreso Nacional de Militantes Ortodoxos. Extractos publicados en Heberto Norman Acosta, *La palabra empeñada* (La Habana: Oficina de Publicaciones del Consejo de Estado, 2005), Vol. 1, pp. 218–19. "Mascarada vergonzosa" se refiere a las elecciones de noviembre de 1954. Ver la cronología y el glosario acerca de las guerras cubanas de independencia (1868, 1895) y la revolución de 1933.

“La amnistía general es un clamor de toda la ciudadanía, al que los estudiantes brindamos todo nuestro apoyo. . . ¡Que no quede en la cárcel uno solo de los dignos luchadores contra la dictadura!” —José Antonio Echeverría, presidente de la Federación Estudiantil Universitaria, *Bohemia*, 27 de marzo de 1955.

Evento conjunto del Frente Cívico de Mujeres Martianas y la FEU en La Habana, octubre de 1954, que reclamó amnistía para los combatientes moncadistas y otros presos políticos. Posteriormente, muchas de las activistas de las Mujeres Martianas fueron miembros fundadoras de la Federación de Mujeres Cubanas.

Todos pensábamos que en 1956, como dijo Fidel, seríamos libres o mártires.

Raúl Castro tuvo que irse para México antes de lo planificado. Le atribuían hechos de sabotajes no realizados por él, con el fin de apresarlo y posiblemente asesinarlo. En definitiva, la policía estaba buscando a todos los jóvenes que habían sido amnistiados para asesinar a unos y apresar a otros.

En Santiago, cuando los moncadistas estaban presos, los jóvenes revolucionarios —y Frank País fue el ejemplo más destacado— organizaron acciones, concibieron planes y se agruparon para combatir la tiranía. Frank formó la organización Acción Revolucionaria Oriental y le dio carácter nacional. Los miembros también pensaban que la lucha armada contra la dictadura era la única vía para solucionar el problema de Cuba.

WATERS: ¿Entonces tú ingresaste cuando se formó el Movimiento 26 de Julio?

DE LOS SANTOS: Sí, se formó en junio de 1955, después de la amnistía. Ya se había publicado el alegato de Fidel en su juicio por el Moncada, *La historia me absolverá*, un documento que sus seguidores divulgaron por toda la isla. De acusado se convirtió en acusador. A partir de ese momento, me ganó definitivamente para la causa.

Yo empecé a trabajar en el Movimiento 26 de Julio junto a Vilma, Frank, Haydée y Armando Hart. Estos últimos dos llegaron a Santiago por indicación de la dirección nacional del movimiento a fortalecer el trabajo allí.

Al principio me daban misiones pequeñas que cumplía disciplinadamente, hasta que fui cumpliendo tareas de más envergadura. Pero no asumí dentro del Movimiento 26 de Julio responsabilidades de dirección.

Vilma, sin embargo, por sus características de líder, por sus valores personales, su capacidad, su inteligencia fue asumiendo cada vez más responsabilidades. Frank confiaba mucho en su capacidad y sentido de la responsabilidad. Ella se dedicó por entero a la lucha insurreccional. No pasó a la clandestinidad de inmediato.

Vilma modestamente decía que ella era la chofer de Frank País. En realidad, sí conducía el carro, que era de ella, pero algunas veces lo acompañaba, porque era una manera de protegerlo. Pero lo hacía sobre todo porque participaba en reuniones de coordinación, y así fue asumiendo más y más responsabilidades de gran alcance.

Mi participación plena en el movimiento fue a partir de la acción del 30 de noviembre de 1956 en Santiago.

WATERS: ¿Estabas enseñando en esos momentos?

DE LOS SANTOS: Sí. En aquel entonces yo trabajaba como maestra y a la vez cumplía las tareas de la lucha clandestina.

WATERS: ¿En qué tipo de escuela enseñabas?

DE LOS SANTOS: Trabajaba en una escuela primaria, como maestra de primero a sexto grado. Era en el campo, en el municipio El Caney. Pero ese trabajo me dificultaba mucho la labor clandestina.

Ya cuando se acercaba la fecha del alzamiento del 30 de noviembre de 1956, aumentó el trabajo. Pedí licencia y me dediqué por entero a la insurrección. Como mencioné antes, ya Fidel había proclamado que en 1956 llegarían a las costas cubanas para iniciar la lucha armada.

Acción armada del 30 de noviembre

El 30 de noviembre de 1956, empezando a las siete de la mañana, llevamos a cabo el alzamiento en Santiago de Cuba en apoyo al desembarco del *Granma*, que pensábamos debía ocurrir ese mismo día. (Al final desembarcaron dos días más tarde). Los combatientes ocuparon algunos carros en Santiago, y a los choferes les dijeron que tomaban posesión del carro en nombre del movimiento. No teníamos otros transportes. Los combatientes salieron a las calles coreando "¡Abajo Batista!" y "¡Viva Fidel!" con sus uniformes y sus brazaletes.

El alzamiento duró hasta las 10 u 11 de la mañana; Vilma lo relata bien.[8] Para entonces tres jóvenes habían muerto en combate: Pepito Tey, Otto Parellada y Tony Alomá. Pero se habían logrado varios objetivos de la misión. Al irse replegando la fuerza insurreccional, el ejército empezó a salir de los cuarteles, porque ellos se habían acuartelado.

Durante el alzamiento en Santiago de Cuba no hubo ningún apresado porque el pueblo nos protegía. Las puertas de las casas se abrían, y la gente nos decía:

"Entra por aquí".

"Ponte esta ropa".

"Sal por la puerta de allá".

"Deja las armas aquí".

El pueblo tomó conciencia de que lo ocurrido a los moncadistas les podía ocurrir a aquellos jóvenes. Yo lo cuento todavía con emoción. No es algo que me lo contaron. Yo lo viví.

En mi criterio lo ocurrido era un hecho inédito: un pueblo, todavía sin compromiso, que protegió a los jóvenes. Los muchachos salieron a las calles, dispuestos a morir, a inmolarse.

Te voy a poner un ejemplo. Las casas que tenía el movimiento para la organización de la acción del 30 de noviembre eran a veces casas de familias, a veces casas que se alquilaban. El vecindario rápidamente se percataba de que allí habían cosas raras, porque gente llegaba, entraba, venían carros, salían, y rápidamente aquella gente se ponía al acecho para protegernos. Alguien tocaba la puerta y te decía, "Tengan

8. Ver páginas 142–148.

cuidado, que por aquí pasó alguien raro". Se refería a lo que nosotros llamábamos un "chivato": espías del régimen que se dedicaban a observar para después delatar a los jóvenes y los lugares a las autoridades. Se fue creando un ambiente de protección a los jóvenes.

WATERS: ¿Cuándo pasaste a la clandestinidad?

DE LOS SANTOS: Yo nunca estuve en la clandestinidad. Vilma sí. Su casa era el cuartel general y las fuerzas batistianas lo asaltaron y la empezaron a perseguir. Y pasó a la clandestinidad. Por ser Santiago las autoridades no la pudieron nunca tocar. La protegían y ella podía sortear los peligros. Casi siempre escogíamos casas que tuvieran más de una salida, por los techos, que se pudieran usar ante el peligro.

Les cuento una historia que fue tremenda. Por una delación, un día los esbirros llegan a la casa donde estaba Vilma. Ella logra saltar al techo de la casa vecina, que era de dos aguas. Cuando ella va avanzando, una mujer que está en el patio de al lado ve una cabeza, y después ve un cuerpo que sale, y después ve a una mujer que emerge. Cree que es una aparecida. Grita "¡Milagro!" "¡Es una Virgen!"

Vilma bajó por el otro lado, saltó al patio y se pudo escapar. Y después que los policías se fueron, ella por ese mismo techo regresó a esa casa. Pero lo más simpático de todo es que ¡ahí en esa misma casa estaba Haydée Santamaría! Ella fue la que condujo a los policías de Batista por toda la casa para mostrarles que allí no había nada, ni nadie subversivo. Esa situación, aparte de lo tensa que pudiera ser, provocó la burla disimulada de todos los ahí presentes.

Como yo, Haydée Santamaría nunca pasó a la clandestinidad. Ella se movía en Santiago de Cuba sin restricciones, aunque era muy buscada por las autoridades. Haydée tenía la capacidad de transformarse según las circunstancias. Cuando se ponía un pañuelito y caminaba de cierta manera, parecía una campesina. Si se vestía bien, parecía una burguesa.

Haydée incluso visitó a Armando Hart en la cárcel de Boniato en Santiago cuando la policía la andaba buscando desesperadamente. Sin embargo, ella llegó con otra compañera a la cárcel. Se dieron a conocer ante los carceleros como familiares o yo qué sé. Y cuando Armando la vio se puso tan nervioso, "¡Pero Haydée!" Y ella respondió, "No te preocupes".

En ese momento, ella iba para el extranjero. La habían designado delegada del Movimiento 26 de Julio en Estados Unidos, y ella necesitaba transmitirle cierta información a Armando antes de partir. Y no se lo quería mandar a decir con nadie. Esto te da la medida del grado de audacia y, a la vez, la suerte que tenía.[9]

Como decía, yo tampoco nunca pasé a la clandestinidad. Mi casa nunca fue delatada. En fin, me pude mover sin ser descubierta.

WATERS: Has mencionado en otras ocasiones el papel importante que desempeñaron las mujeres en la lucha clandestina. ¿Qué tipo de cosas hacían?

DE LOS SANTOS: La mujer cubana tiene una tradición de lucha que viene desde la mambisa de las guerras de independencia hasta la actualidad. Esa tradición se convirtió en una fuerza política importante en la construcción de nuestra revolución socialista.

Dando un salto en la historia nos ubicamos en 1953, que fue el inicio de la lucha por la verdadera independencia. Me refiero al asalto al cuartel Moncada y el ejemplo heroico de Melba Hernández y Haydée Santamaría, quienes participaron en esa acción.

9. Armando Hart relata esta visita de mayo de 1958 en su libro *Aldabonazo: En la clandestinidad revolucionaria cubana, 1952–58* (Pathfinder, 2004), p. 286 [impresión de 2010].

En la lucha que le continuó se incorporarían cada vez más y más mujeres.

La concepción de Fidel de un movimiento revolucionario de masas que sustentara y apoyara el desarrollo de la lucha armada permitió que hombres y mujeres se incorporaran al proceso revolucionario.

Las mujeres integraron las filas del Ejército Rebelde. Hubo incluso en la Sierra Maestra un pelotón de mujeres que combatió, las Marianas,[10] cuyo nombre viene de Mariana Grajales, la madre de los ocho hermanos Maceo que lucharon por la independencia de Cuba contra España. Ella fue una de las grandes heroínas de la guerra de independencia.

En la clandestinidad participábamos en todo cuanto fuera necesario. Confeccionábamos uniformes y brazaletes para el Ejército Rebelde. Ayudábamos en el traslado de armas y de jóvenes combatientes, en la búsqueda de familias que dieran refugio a los combatientes que estaban clandestinos, recaudando medicamentos y fondos materiales, haciendo de mensajeras entre los diferentes frentes guerrilleros, repartiendo propaganda subversiva. En fin, en las tareas de la clandestinidad las mujeres trabajaban en todos los frentes.

Hasta realizaban tareas de mucho más riesgo.

En Estados Unidos, había una delegada del Movimiento 26 de Julio cuya misión era la recaudación de armas, avituallamiento y dinero, etcétera, para enviarlos a Cuba por diferentes vías. Desde Miami grupos de muchachas traían bajo sus anchas faldas, que entonces estaban de moda, armas cortas, balas, mensajes y correspondencia, entre otras cosas.

10. Un recuento testimonial sobre la creación y las experiencias de esta unidad aparece en Teté Puebla, *Marianas en combate: Teté Puebla y el Pelotón Femenino Mariana Grajales en la guerra revolucionaria cubana, 1956–58* (Pathfinder, 2003).

En una ocasión veníamos tres compañeras en un viaje. Estábamos apuradas pues nos retrasamos en Miami y el avión se iba. Coloqué cuatro o cinco pistolas en una especie de bolsa que nos poníamos debajo de nuestras faldas. Y las asegurábamos con una basta de hilo. Cuando llegamos al aeropuerto de Varadero y me levanté, sentí que algo se descosía. Había una compañera que venía conmigo y yo la llamé. Ya estábamos paradas, en fila para bajarnos.

Le dije, "Cualquier cosa que pase, tú no me conoces, yo no te conozco".

Para que no me sonara, yo venía caminando como si yo estuviera recién operada. Al final logramos salir.

Hay una foto en el museo del Segundo Frente en Mayarí Arriba que dice, "Bajo las faldas de las compañeras se transportaban armas". Es una foto de uno de estos viajes. Nos la tiró un soldado. Le dimos la cámara para que nos tirara una foto y coqueteábamos con él para quitar la tensión que nosotras teníamos y también disimular. De allí entramos por inmigración y nos fuimos para La Habana, donde entregamos las armas.

Como ese realicé nueve viajes de Miami a La Habana, a Camagüey o a Varadero.

WATERS: Nueve viajes es mucho.

DE LOS SANTOS: En una ocasión en el aeropuerto en La Habana cogieron de señuelo a una compañera de Santiago. Yo llevaba algo bajo las faldas, y la vi llegar con dos hombres, uno a cada lado. Yo me dije, "Aquí hay algo anormal". Seguí de largo. La tenían para tratar de apresar también a todo el que la saludara o la contactara.

Uno va desarrollando como una especie de instinto, y también de aplomo que protege. Al principio tenía miedo. Pero al final yo ya no tenía miedo. Esa es la verdad.

En la lucha clandestina las mujeres éramos muy serias. Los

compañeros nos respetaban, nos admiraban y nos protegían mucho.

Una joven como Vilma, de una familia económicamente alta, que estaba dispuesta a sacrificar su vida: eso es solo un ejemplo. Pero como ella hubo otras.

La seriedad de las mujeres que integrábamos el movimiento fue también un factor para que las madres confiaran en que la lucha en la que estábamos era verdadera. Lo admirable era que las madres sabían que sus hijas —a veces muy jóvenes— eran parte del trabajo clandestino, y no había reparo por parte de la familia en que lo hicieran. Porque la familia no fue un factor de contención para que muchachas y muchachos se pudieran incorporar a la lucha. Eso tuvo un valor tremendo.

Las mujeres cada día se integraban más, tanto en Santiago de Cuba como en el resto del país.

WATERS: Supongo que para ustedes, el participar en una historia tan importante les daba un sentido de logro y de liberación. No era muy fácil hacerlo.

DE LOS SANTOS: Así es. En otras condiciones no hubiera sido posible. Normalmente las muchachas estudiaban para lograr un trabajo.

Estoy hablando de la clase media; la clase alta es otra cosa. Pero para las de la clase media profesional y de las familias pobres, las aspiraciones eran que salieran adelante a partir de lograr una profesión y un empleo.

En el proceso de la lucha las mujeres vislumbraban posibilidades de mayor alcance en su vida. Había mucho por hacer. La revolución les brindó esa oportunidad. Y estoy hablando de aún antes del triunfo.

Cuando se produce una revolución profunda, la mujer, que ha estado oprimida por siglos, por milenios, quiere participar.

Tú me preguntabas si el trabajo en la clandestinidad fue un

LEE LOCKWOOD

"En el proceso de la lucha revolucionaria en Cuba, las mujeres vislumbraban mayores posibilidades, aún antes del triunfo. . . Cuando se produce una revolución profunda, la mujer, que ha estado oprimida por milenios, quiere participar". —Asela de los Santos

Trabajadores del hospital Calixto García en La Habana salen a recibir a la Caravana de la Libertad del Ejército Rebelde, 8 de enero de 1959, cuando entraba a la capital tras un recorrido de ocho días por la isla desde Santiago de Cuba.

fenómeno de liberación de las mujeres. Sí, lo fue. A las mujeres no había quien las detuviera.

WATERS: Les daba un sentido de su valor…

DE LOS SANTOS: …de su valor como seres humanos, como pueblo.

WATERS: Para mí es un elemento muy notable de la Revolución Cubana. Tu generación en Cuba estuvo a la vanguardia de los cambios históricos en la condición económica y social de la mujer que se produjeron a medida que las mujeres fuimos saliendo de la casa para incorporarnos al trabajo de carácter social a un nivel entonces sin precedentes, algo que comenzó durante la Segunda Guerra Mundial.

No hay otra revolución socialista en que ha habido tantas mujeres dirigentes como hemos visto aquí en Cuba: Vilma Espín, Celia Sánchez, Haydée Santamaría, Melba Hernández, para nombrar algunas de las más conocidas. Su papel dirigente fue imprescindible. Es uno de los elementos de la historia revolucionaria de Cuba que hace falta conocer y entender mejor.

En tu caso particular, ¿en qué tipo de familia te criaste? Siendo una muchacha que se estaba haciendo mujer, ¿cómo veías tu futuro?

DE LOS SANTOS: Mi padre se retiró muy joven de las fuerzas armadas allá por el año 1935. Era teniente. Mi madre era ama de casa. Éramos un varón y tres mujeres. Desde que fuimos pequeños, en nuestra familia tuvimos estrecheces porque vivíamos de la pensión de mi padre. En la medida que fuimos creciendo, nos fuimos abriendo paso en la profesión que estudiamos. Yo pude ir a la universidad. No era barata, pero pudimos pagarla. Pertenecíamos a la clase media pobre.

Era una familia muy preocupada por preparar a sus hijos, y sobre todo, a sus hijas. Mi padre decía que él quería que sus hijas se prepararan, que tuvieran una carrera y pudieran tener independencia económica para no depender del esposo.

Nuestros padres se esforzaron mucho porque estudiáramos. Una estudió para maestra de preescolar —en aquel momento se llamaba kindergarten— y logró una plaza. Yo estudié pedagogía y logré también una plaza, como te expliqué. Mi otra hermana estudió bachillerato; iba a estudiar derecho, pero pudo ingresar en la empresa telefónica como operadora. Eso le daba una solvencia económica.

En mi hogar yo no me sentí inferior por ser mujer. Al contrario, en mi hogar las mujeres fuimos privilegiadas en todo.

Asesinato de Frank País

WATERS: En los seis meses después de la acción del 30 de noviembre, la lucha en Santiago se intensificó, culminando en los sucesos en torno al asesinato de Frank País. ¿Cómo era el ambiente entonces?

DE LOS SANTOS: La mayoría de la población en Santiago de Cuba se involucró tanto porque constantemente aparecía un joven torturado, tirado en el camino, casi siempre en los suburbios. A otros a veces no los mataban pero los torturaban. Muchos jóvenes murieron torturados. Muchas muchachas fueron apresadas, algunas violadas o torturadas.

El pueblo no solo rechazaba y odiaba aquel régimen tiránico, sino protegía y defendía a los revolucionarios.

WATERS: ¿Estabas en Santiago de Cuba el 30 de julio de 1957 cuando fue asesinado Frank País?

DE LOS SANTOS: Sí. Cuando sucedió, Lucía Parada y yo estábamos en un vehículo recogiendo uniformes en casa de unas costureras. Sentimos el tableteo de las ametralladoras. Aquello siempre me sobrecogía. Comenté, "¿Quién de los compañeros habrá caído?".

Yo no podía imaginar que fuera Frank. Creía que Frank era

inmortal, que podía escapar a todas las situaciones. Muchas veces había logrado escaparse de las manos de los esbirros de Batista. Entonces vimos un compañero llamado Luis Felipe Rosel que venía en su carro en sentido contrario al nuestro. Él nos dijo, "Dicen que mataron a Frank". Aquel hombre tenía los ojos llorosos.

"No puede ser".

"¿Dónde?"

"Por allá, por la casa de Raúl Pujol".

Yo sabía dónde estaba la casa. Entonces le dije a Lucía, "Vamos para allá".

Cuando llegamos la policía tenía un cerco grande.

"Bueno, ¿adónde van?", nos preguntaron.

"Vivimos por allí, estamos asustadas", y todas esas cosas que uno manejaba para sobrevivir en aquel medio.

La policía había hecho un cerco grande, con un cerco más chiquito dentro de este y después otro más estrecho. Nosotras llegamos a pasar el cerco grande pero los otros no pudimos pasarlos. Habían asesinado a Frank y a su compañero Raúl Pujol. Ya estaban los fotógrafos, la prensa. Le habían puesto una pistola al lado. Nos fuimos de inmediato.

Llamé a Vilma por teléfono.

"Es verdad, es verdad", me dijo.

"Ahora tú, Lucía y las otras compañeras, traten de ir a ver a la mamá de Frank, a Rosario", dijo Vilma. "Porque nos tienen que entregar el cadáver". Vilma dio esa misma indicación a muchos compañeros, de modo que supimos lo que teníamos que hacer.

Fuimos a ver a Rosario. El cadáver lo tenían en el necrocomio del cementerio de Santa Ifigenia, con planes de enterrarlo inmediatamente. Nuestra idea era movilizar a la gente en esa dirección caminando por la calle principal para exigir que nos dieran el cadáver.

Lo hicimos y empezó a sumarse el pueblo.

Preguntaban, "¿Adónde van?"

"A buscar a Frank, a buscar a Frank".

Cuando ya estábamos llegando, nos dijeron, "No, el cadáver de Frank lo llevaron para su casa". Efectivamente, ya lo tenían allí en un féretro. Junto a él se encontraba su madre, doña Rosario, profundamente conmovida por el dolor pero ejemplarmente serena.

Entonces de nuevo Vilma nos estaba localizando, e indicó que había que llevarse el cadáver de Frank para la casa de la novia de Frank, América Domitro, que era un lugar céntrico. Queríamos que el entierro recorriera todo Santiago.

Llevamos el cadáver de Frank para la casa de América, y allí el grupo de compañeros estuvimos preparando todo. Empezó el pueblo de Santiago a ir a aquel lugar a ver a Frank. Nadie quería creer que lo habían matado.

Ya a las dos de la madrugada hubo que organizar la entrada y la salida de toda la gente que quería verlo.

¿Qué hicieron las fuerzas de Batista mientras sucedía todo esto? Acuartelaron a la tropa.

A Frank lo vestimos con su uniforme verde olivo, su boina y su blanca flor en honor a José Martí. Frank fue quien había diseñado el uniforme y se lo había propuesto a Fidel en México. Frank era un joven extraordinario, capaz de lo grande y lo pequeño. Era capaz de diseñar un uniforme hasta el detalle más mínimo, y a la vez de elaborar estrategias de lucha. Es decir, para él todo era importante, nada dejaba de serlo.

Decenas de miles de santiagueros acompañaron el cadáver de Frank al entierro. Allí se gritaban oprobios a Batista, a los esbirros, al que lo mató, [José María] Salas Cañizares. Aquel pueblo enardecido gritaba cosas terribles contra los asesinos. Cantaba el himno del 26 de Julio y el himno nacional. Cuando pasaba el féretro, desde los balcones le tiraban flores.

OFICINA DE ASUNTOS HISTÓRICOS DEL CONSEJO DE ESTADO

"El pueblo de Santiago de Cuba se echó a la calle espontáneamente, produciéndose el primer conato de huelga general política. Aunque no tuvo dirección, paralizó totalmente la provincia de Oriente, repercutiendo en parecida forma en Camagüey y Santiago".

—Ernesto Che Guevara

Santiago de Cuba, 31 de julio de 1957. Unas 60 mil personas, un tercio de la población de la ciudad, se sumó a la marcha fúnebre para Frank País, dirigente del Movimiento 26 de Julio, asesinado por la policía batistiana el día antes.

> Por ese tiempo [en julio de 1957] en Santiago de Cuba sucedió un acontecimiento muy trágico: el asesinato de nuestro compañero Frank País, que marcó un viraje en toda la estructura del movimiento revolucionario.
>
> El pueblo de Santiago de Cuba se echó a la calle espontáneamente, produciéndose el primer conato de huelga general política, que aunque no tuvo dirección, paralizó totalmente a Oriente, repercutiendo en parecida forma en Camagüey y Las Villas. La dictadura liquidó este movimiento surgido sin preparación y sin control revolucionario.
>
> Este fenómeno popular sirvió para que nos diésemos cuenta que era necesario incorporar a la lucha por la liberación de Cuba al factor social de los trabajadores. Inmediatamente comenzaron las labores clandestinas en los centros obreros para preparar una huelga general que ayudara al Ejército Rebelde a conquistar el poder.*
>
> ERNESTO CHE GUEVARA
> 29 DE ENERO DE 1959

Nadie dijo "huelga". Sin embargo hubo una huelga general. Los comercios todos cerraron.

Todavía hoy en Santiago de Cuba, mucha gente no puede hablar mucho de Frank sin que surja la emoción. Nos pasa como con la muerte del Che; nos duele mucho que lo hayan asesinado. Es que uno valora la trascendencia de la muerte de

* Ernesto Che Guevara, "Proyecciones sociales del Ejército Rebelde", discurso pronunciado el 29 de enero de 1959. En José Bell y otros, *Documentos de la revolución cubana, 1959* (La Habana: Ciencias Sociales, 2008), p. 32.

alguien tan joven, que tanto hubiera contribuido en todo este proceso revolucionario. Y además que tenía todo derecho de haber vivido el triunfo. Frank solo tenía 22 años.

Pero es así. Ese es el precio que a veces hay que pagar en aras de una patria libre y digna.

Segundo Frente del Ejército Rebelde

WATERS: ¿Cuáles eran las tareas del movimiento clandestino urbano a medida que avanzaba la guerra revolucionaria dirigida por Fidel desde la Sierra?

DE LOS SANTOS: La lucha clandestina fue parte importante del desarrollo de la guerra contra la dictadura. Jugó un papel en el aseguramiento y fortalecimiento del Ejército Rebelde, tanto en hombres y cuadros revolucionarios como en el avituallamiento de recursos y medios. En la divulgación de lo que estaba pasando en la Sierra, la insurgencia en los pueblos y las ciudades, y lo que estaba orientando Fidel. En explicar las consignas del movimiento y ayudar a convocar al pueblo a sumarse a la lucha armada.

Todos estos fueron aspectos importantes de la lucha clandestina.

Se dificultó más hacer llegar el suministro de armas a la Sierra, pero se logró entregarlas por diversas vías. Así se fortaleció el primer refuerzo que Fidel recibió, en marzo de 1957. Ellos todos fueron con sus armas.

WATERS: ¿Te refieres al grupo conocido como los marabuzaleros?

DE LOS SANTOS: Sí, los que se habían concentrado y escondido en el marabuzal.[11] Esa fue obra de Celia [Sánchez]. Ella escogió aquel lugar que era inaccesible. Nadie podía sospe-

11. El marabú es un arbusto espeso y espinoso que crece silvestre en Cuba.

char que allí estaban concentrados 50 jóvenes para incorporarse a la lucha en la Sierra.[12]

Celia fue una de las principales dirigentes del Movimiento 26 de Julio en Manzanillo. Desde allí organizó una red urbana de abastecimiento hacia la Sierra. En coordinación con Frank País, facilitó por diferentes vías la incorporación de jóvenes a las fuerzas rebeldes. Fue la primera mujer combatiente en la Sierra Maestra, llegando a formar parte de la comandancia general del Ejército Rebelde.

La mayoría de las armas del Ejército Rebelde se las arrebataron al ejército de Batista. El Ejército Rebelde enriqueció su armamento en la lucha frontal. Se las quitó al enemigo y se armó. Esa es la verdad.

Pero la clandestinidad fue también clave en la cuestión del suministro de armas, uniformes, botas, medicamentos y combatientes, hombres y mujeres. Cuando se enviaban refuerzos se trataba que estuvieran bien equipados. La lucha clandestina fue una fuerza política imprescindible, creadora de conciencia, de mantener en las ciudades el espíritu combativo, revolucionario y patriótico.

Ya a principios de agosto de 1958 había sido derrotada la "ofensiva final" de las fuerzas de Batista, que pretendían liquidar a los rebeldes en la Sierra Maestra, y el Ejército Rebelde pasó de la defensiva a la contraofensiva.[13]

12. Un recuento testimonial de un miembro del primer refuerzo aparece en Luis Alfonso Zayas, *Soldado de la Revolución Cubana: De los cañaverales de Oriente a general de las Fuerzas Armadas Revolucionarias* (Pathfinder, 2011), pp. 67–78.

13. En *La victoria estratégica: Por todos los caminos de la Sierra* (La Habana: Oficina de Publicaciones del Consejo de Estado, 2010), Fidel Castro relata cómo, en 74 días de batalla en el verano de 1958, unos 300 combatientes revolucionarios —con el apoyo de trabajadores y campesinos por toda Cuba— derrotaron la "ofensiva final" de

El Segundo Frente Oriental Frank País, en el este de la provincia de Oriente, se había abierto cinco meses antes, en marzo de 1958, bajo el mando de Raúl Castro.

En la zona alrededor de Santiago de Cuba, el Tercer Frente Mario Muñoz también había empezado sus operaciones en marzo, bajo el mando de Juan Almeida.

El Cuarto Frente Simón Bolívar, encabezado por Delio Gómez Ochoa, estaba operando al oeste de Holguín.

A finales de agosto las columnas invasoras de Camilo y del Che salieron para Las Villas y Pinar del Río, y en noviembre se organizó el Frente de Camagüey.

Para entonces ya la clandestinidad urbana no jugaba el mismo papel. Era más bien entonces la Resistencia Cívica.[14] La mayoría de los cuadros de la clandestinidad subieron a los frentes y allí ocuparon responsabilidades importantes.

WATERS: ¿Cuándo pasaste al Segundo Frente Oriental del Ejército Rebelde?

DE LOS SANTOS: En todo el año 1957 y parte de 1958 yo seguí en Santiago. En agosto de 1958 pasé al Segundo Frente. Ya Vilma estaba allí; la habían enviado a la Sierra en julio. Ya era demasiado peligroso mantenerla en la clandestinidad. Vilma le había dicho a Raúl que yo podía ocuparme de la organización de las escuelas y de la alfabetización de los combatientes en todo el Segundo Frente.

---

10 mil efectivos de Batista. Su recuento de la contraofensiva que el Ejército Rebelde libró en los siguientes 147 días, la cual tumbó a la dictadura, aparece en *La contraofensiva estratégica: De la Sierra Maestra a Santiago de Cuba* (La Habana: Oficina de Publicaciones del Consejo de Estado, 2010).

14. La Resistencia Cívica incorporaba amplios sectores de las clases medias y hasta algunos sectores burgueses, incluidas figuras religiosas y profesionales, que colaboraban con el Movimiento 26 de Julio para librar el país de la dictadura de Batista.

WATERS: Tú habías viajado al Segundo Frente antes, ¿no? ¿Al volver de unos de tus viajes a Miami?

DE LOS SANTOS: Sí, estaba en esa función que te dije, de traer armas a Cuba, y vine con un recado para Raúl. Por eso fui al Segundo Frente. Al llegar, Raúl me preguntó cuándo volvería para quedarme. Yo le dije que, por mí, en ese instante, pero que tenía que regresar a terminar de cumplir algunas tareas en Santiago.

Lo hice y, después de cumplir el trabajo pendiente, volví para el Segundo Frente y ya allí me quedé.

En el Segundo Frente sentí un gran alivio. No es lo mismo vivir en medio de constante represión, cuando hasta el chirriar de las ruedas de un carro hace temer la llegada de los esbirros de Batista. Se vivía bajo un estado de tensión tremendo en las ciudades.

Cuando llegué al Segundo Frente, ¡ay, pero qué maravilla! ¡Era territorio libre! No había criminales ni torturadores ni esbirros. Ya no pasaba nada de eso.

WATERS: En el Segundo Frente te encargaron la responsabilidad de todo el sistema de educación establecido por el Ejército Rebelde en ese territorio, como lo había propuesto Vilma. Fue uno de los elementos de la vida civil que organizaron las fuerzas revolucionarias, en continuidad con la futura transformación del resto de la sociedad cubana. Esta experiencia apenas se conoce fuera de Cuba.

DE LOS SANTOS: Así es. La preocupación por enseñar a leer y escribir a los combatientes del Ejército Rebelde que eran analfabetos se inició desde la Sierra Maestra. También fue ahí donde Fidel se preocupó porque se les pusiera un maestro a todas las escuelitas rurales que la tiranía había cerrado.

En el Segundo Frente, desde su fundación, Raúl tuvo esa misma preocupación. Indicó que en los campamentos de la tropa se organizara la enseñanza de la lectura y escritura

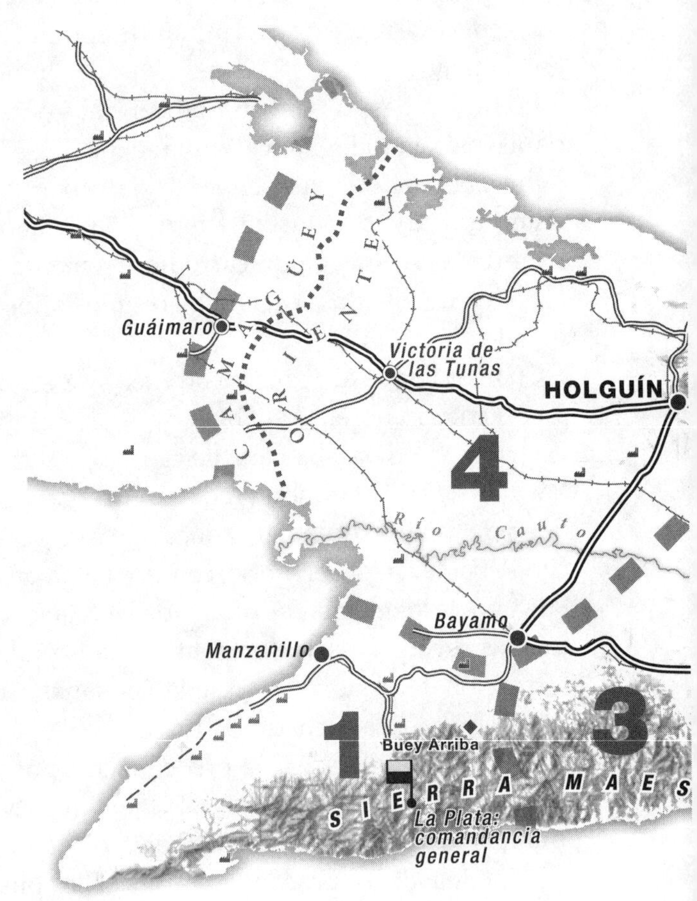

CAMAGÜEY
ORIENTE
Guáimaro
Victoria de las Tunas
HOLGUÍN
4
Río Cauto
Bayamo
Manzanillo
1
3
Buey Arriba
SIERRA MAES
La Plata: comandancia general

Frentes orientales 1958

Primer Frente establecido en diciembre de 1956, Cmdte. Fidel Castro.
Segundo Frente establecido en marzo de 1958, Cmdte. Raúl Castro.
Tercer Frente establecido en marzo de 1958, Cmdte. Juan Almeida.
Cuarto Frente establecido en octubre de 1958, Cmdte. Delio Gómez Ochoa.

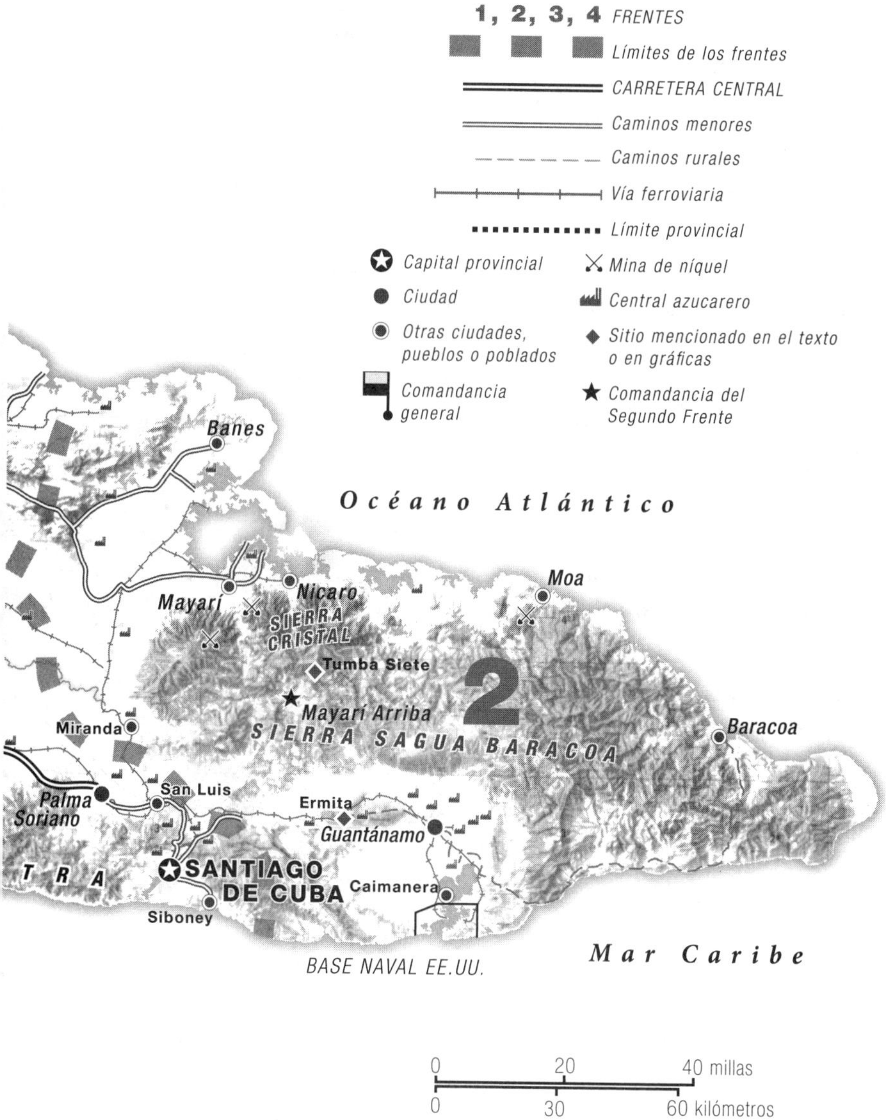

1, 2, 3, 4 FRENTES
Límites de los frentes
CARRETERA CENTRAL
Caminos menores
Caminos rurales
Vía ferroviaria
Límite provincial
Capital provincial
Ciudad
Otras ciudades, pueblos o poblados
Comandancia general
Mina de níquel
Central azucarero
Sitio mencionado en el texto o en gráficas
Comandancia del Segundo Frente
Banes
Océano Atlántico
Moa
Nicaro
Mayarí
SIERRA CRISTAL
Tumba Siete
2
Mayarí Arriba
Miranda
SIERRA SAGUA BARACOA
Baracoa
San Luis
Palma Soriano
Ermita
Guantánamo
T R A
SANTIAGO DE CUBA
Caimanera
Siboney
Mar Caribe
BASE NAVAL EE.UU.
0 20 40 millas
0 30 60 kilómetros

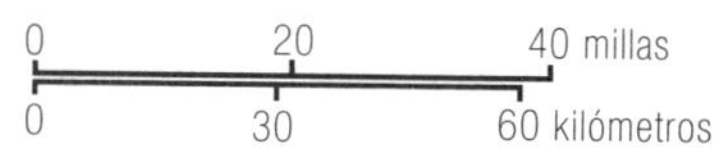

para los combatientes analfabetos. Además dispuso que se abrieran todas las escuelitas rurales cerradas por la guerra.

Esa fue la tarea que me dio cuando llegué en agosto.

Desde los primeros meses de constituido el Segundo Frente, se había liberado un amplio territorio. Después de la derrota de la "ofensiva final" de Batista, ya para principios de agosto era territorio básicamente libre del ejército, lo cual permitió abrir más de 400 escuelitas, algunas viejas y otras de nueva creación. Ahí se vio la capacidad organizativa de Raúl y su empeño para que, junto a la guerra, no se descuidara un aspecto tan importante para la vida de los combatientes y los niños de la zona como la educación.

¿Cómo fue posible?

El Segundo Frente era una región de montañas y de planicies. Su topografía y la agrupación de los habitantes en pequeños pobladitos contribuyeron a la creación de escuelas.

Sin embargo, quizás lo más importante era la composición social de la región: sobre todo una gran población rural explotada. Era un territorio de grandes latifundios que poseían enormes cantidades de tierra. Había también muchas empresas norteamericanas dueñas de centrales y plantaciones; además poseían minas de níquel, manganeso y cobalto.

Todo esto permitió que aquella experiencia se desarrollara y fuera después un antecedente de lo que había que hacer una vez que se lograra el triunfo. El interés creciente de la población rural porque sus hijos tuvieran escuelas fue de gran ayuda para que aquellas ideas se pudieran realizar.

Raúl llegó a la zona del Segundo Frente el 11 de marzo de 1958, con 76 hombres. Fueron los fundadores. Los llaman también los del "cruce", porque cruzaron la Carretera Central que dividía la región de la Columna No. 1 de Fidel y la Columna No. 3 de Almeida, por un lado, y el Segundo Frente, por el otro. Lo primero que Raúl hizo al llegar fue un recorrido por la zona, durante el cual resolvió dos cosas:

Primero, organizar la estructura militar. Segundo, reunirse con los campesinos —con los líderes campesinos, con las familias campesinas— para sumarlos y que apoyaran la lucha.

Ya con la estructura militar surgió una estructura militar-administrativa para apoyar el funcionamiento y desarrollo de la lucha armada. Para ello se crearon siete departamentos: Educación, Agricultura, Construcción y Comunicaciones, Finanzas, Sanidad, Justicia y Propaganda.

¿Cómo funcionaban? Te voy a poner un ejemplo: Finanzas.

Nada se le podía quitar al campesino. Todo se le compraba, se le pagaba. Se le respetaba. Era parte del comportamiento ético del Ejército Rebelde. Entonces Raúl creó un grupo que manejaba las finanzas, que controlaba los pocos recursos económicos que teníamos al inicio. Allí se creó un sistema financiero que apoyara el desarrollo de la guerra.

También había centrales azucareros en la zona administrada por el Segundo Frente. Hubo una disposición en la Sierra de Fidel, como comandante en jefe, que por cada saco de 250 libras de azúcar los centrales tenían que pagarle 10 centavos al movimiento en el territorio donde estuvieran. De eso se encargaba el Departamento de Finanzas.

Había otras recaudaciones, provenientes de los impuestos que los latifundistas y empresas antes habían pagado al estado. Dentro del territorio del Segundo Frente, el Departamento de Finanzas recaudaba estos pagos de impuestos.

También estaba el Departamento de Construcciones y Comunicaciones. Por las lluvias, a veces los caminos se hacían intransitables. Este departamento se dedicaba a reparar y abrir nuevos caminos.

No sé cómo, pero en el Segundo Frente de buenas a primeras aparecieron motoniveladoras. Yo digo esto un poco

COLECCIÓN ANDREW ST. GEORGE/ BIBLIOTECA DE LA UNIVERSIDAD YALE

OFICINA DE ASUNTOS HISTÓRICOS DEL CONSEJO DE ESTADO

"El Ejército Rebelde no le quitaba nada al campesino. Todo se le compraba y se le pagaba. Se le respetaba. . . Para apoyar el desarrollo de la guerra, hubo una disposición de Fidel como comandante en jefe de que, por cada saco de 250 libras de azúcar, los dueños de los centrales tenían que pagarle 10 centavos al movimiento en el Segundo Frente. Esos fondos se manejaban con el Departamento de Finanzas del frente". —Asela de los Santos

Arriba: Combatientes en un depósito de café, donde también se cobraba un impuesto, Sierra Maestra, 1958. **Abajo:** Fidel Castro con Pastora Núñez, combatiente del Ejército Rebelde en la Columna 1, responsable de recaudar el impuesto al azúcar, en la comandancia de La Plata, Sierra Maestra, octubre de 1958.

en broma. Sí sé cómo aparecieron. "Aparecieron" porque los compañeros del Movimiento 26 de Julio los cogían y los traían como suministros. Ramón Castro, el hermano mayor de Fidel, que vivía en la zona de Birán, suministró muchos de esos equipos al Segundo Frente, por ejemplo.

Este departamento prestó un gran servicio al desarrollo de la guerra. Nos permitió mejorar la movilidad de la tropa. Y a la ciudadanía también le brindó servicios porque ellos se beneficiaban con esos caminos.

Estaba también el Departamento de Sanidad, cuyo jefe era José Ramón Machado Ventura, hoy primer vicepresidente del Consejo de Estado y del Consejo de Ministros. Allí se organizaron hospitales y puestos médicos. Las medicinas venían del Movimiento 26 de Julio en las ciudades. Ahí se hicieron hasta operaciones quirúrgicas.

El Departamento de Sanidad prestaba servicios a la población —a los campesinos y a los combatientes, incluidos los soldados enemigos heridos— sin distinción alguna.

En su mayoría la gente en la zona del Segundo Frente nunca había tenido la posibilidad de ver a un médico. Muchos vieron un médico por primera vez cuando se estableció el Segundo Frente. Por primera vez fueron tratados como seres humanos.

Ese era el Departamento de Sanidad.

Otro que se creó fue el Departamento de Propaganda. Este jugó un importante papel político porque tenía una estación de radio que se escuchaba en todo el país. Llegaba hasta Venezuela. A través de sus plantas daba las noticias y alentaba a la lucha. Desmentía todas las farsas que tejían para desmoralizar al Ejército Rebelde y al pueblo. Era una manera también de comunicarnos con los otros frentes.

Además estaba el Departamento de Justicia. Este oficiaba matrimonios y dirimía problemas entre la población. Regu-

OFICINA DE ASUNTOS HISTÓRICOS DEL CONSEJO DE ESTADO

"Los hospitales rebeldes prestaban servicios a la población —a los campesinos y a los combatientes, incluidos los soldados enemigos heridos— sin distinción alguna".

—Asela de los Santos

Pacientes esperan para ver al médico en un hospital de campaña cerca de la comandancia de Fidel Castro en La Plata, Sierra Maestra, fines de 1958. Este hospital lleva el nombre de Mario Muñoz, médico y combatiente caído en el asalto al cuartel Moncada en 1953.

laba aspectos de la vida de carácter legal. Incluso se hicieron juicios por mal comportamiento. Algunos fueron expulsados del Ejército Rebelde. Existía una disciplina y un orden en la vida de los campamentos.

Y por último estaba el Departamento de Educación.

En *La historia me absolverá,* Fidel condenaba el extenso analfabetismo que existía en Cuba. El analfabetismo es un instrumento en manos de los explotadores. Si uno es ignorante y no sabe leer y escribir, no es libre. Se tiene que sentir inferior porque no es capaz ni de firmar su nombre.

La población rural en el Segundo Frente era pobre, explotada, hambreada. Muchos de esos jóvenes se incorporaron al Ejército Rebelde, así que el número de combatientes analfabetos creció. Y eso era un desafío.

Así empezó el esfuerzo educativo. Raúl dio las indicaciones de que se alfabetizara a todos los jóvenes combatientes.

El jefe del campamento le decía a alguien, "Tú sabes leer; enséñale a este que no sabe".

Pero no es tan sencillo.

Una persona que tiene preparación como maestro es capaz de alfabetizar a otra, aunque no tenga libro de instrucción, porque conoce el método, el instrumento para poderlo hacer. En buena técnica se utiliza un método fónico, analítico y sintético. Fónico porque el idioma entra por los oídos. Tú tienes que hacer sonar las letras. Son métodos que un maestro conoce.

Para quien no es maestro es más difícil. Nos percatamos en el Segundo Frente que era importante comenzar a formar grupos para alfabetizar a la tropa con gente más entendida. Entonces se pensó en crear el Departamento de Educación.

Yo era maestra, doctora en pedagogía, y me designaron como jefa. La segunda jefa fue Zoila Ibarra, una mujer que se había ido para el Segundo Frente con su esposo, un ingeniero.

Yo la recuerdo con profundo cariño y agradecimiento. Ella era mayor que yo. Con más madurez, nos enseñó muchas cosas y ayudó a crear el departamento.

Tratamos de encontrar entre la población campesina maestros o personas que tuvieran un nivel adecuado para enseñar. Pero muchos maestros habían abandonado sus escuelas. En su recorrido por el territorio, Raúl vio las escuelas cerradas y dispuso que el departamento abriera esas escuelas para los niños.

Entonces nos ocupamos de los analfabetos que había dentro de los campamentos, miembros del Ejército Rebelde, y de la población infantil que iba a esas escuelas. Los campesinos, cuando oyeron y vieron eso, se interesaron y preguntaron. Se les dijo que tenían la posibilidad de organizar pequeñas escuelitas si buscaban el local. Se dieron a la tarea de buscar locales, sillas, y organizar las escuelas. Eso creció increíblemente. Nosotros tuvimos que pararlo un poco. Organizábamos un censo de los niños de edad escolar para ver si autorizábamos que se abriera una escuela.

En el Departamento de Educación adoptamos la estructura militar de nuestras columnas y compañías. En cada una de estas estructuras pusimos un responsable de educación, que era el enlace con el departamento. Esa persona era la que tenía que ver con los maestros, los libros, los recursos. Para enseñarles hicimos una reunión con todos los maestros del frente donde les dimos el nombramiento. Eso nos permitió saber cuántos maestros y cuántas escuelas teníamos. También nos permitió conocerles la cara, explicarles también algunas cosas técnicas. Después les pedimos que cada quien hiciera lo que humanamente pudiera hacer con todas esas limitaciones.

Algo que quiero enfatizar es la ayuda que Raúl nos dio. Cuando llegamos nos dio un jeep y un chofer para que nos pudiéramos mover en todo el territorio. Nos apoyó mucho dando indicaciones e instrucciones a los jefes militares.

Incluso hubo una orden militar —la Número 50— que determinaba todas las funciones del Departamento de Educación.[15]

WATERS: ¿Entre los padres hubo resistencia de enviar a sus hijos a estudiar?

DE LOS SANTOS: No, al contrario. Había un deseo de aprender a leer. Muchos campesinos tenían el criterio de que si sus hijos aprendían a leer y escribir, e iban a la escuela, no tendrían que padecer todo lo que ellos, los padres, habían sufrido.

Entonces los campesinos propiciaban abrir escuelas en locales que buscaban ellos mismos. Después que triunfó la revolución esas nuevas escuelitas permanecieron.

En épocas de guerra a veces se puede lograr cosas que en épocas normales uno no puede lograr tan fácilmente. En el Segundo Frente había una efervescencia de cambio. Allí hubo muy poca resistencia.

Es cierto que muchas veces en la vieja escuela rural los campesinos no mandaban a sus hijos. Había mucha inasistencia escolar. Una de las causas era el trabajo infantil: los niños iban al campo en apoyo a la economía familiar. También había otras causas: distancias demasiado largas, falta de zapatos y ropa, o problemas de salud.

Pero las nuevas motivaciones políticas, las nuevas esperanzas, influyeron decisivamente no solo en la disposición de construir bohíos, bancos y pizarras, sino en asistir a la escuela, incluso a pesar del peligro de los bombardeos de la aviación enemiga, que en ocasiones lanzaba su mortífera carga directamente contra los civiles.

15. El texto de la Orden Militar No. 50 se reproduce en las pp. 119–122.

WATERS: Además de los niños, ¿había mujeres que estudiaban?

DE LOS SANTOS: Las escuelas eran para los niños y para los combatientes analfabetos. Hubo algunos maestros que sí le enseñaban por la noche a la población civil adulta. Pero eso no fue general.

WATERS: ¿Los maestros eran principalmente mujeres?

DE LOS SANTOS: Sí. Muchas eran de la vecindad y otras venían de Santiago o de Guantánamo.

WATERS: ¿Y dijiste que se abrieron 400 escuelas en el Segundo Frente?

DE LOS SANTOS: Sí, pusimos más de 400. En mi libro *Visión de futuro* hay una lista de las escuelas, las columnas del Ejército Rebelde a las que pertenecían, y los nombres de las maestras en cada escuela.[16]

WATERS: ¿Cómo pudieron establecer tantas escuelas en tan poco tiempo, menos de seis meses?

DE LOS SANTOS: Pasamos por diferentes etapas. Quizás sea bueno clasificarlas un poco.

La primera etapa comprendió desde el 11 de marzo de 1958, cuando se estableció el frente, hasta finales de mayo, cuando empezó la "ofensiva final" de Batista en la Sierra Maestra. Fue una etapa de asentamiento y expansión del frente. Solo se crearon algunas escuelas y grupos de alfabetización.

La segunda etapa, de finales de mayo a agosto de 1958, se caracterizó por un considerable incremento de las acciones contra el enemigo. Se reestructuraron las fuerzas rebeldes, se crearon nuevas columnas y compañías y el frente se fortaleció. Creamos departamentos para trabajar con los campesinos y trabajadores y dar cursos ideológicos. Creció el número de

16. Asela de los Santos, *Visión de futuro* (La Habana: Ediciones Verde Olivo, 2001), pp. 158–77.

escuelas y grupos de alfabetización.

En la primera y la segunda etapa se produjo un crecimiento notable de combatientes en las filas del Ejército Rebelde. La mayoría eran jóvenes humildes: obreros, campesinos, estudiantes, hombres y mujeres del pueblo explotado que sentían la causa de la revolución. Muchos de ellos tenían bajo nivel escolar y algunos eran analfabetos o semianalfabetos.

En la tercera etapa, de la que yo formé parte, desde agosto hasta el 31 de diciembre de 1958, se creó el Departamento de Educación y varios otros. Aumentó el número de escuelas y grupos de alfabetización, y mejoró su organización.

Se organizaron grupos de alfabetización en los campamentos y comenzaron a funcionar escuelas rurales con los maestros improvisados de que se disponía en las zonas liberadas, donde ya era notable cierta estabilidad. El mando propició la tarea de enseñar e inculcar valores sociales, morales y políticos acordes con el proceso revolucionario que se desarrollaba.

Por su doble función de combatir la ignorancia y el orden social imperante, ese docente recibió el nombre de "maestro rebelde".

Trata de imaginar las condiciones de trabajo de aquel maestro en plena lucha armada y en medio de la extrema pobreza que caracterizaba la situación económica y social del campesinado. Muchos comenzaron su labor careciendo de lo más elemental, como uniformes, botas, materiales escolares y a veces hasta alojamiento.

La preparación de los maestros era desigual. Había desde graduados en magisterio hasta compañeros que tenían escolaridad de quinto grado. Sin embargo, los caracterizaba un denominador común: el patriotismo y el esfuerzo con que emprendieron la tarea. Es un ejemplo valioso en la historia de nuestra educación.

La lucha heroica que nuestro pueblo sostiene contra la sangrienta tiranía de Batista nos impone el ineludible deber —a la par que impulsamos el proceso insurreccional que derrumbará al régimen oprobioso— de impulsar el proceso de formación ideológica…

Comprendiendo que una gran parte de nuestros combatientes no han profundizado en los verdaderos móviles que nos animan en la lucha actual, aunque no por ello hayan dejado de demostrar, en todos los frentes en que se combate a la tiranía, capacidad, valor, sacrificio, abnegación y un alto patriotismo.

Sabiendo que existe desorientación en muchos, así como concepciones falsas que como consecuencia hacen que proliferen diversos criterios.

Siendo de urgente necesidad el que todos los que nos hemos hermanado en esta lucha conjuguemos nuestros criterios discordantes y entremos en la fase de la revolución con un pensamiento uniforme y dirigido hacia el logro de una patria feliz, libre, independiente, unida, fuerte, democrática y progresista.

Para el logro de los anteriores fines surge la Escuela para Maestros de la Tropa José Martí, cuyo objetivo es preparar la mayor cantidad posible de compañeros aptos para que a su vez desarrollen entre las tropas un programa mínimo de adoctrinamiento con vista a que nuestros combatientes sean conscientes del proceso histórico que estamos viviendo y que se preparen para el que ha de venir.*

ASELA DE LOS SANTOS
JOSÉ CAUSSE PÉREZ
RAÚL CASTRO RUZ
29 DE NOVIEMBRE DE 1958

También es importante entender el grado de heterogeneidad política que existía en ese momento, dada la amplitud del movimiento popular antibatistiano, y como parte de él, de las filas del Ejército Rebelde. Se manifestaba en la confusión —se podría decir "intoxicación"— política entre la mayoría de sus combatientes y oficiales. Era un indicio de la predominante propaganda anticomunista y antisoviética divulgada en los medios de difusión masiva.

Estas fueron las circunstancias en las cuales se creó nuestra primera escuela para maestros, la Escuela para Maestros de la Tropa José Martí. Se fundó en noviembre de 1958 en locales donde radicaba el Departamento de Educación, en Tumba Siete. Ese curso concluyó el 30 de noviembre y contó con 13 alumnos. El segundo transcurrió en diciembre y tuvo 32.

Al principio, muchos de los combatientes seleccionados no estuvieron de acuerdo con asistir al curso, pues creían que al graduarse dejarían de combatir y su labor solamente sería la de maestros. Algunos hasta pensaban que era un castigo. Esas concepciones falsas eran eliminadas tan pronto escuchaban el discurso inaugural de Raúl, quien les explicaba las razones por las cuales debían estudiar y luego transmitir estos conocimientos, sin dejar de combatir.

En cuanto al número de escuelas, si recordamos que el Segundo Frente cubría un territorio de 12 mil kilómetros cuadrados,[17] 400 escuelas era una gotica en el océano. La mayoría ya existían y, afortunadamente, una gran parte tenía libros de texto para los maestros. Era un libro escrito por un pedagogo eminente, Carlos de la Torre.

17. Es decir, unas 4700 millas cuadradas.

* De una circular sobre la creación de la Escuela para Maestros de la Tropa José Martí. En *Visión de futuro*, pp. 149–50.

VISIÓN DE FUTURO

"Al principio, muchos de los seleccionados para la escuela no querían asistir. Creían que ya no les dejarían combatir. Algunos hasta pensaban que era un castigo. Esas concepciones falsas eran eliminadas tan pronto Raúl les explicaba por qué debían estudiar y transmitir estos conocimientos, sin dejar de combatir".

—Asela de los Santos

Estudiantes del primer curso de la Escuela de Maestros para la Tropa José Martí, Segundo Frente, noviembre de 1958. Parada al fondo, con boina, está Zoila Ibarra.

WATERS: Y las clínicas rurales: ¿ya existían?

DE LOS SANTOS: No. Las clínicas y los hospitales en el Segundo Frente se tuvieron que crear. Creo que fueron 17 o posiblemente 19. El hospital prestaba servicios a la población de zonas muy alejadas.

WATERS: Pero ustedes hicieron todo esto en plena guerra, a pesar de los bombardeos de las fuerzas de Batista y todo.

DE LOS SANTOS: En cuanto a los bombardeos, Raúl mandó a que en todas las escuelas se hicieran trincheras. Y los combatientes lo hicieron en cada escuela. Cuando venían los aviones, uno lo sabía por el ruido: todo el mundo para la trinchera. Y un palito en la boca para que no se te reventaran los oídos por la compresión del aire causada por la explosión.

Otra disposición que Raúl dio es que no se parqueara ningún vehículo frente a la escuela. El Segundo Frente tenía algunos vehículos, y cuando los aviones los veían les tiraban.

Durante el primer bombardeo que yo pasé, oí que alguien dijo "¡Avión!" y se fue todo el mundo para las trincheras. Pero como yo no estaba entrenada en eso de "¡Avión!" dije, "¿Qué es lo que pasa? ¿Avión dónde?"

No sabía qué hacer. Vi que la gente corría para allá y corrí, pero me quedé atrás. Estaba en un descampado. Ya estaban ametrallando.

"Tírate al piso. Tírate", me dijeron.

Bueno, me tiré.

"Y encórvate".

Bueno, me encorvé. Afortunadamente no me pasó nada.

La segunda vez, ya yo reaccioné como atleta de campo y pista. Sabía por dónde ir y dónde estaba la trinchera.

Al principio un bombardeo es aterrador. Pero en Mayarí Arriba, donde se encontraba la comandancia del Segundo Frente, todos los días amanece con un techo de neblina. Hasta las 10 de la mañana no se ve nada desde un avión. Esas eran las horas que se aprovechaban para moverse.

Bueno, convivíamos con los bombardeos. Al final de la guerra no bombardeaban tanto. Para entonces había una gran desmoralización del ejército de Batista. Ellos seguían combatiendo. ¿Pero qué causa los impulsaba? Los soldados habían oído decir que a los prisioneros el Ejército Rebelde no los maltrataba, que les daban comida, que curaban a los heridos y que después los soltaban. Todo eso se fue propagando dentro de las filas del ejército de Batista.

WATERS: Mencionaste el trabajo político del Segundo Frente con los campesinos. ¿Qué papel desempeñó el Departamento de Educación en este trabajo?

DE LOS SANTOS: Se hacía trabajo político con los campesinos para que entendieran todas las posibilidades que tendrían con el triunfo de la revolución.

Allí había campesinos muy politizados y organizados. Sus dirigentes y sus células campesinas apoyaban mucho la educación. Cuando el maestro no tenía dónde vivir, la célula campesina le facilitaba un lugar, para que durmiera, para que comiera. El Ejército Rebelde le daba el uniforme y las botas. Pero a veces los campamentos no radicaban donde estaban las escuelas, y los campesinos ayudaban mucho a los maestros.

Los campesinos hacían también trabajo de inteligencia para el Ejército Rebelde.

Hubo un congreso campesino en septiembre de 1958.[18] Se discutieron cosas del futuro, de un futuro que era inmediato, como el derecho a la tierra de quien la trabaja. Y efectivamente, al triunfo de la revolución, una de las primeras medidas fue la reforma agraria. A más de 100 mil familias campesinas se les entregó títulos de propiedad para las tierras que trabajaban.

18. Ver en el glosario, Congreso de Campesinos en Armas.

EDITORIAL VERDE OLIVO

"En el Segundo Frente, cuando conocimos lo que habían vivido los campesinos, nos dimos cuenta que los cambios tendrían que ser muy grandes. Entramos poco a poco en la vía marxista, sin discutir nada". —Vilma Espín

Delegados en representación de 84 comités campesinos locales asisten al Congreso Campesino en Armas, celebrado en Soledad de Mayarí, cerca de la comandancia del Segundo Frente en Mayarí Arriba, 21 de septiembre de 1958.

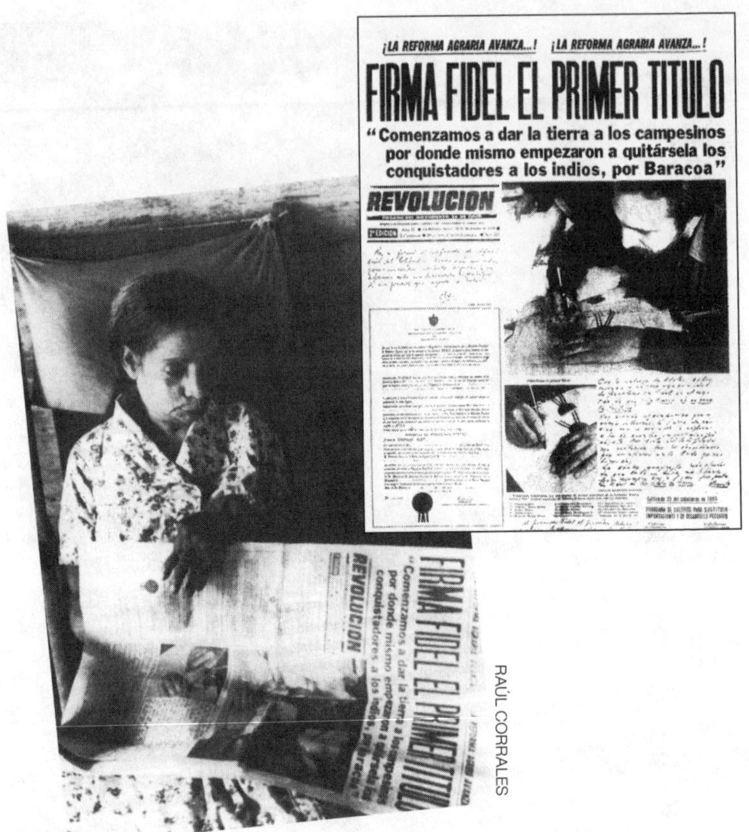

¡LA REFORMA AGRARIA AVANZA...! ¡LA REFORMA AGRARIA AVANZA...!

FIRMA FIDEL EL PRIMER TITULO

"Comenzamos a dar la tierra a los campesinos por donde mismo empezaron a quitársela los conquistadores a los indios, por Baracoa"

REVOLUCION

RAÚL CORRALES

"La reforma agraria fue una de las primeras medidas al triunfo de la revolución. A más de 100 mil campesinos se les entregó títulos por las tierras que trabajaban".

—Asela de los Santos

Derecha: Portada de *Revolución*, diario del Movimiento 26 de Julio, anuncia entrega de primeros títulos de tierra en su edición del 10 de diciembre de 1959. Al frente de la lista de los primeros 10 campesinos en recibir títulos estaba Engracia Blet de Baracoa, provincia de Oriente. **Izquierda:** Blet, con ejemplar de *Revolución* que llevaba esa noticia.

La nota escrita a mano debajo del encabezado, firmada por Ernesto Che Guevara, uno de los redactores de la ley de reforma agraria de mayo de 1959, dice: "Hoy se firmó el certificado de defunción del latifundio. Nunca creí que pudiera poner mi nombre con tanto orgullo y satisfacción sobre un documento necrológico de un paciente que ayudé a 'tratar' ".

WATERS: ¿Cómo se utilizaron más ampliamente esas experiencias del Segundo Frente?

DE LOS SANTOS: El Segundo Frente organizó una estructura militar, y junto a eso una estructura de gobierno. Los departamentos empezaron a ver qué hacer con respecto al latifundio y la explotación de la tierra. Lo que había que hacer con las industrias: las minas y procesadoras de níquel, de hierro, de cromo y de cobalto, casi todas las cuales estaban en manos extranjeras. Lo que había que hacer con los centrales azucareros y con el monocultivo, que había creado tanta dependencia y nos hacía tanto daño. Lo que se debía hacer en la educación y en la salud.

Esos elementos quedaban muy claros desde *La historia me absolverá*. El programa del Moncada —el discurso de Fidel en el juicio de los moncadistas— se refiere a todo esto.

La experiencia del Segundo Frente fue sumamente importante, pues dio continuidad al proceso que se siguió después. Muchos cuadros del Segundo Frente posteriormente asumieron responsabilidades importantes en los diferentes sectores.

Eso también pasó en el Primer Frente, en el Tercer Frente y en otros, por supuesto.

En la concepción estratégica de Fidel, el Tercer Frente en la Sierra Maestra tuvo mucha importancia. Fue el frente de contención que permitió que el Primer Frente —que estaba bajo el mando de Fidel— organizara la contraofensiva después de que se derrotó la ofensiva de Batista.

La consigna del Tercer Frente era "No pasarán". Y no pasaron.

Fidel mantuvo consigo solamente un pequeño grupo de combatientes cuidadosamente seleccionados para el Primer Frente, o la Columna No. 1. La estrategia de Fidel era la de extender la fuerza guerrillera por todo Oriente y en todo el país, utilizando a los combatientes con más experiencia para formar el Segundo, Tercero y Cuarto Frente, y las columnas bajo el mando de Camilo y el Che que marcharían por la región central de Cuba.

No se pueden comparar las posibilidades que tuvieron los distintos frentes. Cada uno cumplía, en una zona, diferentes misiones específicas. La misión de Raúl en el Segundo Frente era asegurar ese territorio y ampliarlo. Ese territorio no se podía perder porque era estratégico. Ocupaba toda la costa norte y sur de Oriente, y llegaba hasta Baracoa por el este. Ese era un territorio ya estabilizado.

Al triunfo de la revolución, las metas por las que luchábamos estaban muy claras. Los hombres de todos los frentes que más se destacaron, los más heroicos, fueron utilizados en diferentes tareas y responsabilidades.

La experiencia del Segundo Frente fue válida por la forja de muchos cuadros. Con respecto a la aplicación de las ideas en el Segundo Frente, esas ideas estaban ya muy bien trazadas por Fidel y por la dirección de la revolución.

WATERS: ¿Qué pasó con el Departamento de Educación y las estructuras que habían creado en el Segundo Frente?

DE LOS SANTOS: Después del triunfo de la revolución, Raúl les dijo a todas las maestras, a todas esas muchachas del Segundo Frente, que se les ofrecería becas para continuar su educación. Las que se quisieran quedar como maestras se podían quedar.

En 1961 lanzamos la campaña de alfabetización por todo el país. En Cuba, antes del triunfo de la revolución, el 23 por ciento de la población adulta era analfabeta; y en el campo, más del 40 por ciento. El compromiso fue eliminar esa rémora en tan solo un año. La experiencia del Segundo Frente fue de mucha utilidad para la campaña nacional. Finalizada la campaña, con la eliminación del analfabetismo, se organizó un

> Recuerdo que en diciembre de 1957, en un lugar que se conoce como el Balcón de La Habanita, [Fidel y yo] tuvimos una larga conversación donde Fidel me explicó que tan pronto como el frente de la Sierra Maestra estuviera consolidado, crearía nuevas columnas y las enviaría a distintos lugares del país. Mencionó en aquel momento la zona de la Sierra Cristal y el este de la Sierra Maestra, en las cercanías de la ciudad de Santiago de Cuba. Pero lo que más me sorprendió fue cuando se refirió a que enviaría columnas rebeldes a la región central del país, incluso a Pinar del Río [la provincia más occidental de Cuba]. No me podía imaginar en ese instante cómo podría esto último hacerse realidad.
>
> Fidel estaba convencido —como así fue— de que el primer frente sería la fragua en la que se forjarían los cuadros y los combatientes que progresivamente se irían desprendiendo de la columna madre, como la calificara el Che, para llevar la guerra a otros territorios, multiplicar el Ejército Rebelde para obligar al enemigo a dividirse y hacerlo así más débil y vulnerable.*
>
> RAÚL CASTRO
> MARZO DE 1988

gigantesco plan de becas para que todos los jóvenes tuvieran acceso a la continuidad de estudio hasta el nivel superior.

Con respecto al Departamento de Educación del Ejército Rebelde, siguió funcionando en Santiago de Cuba durante todo el año 1959. Fue precisamente para evitar que, en el afán del triunfo, se quedaran relegados los compromisos

* Entrevista a Raúl Castro, *Bohemia*, 11 de marzo de 1988.

que habíamos hecho en el caso de la educación. Después el Departamento de Educación se insertó dentro de lo que fue el INRA, el Instituto Nacional de la Reforma Agraria, como una sección.

Yo no seguí en el departamento. Raúl me mandó a atender toda la educación de la provincia de Oriente como superintendente provincial. Te podrás imaginar. Lo único que había sido en mi vida era maestra, y en aquel momento en 1959 repentinamente tuve que ocuparme de toda la educación de la provincia, que era entonces lo que hoy son las cinco provincias orientales.[19]

Cuando me ocupé de eso, el departamento se quedó en manos de Zoila Ibarra, la segunda jefa del Departamento de Educación del Ejército Rebelde. Yo le decía "la viejita". Ella tendría en ese momento como 45 años. Hoy en día, ¡una persona de esa edad y hasta de 60 años me parece muy joven!

Desarrollo del movimiento femenino

WATERS: Después del triunfo de la revolución, participaste en la fundación de la Federación de Mujeres Cubanas, ¿no?

DE LOS SANTOS: Yo siempre estuve muy vinculada a Vilma con respecto a las tareas que ella cumplía. Ella sabía que podía contar conmigo.

Cuando salieron las primeras ideas de forjar un movimiento femenino organizado, yo estaba trabajando en la educación, la tarea que Raúl me había dado. Pero Vilma pensó que en eso yo podía ayudar, y tenía razón.

Así que pasé a trabajar con ella. Trabajé seis años con Vilma en la Federación de Mujeres Cubanas.

19. En 1976, como parte de una reorganización de las provincias del país, se dividió a Oriente en cinco provincias: Holguín, Las Tunas, Granma, Guantánamo y Santiago de Cuba.

WATERS: ¿Cómo se creó la Federación?

DE LOS SANTOS: El movimiento femenino se fue gestando desde los primeros meses del triunfo de la revolución.

Ya existían varias organizaciones. Estaba la Unidad Femenina Revolucionaria, una organización de mujeres de izquierda, no necesariamente comunistas, pero mujeres con ideas más avanzadas.

Dentro del PSP —el Partido Socialista Popular— tanto mujeres como hombres se organizaban en torno a responsabilidades específicas.

Había mujeres católicas organizadas en un movimiento llamado Con la Cruz y con la Patria.

Y estaban las mujeres que habían participado en la lucha clandestina, que formaban parte del Movimiento 26 de Julio y del Directorio Revolucionario.[20] El Movimiento 26 de Julio nunca tuvo una sección femenina. Era un movimiento que agrupaba a mujeres y hombres, jóvenes y viejos, estudiantes, intelectuales, obreros y campesinos.

Con el triunfo de la revolución, muchas mujeres sintieron que su papel ya no era el de quedarse en casa, que no tenían que regresar a ser amas de casa solas, aisladas de una vida social, política y económica más amplia. Había todo un campo de acción, de trabajo y de lucha en las que ellas tenían las intenciones de participar.

Los grupos de mujeres organizadas, sobre todo las mujeres procedentes del Movimiento 26 de Julio, reconocían a Vilma como la persona que las podía liderar. Vilma tenía una imagen en la lucha clandestina. Se convirtió en una especie de heroína popular, porque las fuerzas de Batista la persiguieron y se les escapó muchas veces. Era la que aparecía por aquí y

20. Ver en el glosario, Unidad Femenina Revolucionaria, Con la Cruz y con la Patria, Directorio Revolucionario.

desaparecía y reaparecía por allá. Vilma, en la lucha clandestina, era ya una figura de leyenda, como lo fue Frank.

Las cualidades personales de Vilma ayudaron mucho también. Era una persona muy directa y franca, sencilla, refinada, no artificial sino naturalmente fina. Siempre fue así. Tan preocupada por todos. En la universidad no escogía a sus amigos y amigas por su posición social, sino por sus cualidades personales. Lo mismo era amiga de una muchacha que podía ser de la alta sociedad, que de una humilde joven que estuviera estudiando en un centro docente. Si reunían cualidades y metas que fueran afines a ella.

Después demostró su valor en la Sierra Maestra y en el Segundo Frente.

Cuando triunfó la revolución, Vilma tenía una imagen de reconocida heroína ante las mujeres. Todo el mundo admiraba a aquella muchacha muy bonita que reunía muchas cualidades: sobre todo el ser revolucionaria. Nada sectaria. Eso fue muy importante. Todos los grupos la aceptaron como la persona que podía dirigirlos, que podía reunirlos a todos.

Existía más conciencia entre las mujeres y en la dirección de la revolución de que había que atender así como organizar al movimiento femenino.

Las mujeres debían ser objeto de un trabajo político, porque era la parte de la población más afectada, más explotada. En aquel momento no se hablaba en términos de igualdad de la mujer. Hablábamos de que las mujeres eran amas de casa, sujetas tan solo a los trabajos domésticos, relegadas y discriminadas, que había que integrarlas social y laboralmente.

Los diferentes grupos y asociaciones de mujeres se fueron acercando a Vilma a fin de lograr la unidad de todas en una sola organización. Empezaron a presionarla.

Ella era ingeniera, y pensaba que podía trabajar mucho en los planes de industrialización del país. Y eso quizás fue su primer sueño. Sin embargo, aquella demanda de los grupos de mujeres sin duda la hizo reflexionar, y empezó a dar los primeros pasos para crear la organización. Fidel acogió la idea, en la que él anteriormente había pensado, y consideró que Vilma era la mejor persona para dirigirla.

Así se unieron la Unidad Femenina Revolucionaria y otras organizaciones con las mujeres del Movimiento 26 de Julio. Se empezó un proceso de unidad. No fue un tránsito de color de rosa. Te podrás imaginar todo lo que dividía un grupo de otro. Es lógico que en los inicios hubiese incomprensiones por una, rechazos por otra, desaires: "esta es comunista", "aquella es burguesa", etcétera.

Pero Vilma fue capaz de crear alrededor de ella cuadros y personas a las que se le daban tareas de atender la labor que tenía que realizarse. Así podía ocuparse de ir formando una estructura inicial.

Aunque tuvo que enfrentarse a muchos retos, a Vilma la respetaban mucho, la escuchaban y era muy convincente. Decía lo que tenía que decir con mucho tacto y diplomacia. De todos modos se habría creado la organización de mujeres, incluso con otra dirigente. Pero la presencia de Vilma desde la fundación de la Federación fue muy importante para que se entendieran, se respetaran y se oyeran las diferentes opiniones. Ella subrayaba la necesidad de vincular la fuerza revolucionaria de la mujer a la construcción de la nueva sociedad, una fuerza muy importante.

A la vez, el mismo proceso revolucionario hizo que la mujer ganara conciencia de su papel, que comprendiera la necesidad de participar en tareas socialmente útiles fuera de la casa, que tenía los mismos derechos que los hombres.

La Federación se proyectó en defensa de las mujeres, sin enfrentamiento con los hombres.

Al principio no se llamaba Federación de Mujeres Cubanas.

Se llamaba Congreso de Mujeres Cubanas por la Liberación de América Latina. Vilma fue la presidenta. La vicepresidenta fue una mujer muy destacada en Cuba, Delia Echevarría, que había sido la novia de Antonio Guiteras y que junto a él había combatido a la dictadura de Machado a principios de los años 30. Otra vicepresidenta era del Partido Comunista, la doctora Elsa Gutiérrez. Y estaba también Lula Horstman del grupo de mujeres católicas, Con la Cruz y con la Patria. Vilma fue integrando esa primera dirección con lo mejor que representaban todas esas agrupaciones.

En noviembre de 1959 se celebró en Chile un congreso regional de la Federación Democrática Internacional de Mujeres. Fuimos nosotras, integrando un grupo de mujeres cubanas de la revolución, en un frente unido latinoamericano. Cuando regresamos ya las estructuras estaban creciendo en Cuba. Se organizaban más las mujeres.

Entonces surge la pregunta, "¿Cómo nos vamos a llamar?" Se plantearon diferentes nombres. Fidel quería reunirse con las mujeres y hablarles sobre la amplia perspectiva de trabajo que tendría la organización. Vilma organizó la actividad a teatro lleno el 23 de agosto de 1960, en el auditorio Lázaro Peña en la sede de la Confederación de Trabajadores de Cuba, donde Fidel explicó aspectos fundamentales de la revolución y de la mujer como parte de ella. Allí fue donde nos llamamos Federación de Mujeres Cubanas.

En esa reunión constitutiva Fidel planteó la importancia de organizar a las mujeres como una fuerza poderosa de apoyo a la revolución, de amplia repercusión social por su influencia en los hijos y esposos. Así surgió la Federación de Mujeres Cubanas, ya con una estructura concebida, con un programa de lucha inicial.

La incorporación de la mujer al trabajo fue la primera consigna. Hubo diferentes reacciones:

"El golpe de Batista de marzo de 1952 lo consideré brutal. La universidad cerró sus puertas en actitud de protesta".

ASELA DE LOS SANTOS

OFICINA DE ASUNTOS HISTÓRICOS DEL CONSEJO DE ESTADO

FEDERACIÓN DE MUJERES CUBANAS

Arriba: 6 de abril de 1952. Estudiantes en la Universidad de La Habana protestan contra la suspensión de la constitución de 1940.

Abajo: Jóvenes en Santiago de Cuba protestan contra dictadura de Batista, Parque Céspedes, años 50.

"Antes de la revolución, las condiciones económicas, políticas y sociales eran cada vez más intolerables para la gran mayoría de la población. El latifundio dominaba en Cuba. Pocos campesinos tenían acceso a la tierra".

ASELA DE LOS SANTOS

BOHEMIA

Arriba: La odiada Guardia Rural desaloja a familia campesina, años 40. Tras el golpe de Batista en 1952, aumentaron mucho los desalojos de campesinos por hacendados con ayuda del ejército. **Abajo:** Mansión de hacendado en el central azucarero Preston de la United Fruit, provincia de Oriente.

Arriba: La policía de Batista ocupa y saquea Universidad de La Habana, 21 de abril de 1956. Al frente, con uniforme y lentes oscuros, está el connotado asesino Rafael Salas Cañizares.

Recuadro: Consignas de protesta en un muro de la Universidad de La Habana, abril de 1958. Se pintaban con carbón y parafina, y “mientras más cepillo le daba la policía”, dijo Espín, “más se marcaba”.

Abajo: Santo Domingo, región central de Cuba, durante huelga nacional de 200 mil obreros azucareros, diciembre de 1955. Los huelguistas tomaron varios pueblos en la provincia de Las Villas. Frenaron un recorte salarial y propinaron un golpe político contra el régimen de Batista.

"El asalto al cuartel Moncada fue un suceso definitorio para los jóvenes revolucionarios. Después del Moncada, decidimos organizarnos".

ASELA DE LOS SANTOS

OFICINA DE ASUNTOS HISTÓRICOS DEL CONSEJO DE ESTADO

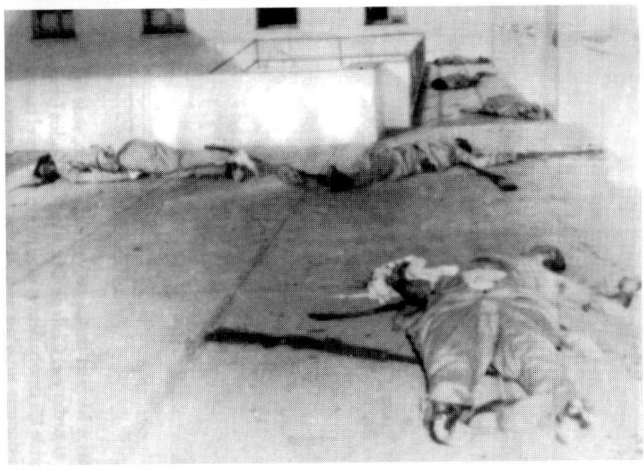

El 26 de julio de 1953, bajo la dirección de Fidel Castro, 160 revolucionarios asaltaron cuarteles en Santiago de Cuba y en Bayamo, dando inicio a la lucha armada contra la dictadura.

Arriba: Futuros combatientes del Moncada en afueras de La Habana, en finca que usaron para adiestramiento militar. De pie, de la izquierda: Antonio "Ñico" López, Abel Santamaría, Fidel Castro, no identificado, José Luis Tasende. Sentados, de la izquierda: no identificado, Ernesto Tizol. Santamaría y Tasende estuvieron entre los 56 combatientes que fueron capturados y salvajemente asesinados.

Abajo: Cadáveres de revolucionarios. Fueron ejecutados y tirados al suelo para que pareciera que habían muerto en combate.

MIL FOTOS CUBA

Arriba: Las moncadistas Melba Hernández y Haydée Santamaría (tercera y cuarta de la izquierda) salen de prisión de mujeres de Guanajay tras cumplir condenas de siete meses, febrero de 1954.

Abajo: Moncadistas amnistiados salen de prisión, mayo de 1955. A la izquierda: Juan Almeida; desde la derecha, Armando Mestre, Fidel Castro, Raúl Castro. Al centro, otros dos presos políticos excarcelados: Agustín Díaz Cartaya (tapado), Mario Chanes.

Recuadro: *La historia me absolverá*. El documento, basado en el alegato que Fidel Castro presentó en su juicio, fue sacado secretamente de la prisión y difundido por el país a partir de octubre de 1954.

"Entre 1945 y 1957, más de 1 200 millones de seres humanos conquistaron su independencia en Asia y África".

SEGUNDA DECLARACIÓN DE LA HABANA

Las batallas antiimperialistas en Asia, África y América Latina se aceleraron durante y después de la Segunda Guerra Mundial.

Arriba: Combatientes por la liberación de Vietnam vigilan a soldados franceses capturados tras batalla de Dien Bien Phu, mayo de 1954.

Recuadro: Multitud en El Cairo, Egipto, julio de 1956, celebra nacionalización del Canal del Suez, antes controlado por intereses imperialistas del Reino Unido y Francia. El presidente Gamal Abdel Nasser está al centro con los brazos alzados.

OFICINA DE ASUNTOS HISTÓRICOS DEL CONSEJO DE ESTADO

Arriba: Montgomery, Alabama, 1955. La primera asamblea de masas en apoyo al boicot del sistema municipal de transporte que obligaba a los negros a sentarse al fondo del autobús. Millones engrosaron un movimiento creciente que puso fin al sistema Jim Crow de segregación racial legalizada en el sur de Estados Unidos.

Abajo: Futuros expedicionarios del *Granma* en patio de cárcel de inmigración, Ciudad de México, julio de 1956. Estuvieron detenidos un mes por el gobierno mexicano. De pie, con lentes oscuros, está Fidel Castro. A su lado está María Antonia González, cubana residente en México que ayudó a los combatientes. Fila delantera, izquierda, Calixto García; de la derecha, Ernesto Che Guevara, Ramiro Valdés, Juan Almeida, Ciro Redondo.

> **"El 30 de noviembre de 1956, unos 360 combatientes del 26 de Julio llevamos a cabo una acción armada en Santiago de Cuba en apoyo al desembarco del *Granma*".**
>
> ASELA DE LOS SANTOS

BOHEMIA

GRANMA

Arriba: Estación de policía en Santiago de Cuba, detestado bastión de la tiranía, en llamas el 30 de noviembre de 1956. Tres combatientes murieron en el ataque a la estación.

Abajo: Frank País (segundo de la izq.), jefe nacional de la clandestinidad urbana del 26 de Julio, con Léster Rodríguez (izq.) y Antonio Darío López (der.) en juicio de abril de 1957 contra 73 participantes en la acción del 30 de noviembre y 22 expedicionarios del *Granma*. Fueron absueltos País y la mayoría de los combatientes del 30 de noviembre. Los combatientes del *Granma* fueron declarados culpables y encarcelados.

BOHEMIA

GRANMA

"Uno de los mayores golpes contra la lucha revolucionaria ocurrió el 30 de julio de 1957, cuando Frank País fue apresado y asesinado", dijo Fidel Castro. "La muerte de Frank provocó una reacción popular espontánea de tal magnitud que Santiago quedó virtualmente paralizado por varios días".

Arriba: En la mañana del entierro, mujeres se enfrentaron al embajador estadounidense Earl Smith, exigiendo el cese del apoyo norteamericano a Batista.

Abajo: Pueblo santiaguero acompaña carroza fúnebre de Frank País al cementerio. "Nadie dijo 'huelga' ", relata Asela de los Santos. "Pero hubo una huelga general".

"La actitud de Frank hacia las mujeres permitió que las combatientes pudieran trabajar exactamente igual que los hombres. Él no hacía diferencias entre hombres y mujeres en cuanto a las tareas a realizar".

VILMA ESPÍN

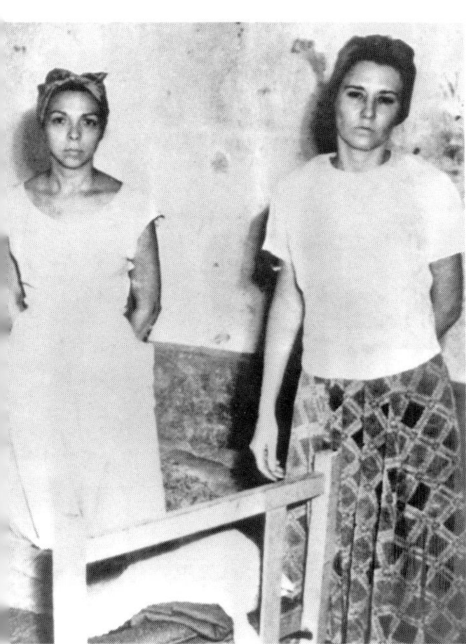

OFICINA DE ASUNTOS HISTÓRICOS DEL CONSEJO DE ESTADO

BOHEMIA

Izquierda: Desde un principio participaron mujeres en la dirección de la lucha revolucionaria. Melba Hernández (izq.) y Haydée Santamaría en cárcel civil de Santiago, tras ser detenidas durante el asalto al cuartel Moncada, 26 de julio de 1953.

Derecha: Marcha de madres en Santiago de Cuba, enero de 1957, protesta por la muerte de William Soler, un joven de 15 años y miembro del Movimiento 26 de Julio asesinado por la policía. Al centro, con chaqueta blanca, está la madre de Soler.

OFICINA DE ASUNTOS HISTÓRICOS
DEL CONSEJO DE ESTADO

BOHEMIA

Arriba: Primera reunión de la dirección del Movimiento 26 de Julio en la Sierra Maestra, febrero de 1957. Entre los asistentes (de la izq.): el expedicionario del *Granma* Ciro Redondo, Vilma Espín, Fidel Castro, Haydée Santamaría, Celia Sánchez. Espín y Sánchez, junto con Frank País, organizaron red urbana de reclutamiento y avitualamiento para el Ejército Rebelde. Espín llegó a ser coordinadora del movimiento en la provincia de Oriente, y Sánchez, miembro del estado mayor del Ejército Rebelde.

Recuadro: Lidia Doce (derecha), mensajera del Ejército Rebelde, y el campesino Ramón “Mongo” Pérez. Más tarde Doce fue apresada, torturada y asesinada por la policía batistiana.

"En septiembre de 1958, Fidel organizó la primera unidad femenina de combate del Ejército Rebelde, el Pelotón Femenino Mariana Grajales... Fue un momento extraordinario en la historia de la participación de la mujer en la revolución".

VILMA ESPÍN

CORTESÍA DE TETÉ PUEBLA

GRANMA

Arriba: Fidel Castro y Celia Sánchez en la comandancia general del Ejército Rebelde en La Plata, septiembre de 1958, con combatientes del Pelotón Femenino Mariana Grajales, que salían en su primera misión de combate. De la izquierda: Lola Feria, Edemis Tamayo, Teté Puebla, Castro, Isabel Rielo, Sánchez, Lilia Rielo. Extrema izquierda y derecha: Fidel Vargas y Marcelo Verdecia. **Abajo:** Miembros del pelotón, noviembre de 1958. De la izq.: Angelina Antolín, Ada Bella Acosta, Rita García y (de cuclillas) Eva Palma, con Hipólito Prieto.

OFICINA DE ASUNTOS HISTÓRICOS
DEL CONSEJO DE ESTADO

FEDERACIÓN DE MUJERES CUBANAS

"Se ha demostrado que no solo pelean los hombres, sino pelean las mujeres también en Cuba", afirmó Fidel Castro el 1 de enero de 1959.

Arriba: Combatientes del Ejército Rebelde en marcha, abril de 1957. Haydée Santamaría, seguida de Celia Sánchez y Universo Sánchez.
Abajo: Vilma Espín con Fidel Castro, 1958.

"Los combatientes del Segundo Frente crearon no solo una estructura militar sino una estructura administrativa... Se crearon siete departamentos: educación, sanidad, agricultura, justicia, construcción y comunicaciones, finanzas y propaganda".

ASELA DE LOS SANTOS

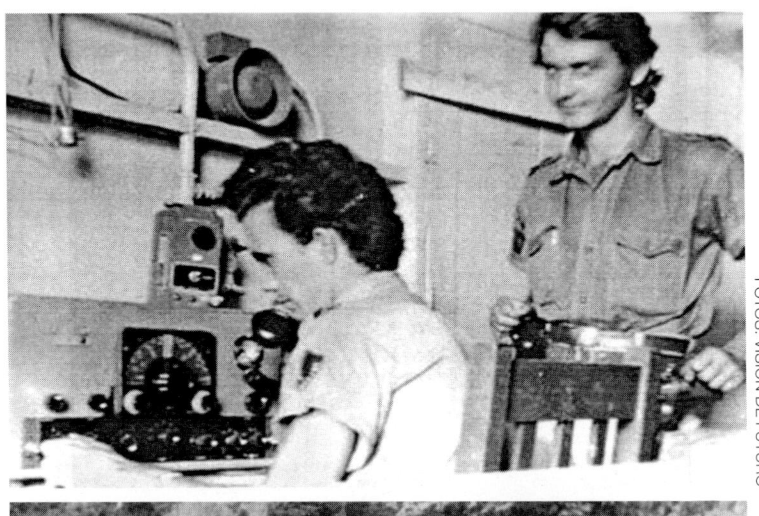

FOTOS: VISIÓN DE FUTURO

Arriba: Radiotransmisor para comunicaciones internas del Segundo Frente.

Abajo: Se abrían o mejoraban caminos con motoniveladoras y otros equipos pesados que capturaban partidarios de los rebeldes. "El Segundo Frente fue modelo de organización y eficiencia, y jugó un papel de extraordinaria importancia estratégica en nuestra guerra", dijo Fidel Castro en 1985. "Una vez establecido, podíamos decir que ya las fuerzas rebeldes eran invencibles".

EJERCITO REBELDE
COMANDANCIA CENTRAL
SEGUNDO FRENTE ORIENTAL
"FRANK PAIS"

TITULO DE PROPIEDAD.

RAUL CASTRO RUZ, Comandante Jefe de las Fuerzas Rebeldes del Segundo Frente Oriental "FRANK PAIS", en uso de las facultades de que estoy investido, a amparo de la Ley de Reforma Agraria dictada por la Comandancia General de Nuestro Ejército y de los principios de Justicia y equidad revolucionaria que lo animan,

RESUELVO:

PRIMERO: Visto el correspondiente expediente instruido por el Buró Agrario de este Ejército, expido el presente Título de Propiedad, a favor del señor .... natural de .... y vecino .... mayor de e........ ciudadano .... de .... e el lote de terreno que el mismo venía ocupando en concepto de precario y que tiene la siguiente descripción:

RUSTICA: Lote de terreno procedente de la Finca .... propiedad de .... situado en el Barrio de .... y que mide .... Término Municipal de .... lindando al Norte .... y al Oeste ....

SEGUNDO: El lote de terreno a que este Título se refiere, será considerado como patrimonio familiar, contrayendo la obligación su beneficiario de trabajarlo directamente o por medio de sus familiares y se considerará como inembargable, no pudiendo ser enagenado en forma alguna.

TERCERO: Este Título será inscribible en el Registro de la Propiedad correspondiente, en los libros que al efecto serán habilitados.

DADO en Territorio Libre de Cuba, de este Segundo Frente Oriental "Frank País", a dos de Diciembre de mil novecientos cincuenta y ocho.

RAUL CASTRO RUZ
Comandante Jefe
Segundo Frente Oriental
"FRANK PAIS"

OFICINA DE ASUNTOS HISTÓRICOS DEL CONSEJO DE ESTADO

EDITORIAL VERDE OLIVO

Arriba: 200 delegados de 84 comités campesinos se reúnen cerca de comandancia del Segundo Frente, septiembre de 1958, para apoyar programa del Ejército Rebelde de entrega de tierra al que la trabajaba. De izq.: Jorge Serguera sentado, Raúl Castro hablando, Augusto Martínez detrás de Castro, Vilma Espín, y líderes campesinos Pepe Ramírez, parado a la derecha, y Teodoro Pereira sentado.

Recuadro: Título entregado a familia campesina por el Ejército Rebelde, diciembre de 1958. **Abajo:** hospital de campaña en el Segundo Frente, fines de 1958. El Ejército Rebelde brindaba atención médica a todos: campesinos, combatientes y soldados enemigos heridos.

"El Segundo Frente se convirtió prácticamente en una república. Se establecieron 400 escuelas para niños, y escuelas nocturnas para los combatientes y los campesinos. Fue la primera campaña de alfabetización".

VILMA ESPÍN

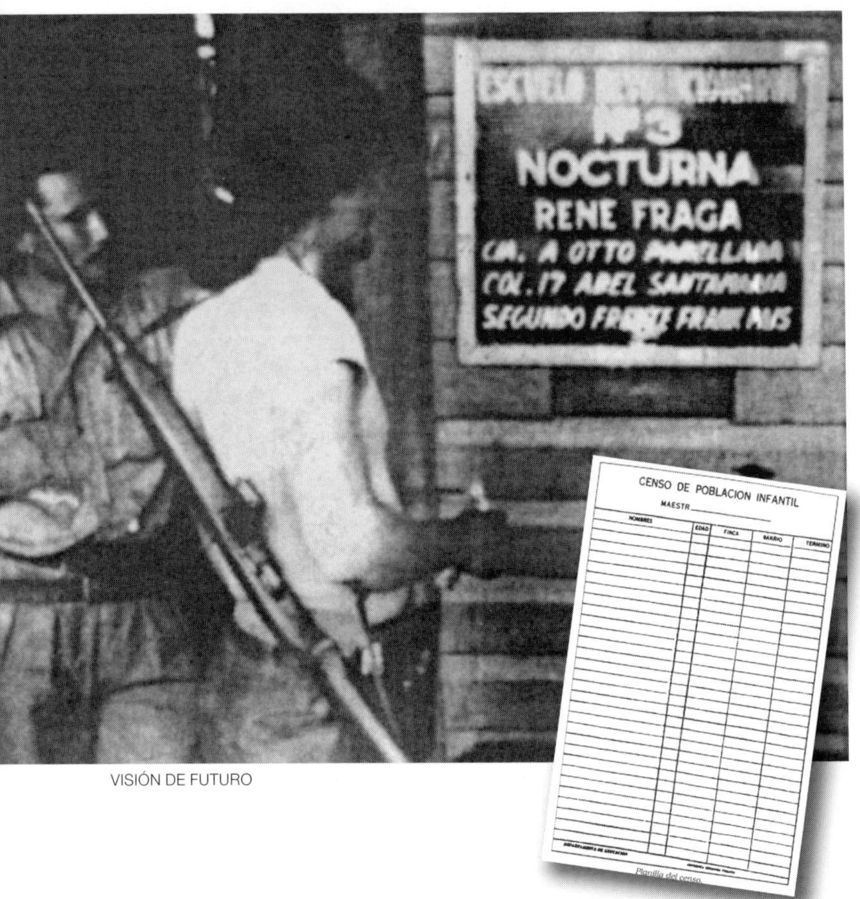

CENSO DE POBLACION INFANTIL

MAESTR________________

NOMBRES	EDAD	FINCA	BARRIO	TERMINO

Planilla del censo.

VISIÓN DE FUTURO

Arriba: Escuela Revolucionaria Nocturna No. 3 René Fraga, donde se alfabetizaban combatientes. "La mayoría de los nuevos combatientes en el Segundo Frente eran jóvenes humildes con poca escolaridad", dijo Asela de los Santos. "Organizamos grupos de alfabetización en los campamentos y comenzaron a funcionar escuelas rurales con los maestros de que se disponía. En la zona liberada ya era notable cierta estabilidad".

Recuadro: Formulario para realizar censo de los niños de edad escolar en la zona bajo el control del Segundo Frente.

OFICINA DE ASUNTOS HISTÓRICOS DEL CONSEJO DE ESTADO

VISIÓN DE FUTURO

Arriba: Escuela primaria abandonada por la dictadura, reabierta por el Segundo Frente del Ejército Rebelde. **Abajo:** Julio López Miera en la imprenta donde se producían materiales educativos.

"La estrategia de Fidel era la de extender la fuerza guerrillera por todo Oriente y todo el país, usando a los combatientes con más experiencia para formar el Segundo, Tercero y Cuarto Frentes y para las columnas que marcharían al centro del país bajo el mando de Camilo y el Che".

ASELA DE LOS SANTOS

OFICINA DE ASUNTOS HISTÓRICOS DEL CONSEJO DE ESTADO

En agosto de 1958, tras derrotar la "ofensiva final" de 10 mil soldados de la dictadura en la Sierra Maestra, el Ejército Rebelde lanzó una contraofensiva. El 31 de diciembre se derrumbó el régimen de Batista ante la liberación de Santa Clara, capital de la provincia de Las Villas, y la caída inminente de Santiago. **Arriba:** Nuevos reclutas del Ejército Rebelde, mayormente campesinos de Oriente, se entrenan en campamento de Minas del Frío en la sierra durante los últimos meses de la guerra.

GRANMA

OFICINA DE ASUNTOS HISTÓRICOS DEL CONSEJO DE ESTADO

Arriba: Combatientes y partidarios del Ejército Rebelde celebran la liberación de Santa Clara, provincia de Las Villas, el 1 de enero de 1959.

Abajo: Tropas de Batista se rinden en Palma Soriano, al norte de Santiago, en una de las últimas batallas de la guerra revolucionaria, 27 de diciembre de 1958.

"El 1 de enero de 1959 se había ido Batista... La entrada a Santiago fue algo tremendo".

VILMA ESPÍN

FOTOS: OFICINA DE ASUNTOS HISTÓRICOS DEL CONSEJO DE ESTADO

Arriba: Raúl Castro habla a soldados de Batista en el cuartel Moncada, Santiago, tras rendición el 1 de enero de 1959. A la izquierda con el puro, el coronel José Rego Rubido, ex comandante del ejército en Oriente. A la derecha, con fusil automático, está Raúl "Maro" Guerra, único combatiente que acompañó a Raúl Castro.

Abajo: Fidel Castro entra a Santiago, 1 de enero de 1959. Detrás suyo, a la izquierda, está el arzobispo de Santiago, Enrique Pérez Serantes. A la extrema izquierda: Juan Almeida.

"Mi mujer no tiene necesidad de trabajar", decían algunos. "Yo la mantengo".

"Y entonces, ¿quién cocina?"

"¿Quién limpia?"

"¿Quién lava la ropa y atiende a los hijos?"

Nosotras respondíamos, "Pero tu mujer tiene derecho a incorporarse a la fuerza de trabajo".

Esa fue una batalla de conciencia en hombres y mujeres, una batalla que libró la Federación, y la ganó paso a paso.

Para no hacer quedar mal a su pareja, muchas mujeres ponían otros argumentos. Una decía que estaba enferma, que su mamá tenía algún problema y necesitaba atenderla, o cualquier otro argumento. Pero no que el marido no la dejaba trabajar. Porque era una vergüenza para una mujer decir eso. Esa fue una batalla durísima.

Consecuente con sus ideas, Fidel comenzó a darle a la Federación tareas de mucha importancia. Por ejemplo, le dio a la Federación la responsabilidad de traer a La Habana a las campesinas de las montañas de Oriente, del Escambray y de Pinar del Río, para el famoso plan Ana Betancourt. Pasaron por ahí miles de campesinas. La doctora Elsa Gutiérrez y Alicia Imperatori fueron directivas de ese plan, el cual duró varios años.[21]

Las campesinas en el plan Ana Betancourt se alojaron en las casas que había dejado la burguesía. Esas casas se habilitaron como albergues y también como aulas. Las jóvenes, principalmente campesinas, vinieron a prepararse en corte y costura. Las que no sabían leer y escribir se alfabetizaron. Las que ya sabían, se incorporaron al programa para alcanzar el sexto grado. Recibieron atención dental y médica.

Las mujeres regresaron para su territorio con una máquina

21. Ver pp. 245–251.

de coser que recibieron al graduarse, y con un prestigio tremendo. Muchas de ellas después fueron dirigentes de los planes de producción agropecuaria y otras labores.

Se insertaron en la sociedad.

También hubo otros programas, como el plan de rehabilitación de prostitutas. Se les dio cursos de entrenamiento, de capacitación, y se las situó en puestos de trabajo. Mujeres que trabajaban como sirvientas domésticas se graduaron como choferes de taxi y empleadas bancarias.

Vilma inició también los círculos infantiles, para que la mujer con hijos que quisiera trabajar tuviese un lugar donde los niños se protegieran, se alimentaran y se cuidaran. Fidel le dio esta tarea a la Federación de Mujeres Cubanas. Los círculos infantiles nacieron entonces en la Federación.

WATERS: ¿Qué hiciste cuando dejaste la dirección de la Federación?

DE LOS SANTOS: Pasé a trabajar al Ministerio de las Fuerzas Armadas Revolucionarias en 1966, a ocupar la jefatura de la sección de enseñanza. Todos los jóvenes cumplían dos años de servicio militar y los reclutas obligatoriamente tenían que estudiar dos horas al día en un programa de educación general, para elevarles el nivel escolar a todos.

Después trabajé en la creación de las Escuelas Militares Camilo Cienfuegos, los Camilitos. Estas se organizaron en 1966, cuando entré a trabajar en la sección de enseñanza de las fuerzas armadas. Los primeros estudiantes fueron huérfanos de guerra, para darles educación y que estudiaran una carrera. Poco después ya se amplió el concepto de crear escuelas vocacionales para formar futuros cuadros militares para las fuerzas armadas.

La lucha por mantener nuestra independencia y soberanía continúa. Los riesgos son los mismos, bajo otras circunstancias.

BOHEMIA

"Yo soy una cubana como muchas otras de mi generación, igual que tantas que podríamos encontrar y otras que no tuvieron la suerte de sobrevivir al triunfo, como Lidia y Clodomira. . . Me reconozco entre ellas".

—Asela de los Santos

A la izquierda está Clodomira Acosta, mensajera del Ejército Rebelde que fue arrestada, torturada y asesinada por la policía de Batista en La Habana, septiembre de 1958. Pilar Fernández (con camisa blanca) era maestra colaboradora de la clandestinidad en Manzanillo, Oriente, luego asignada a trabajar con Celia Sánchez (a la puerta) en la comandancia del Ejército Rebelde. La foto es de principios de 1958 en Guayabal de Nagua, Sierra Maestra. Los demás no están identificados.

El triunfo de la revolución produjo en el pueblo una alegría desbordante. Era el fin de una tiranía sangrienta. Había triunfado una revolución autóctona por la que habían luchado generaciones de cubanos desde el siglo 19 en las guerras de independencia contra el colonialismo español, de 1868 a 1895. Esa contienda se vio frustrada por la intervención militar norteamericana en 1898, cuando nos convirtieron en una neocolonia de Estados Unidos.

La Revolución Cubana puso fin a más de 50 años de neocolonialismo. Con ello se reivindicaron las luchas de nuestros próceres por la independencia y la libertad de la patria.

Yo soy una cubana como muchas otras de mi generación, igual que tantas que podríamos encontrar e igual que otras que no tuvieron la suerte de sobrevivir al triunfo, como Lidia y Clodomira, a quienes Fidel les rindió tributo en la fundación de la Federación de Mujeres Cubanas.

Soy una más y me reconozco entre ellas.

Mujeres heroicas [fueron] aquellas dos compañeras nuestras, Lidia [Doce] y Clodomira [Acosta], asesinadas cobardemente por los esbirros de [el jefe de policía de La Habana] Esteban Ventura. Lidia había sido una formidable colaboradora desde los primeros momentos. Clodomira era una joven campesina, humilde, de una inteligencia natural grande y de una valentía a toda prueba.

Muy cerca ya de los primeros días de abril de 1958, cuando ya las comunicaciones en la carretera de Manzanillo a Bayamo habían sido cortadas, fue necesario llevar un mensaje urgente a la ciudad. Nadie transitaba por las carreteras; el pueblo cumplía la consigna de no transitar; era, además, peligroso. Clodomira se ofreció para llevar el mensaje. Tuvo la audacia de presentarse en el campamento de las fuerzas de la tiranía, decir que tenía necesidad urgente, por razones familiares, de llegar a Manzanillo. Pidió que la llevaran en un carro de combate, y los ingenuos soldados de la tiranía la llevaron.

Siempre resolvía los problemas. Y por eso muchas veces se arriesgó, entrando y saliendo en la Sierra, hasta que fue arrestada, junto con Lidia, torturada y asesinada, pero sin que revelara un solo secreto ni dijera una sola palabra al enemigo.*

FIDEL CASTRO
23 DE AGOSTO DE 1960

* Discurso en el acto de fundación de la Federación de Mujeres Cubanas, 23 de agosto de 1960. En *Mujeres y Revolución* (La Habana: Editorial de la Mujer, 2006, 2010), p. 35.

Orden Militar No. 50

DECRETO PARA LA CREACIÓN DEL DEPARTAMENTO DE EDUCACIÓN EN EL SEGUNDO FRENTE

2 DE NOVIEMBRE DE 1958

ARTÍCULO 1. El Departamento de Educación es un organismo de carácter técnico dentro de los cuadros del Ejército Revolucionario 26 de Julio en el Segundo Frente Oriental Frank País, con jurisdicción propia para resolver las funciones que en la presente orden militar se le confieren.[22]

ARTÍCULO 2. La instrucción primaria será obligatoria y gratuita. El material escolar será de igual modo gratuito.

ARTÍCULO 3. Consecuente con lo establecido en el Artículo 49, del Título quinto, Sección segunda de la Constitución de la República, el Movimiento Revolucionario 26 de Julio creará y mantendrá un sistema de escuelas rurales y urbanas para niños y adultos civiles con el fin de erradicar y prevenir el analfabetismo.

ARTÍCULO 5. El Departamento de Educación estará integrado por el siguiente personal:

a) Un jefe de departamento
b) Un segundo jefe
c) Los responsables de educación
d) Los maestros
e) Y por el personal auxiliar que se requiera.

22. En *Visión de futuro*, pp. 139–43. En el documento original no hay Artículo 4.

ARTÍCULO 6. El jefe del Departamento de Educación tiene los siguientes deberes y atribuciones:

a) Ostentar la jefatura del Departamento de Educación en su carácter de autoridad máxima del mismo.

b) Dirigir la orientación de la enseñanza, la promulgación de los sistemas educativos, la confección de programas, la creación de escuelas y cualquier otra medida de orden docente que fuere menester.

c) Dictar las resoluciones, circulares y cualquier otra disposición que se precise para el mejor desenvolvimiento de las atribuciones que le están conferidas.

d) Proponer a la Comandancia Central a través de la Dirección Interdepartamental los nombramientos del personal del departamento a su cargo y disponer, aceptar o rechazar los traslados y renuncias que estime convenientes.

e) Mantener la disciplina y ética del personal que integra el departamento bajo su mando.

f) Rendir a la Comandancia Central por conducto de la Dirección Interdepartamental los siguientes informes:

1) Semanal: en que se expresará el desenvolvimiento docente y administrativo del departamento a su cargo y el estado de su personal.

2) Mensual: que contendrá un resumen de los informes semanales.

g) Y cualquier otra que se le señalare por la superioridad.

ARTÍCULO 7. A los efectos de impartir una educación más completa, el Departamento de Educación mantendrá las siguientes secciones:

a) Sección de Cultura General
b) Sección de Adoctrinamiento de Tropa
c) Sección de Cursillos para Maestros
d) Sección de Instrucción Dirigida
e) Sección de Confección de Programas

f) Sección de Boletín del Maestro
g) Sección Artística
h) Sección de Labores

ARTÍCULO 8. El jefe del Departamento de Educación podrá nombrar provisionalmente a los maestros, responsables de educación y demás personal auxiliar que se requiera.

ARTÍCULO 9. Los maestros para la tropa serán escogidos entre los más capacitados de la misma.

ARTÍCULO 10. En razón de las distancias a recorrer, los encargados de educación servirán de enlace entre los maestros y el Departamento de Educación y los mismos atenderán a las necesidades de las escuelas de su demarcación, investigarán sobre la necesidad de la creación de nuevas aulas y lo comunicarán al jefe del departamento para su aprobación.

ARTÍCULO 11. Los responsables de educación orientarán a los maestros en caso necesario. Su labor será de ayuda y no punitiva, y serán escogidos preferentemente entre los maestros titulares con que se cuente.

ARTÍCULO 12. Los maestros civiles serán escogidos entre los voluntarios más instruidos de que se disponga, si no hay titulares suficientes.

ARTÍCULO 13. El maestro está obligado a impartir el tipo de enseñanza que ordene el departamento, a vigilar por la mejor formación del alumno y por la conservación de los bienes de la escuela.

ARTÍCULO 14. Los maestros no graduados serán sustituidos por titulares tan pronto como las circunstancias lo permitan.

ARTICULO 15. En el caso de que un maestro no graduado quiera obtener su título, así que se instaure de nuevo en la nación el régimen de derecho, se le darán todas las facilidades para ello.

ARTÍCULO 16. Los maestros titulares que tengan escuelas

en propiedad dentro de los territorios ocupados y liberados por las fuerzas rebeldes del Segundo Frente Oriental Frank País serán llamados para desempeñar sus cargos. En caso negativo, se ocupará la escuela y se pondrá en su lugar a otro maestro, perdiendo el primero todo derecho a la misma.

ARTÍCULO 17. Se confeccionará por los maestros y responsables un censo de población escolar.

ARTÍCULO 18. El Departamento de Educación adopta en el Segundo Frente Oriental Frank País la Escuela Primaria Fundamental como medio de cumplir a cabalidad la función educativa.

ARTÍCULO 19. Esta ley tiene efecto retroactivo en lo que respecta a lo hecho hasta la promulgación de la misma, por los funcionarios de Educación.

ARTÍCULO 20. Los nombramientos expedidos hasta el momento de la promulgación de la presente ley, cualquiera que sea su origen, serán nulos y habrán de ser devueltos al departamento para su sustitución por los nombramientos oficiales.

DISPOSICIÓN FINAL

ÚNICA. Quedan derogadas todas las leyes, órdenes militares y demás disposiciones que se opongan al cumplimiento de la presente orden militar, que empezará a regir desde su publicación en el *Boletín legislativo* del Segundo Frente Oriental Frank País.

Dado en Territorio Libre de Cuba del Segundo Frente Oriental Frank País, a los doce días del mes de noviembre de mil novecientos cincuenta y ocho.

Libertad o muerte.

Raúl Castro Ruz
Comandante Jefe
Segundo Frente Oriental Frank País

Débora

ENTREVISTA A VILMA ESPÍN

PREGUNTA: Quisiéramos que nos hablara de los primeros tiempos de la Universidad de Oriente y de los inicios de la lucha política entre los estudiantes.

VILMA ESPÍN: No teníamos ni siquiera local. Prácticamente la universidad era una gestión. Cuando yo ingresé en 1948 llevaba un año de trabajo; tenía un alumnado pequeño. Se estaba gestando la universidad realmente, y teníamos bastantes dificultades. Esos primeros años fueron muy interesantes, porque realmente comenzamos a crear la universidad.

Los estudiantes y profesores venían a La Habana a batallar para lograr que se oficializara la universidad. Ya comenzaban una serie de luchas. Me acuerdo que teníamos varias coplas hechas por José Luis Galbe con música española, donde le decíamos horrores al gobierno porque no nos acababa de oficializar la universidad.[1]

Estuvimos apretados hasta que nos dieron un viejo hospital militar que estaba medio destruido, en el lugar en que está la universidad actualmente. Hasta ese momento había estado en el local de la Escuela de Comercio. Para los de ingeniería

---

Publicada en el número de junio-septiembre de 1975 de *Santiago*, revista de la Universidad de Oriente. "Débora" es el nombre de guerra que Vilma Espín usó durante gran parte de la guerra revolucionaria.

química era muy difícil trabajar allí, por la situación tan apretada en que estábamos.

Me acuerdo que con un profesor de ingeniería, en su carro, que era una cuñita convertible roja, salimos para la loma de Quintero con escobas y cubos. Limpiamos aquello y empezamos a trabajar allí. Montamos las tuberías nosotros mismos; no había ni tuberías de agua ni nada. No había ni campana. Empezamos a improvisar laboratorios, y sacábamos los gases con tubos por la ventana.

Esa fue una etapa de pioneros, muy atractiva, que nos permitió comenzar una lucha ahí mismo, iniciando la universidad. Fuimos también pioneros en esa carrera de ingeniería química, que no existía en Cuba hasta entonces. El programa era muy violento; hubo que modificarlo posteriormente. En realidad estudiábamos mañana, tarde y noche.

Después vinieron todos los planes de extensión universitaria, cultural, la cosa del deporte obligatorio, ideas que en aquel momento eran muy progresistas comparadas, por ejemplo, con la Universidad de La Habana. El ambiente era el de una universidad muy diferente, de concepciones avanzadas.

Estaba el profesor José Luis Galbe, y posteriormente vinieron profesores como López Rendueles, Chabás, Almendros, Griñán y Portuondo.[2] Ayudaron mucho a darle un carácter progresista a la universidad. Para eso tuvieron que batallar bastante, porque no todo el mundo tenía esas ideas progresistas. No hay que olvidar que la embajada americana trataba constantemente de influir en la universidad por todos los me-

1. La universidad matriculó sus primeros estudiantes en octubre de 1947, pero no recibió el reconocimiento y financiamiento oficial del gobierno hasta marzo de 1949.

2. Ver en el glosario, Julio López Rendueles, Juan Chabás, Herminio Almendros, Leonardo Griñán, José Antonio Portuondo.

FEDERACIÓN DE MUJERES CUBANAS

"Fue una etapa de pioneros, muy atractiva, que nos permitió comenzar una lucha ahí mismo, iniciando la universidad". —Vilma Espín

Actividad deportiva en la Universidad de Oriente, 1949. Fue el año en que los estudiantes lograron reconocimiento y fondos nacionales para la universidad. Vilma Espín, al centro y con la bandera cubana, era capitana del equipo femenino de vóleibol y dirigente de la lucha por el reconocimiento. El deporte como parte del programa de estudio universitario, poco común en América Latina en esa época, fue una de las medidas por las que se luchó con la fundación de la universidad.

dios, incluso colándonos profesores. Teníamos un rector que era una fachada puramente —era un individuo de sainete— y toda una serie de gente muy débil.[3]

En aquellos momentos solo la minoría del alumnado tenía la conciencia política necesaria para saber qué cosa eran los norteamericanos en cuanto a su posesión de Cuba, su dominio económico y político, y para percatarse de sus maniobras. Pero sí había un sentimiento antiyanqui, que siempre hubo, que hacía que alguna gente nos cayera un poco pesadita porque la veíamos americanizada. Por ejemplo, teníamos un profesor colombiano americanizado. Nos caían pesados por extranjerizantes, pero no nos dábamos cuenta del fondo y la importancia que tenía aquello. Las primeras luchas fueron por la oficialización y el desarrollo de la universidad.

Claro que después del 10 de marzo empezamos a notar que sí había realmente una presión por parte de la embajada. Hubo una persecución de los profesores del Partido Comunista, español o cubano, o de la gente que tenía ideas de izquierda.

PREGUNTA: ¿Así fue con Chabás?

ESPÍN: Sí. Chabás fue uno de los perseguidos porque era dirigente del Partido [Comunista] español; murió poco después. También Galbe, que tuvo incluso una polémica con Otto Meruelo [partidario de Batista]. A López Rendueles lo molestaron, y también a diferentes profesores que tenían una posición de izquierda o que pertenecían al Partido Comunista.

PREGUNTA: Cuéntenos sus experiencias personales a partir

3. Un cable enviado por el consulado norteamericano en Santiago de Cuba el 26 de julio de 1954 informaba que, "en vista de la situación existente en la universidad" y "para contrarrestar... la actitud adversa de miembros del personal docente", se estaban entablando discusiones con el rector Felipe Salcines sobre la contratación del vicecónsul estadounidense como profesor.

del golpe de estado del 10 de marzo.

ESPÍN: Cuando el 10 de marzo, en lo personal, podría decir que yo tenía muy poca preparación política. Estaba muy poco consciente de la situación del país. Entonces yo veía la corrupción con mucho escepticismo, un poco con la idea de que yo no podía hacer nada contra ese estado de cosas. Incluso, me tocaba votar ese año. Yo no quería sacar la cédula, porque pensaba, "¿Qué voy a hacer? Votar por uno o por otro da lo mismo". En realidad tenía una posición muy escéptica, muy poco clara de que pudiéramos hacer algo, salvo alguna contribución mía al desarrollo tecnológico del país, derivada de mi carrera.

En cuanto al 10 de marzo de 1952, yo creo que puedo agradecerle a Batista que ese mismo día sí fue una cosa explosiva para mí. Sin tener mucha conciencia de qué cosa estaba pasando en el mundo, sí adquirí una decisión total de acabar con lo que estaba pasando. Me parecía hasta prácticamente una ofensa personal aquello de violar incluso las vías legales de la democracia "representativa". Esa fue la gota que, colmando la copa, posiblemente me creó, ya de verdad, un espíritu de rebeldía.

Recuerdo que ese día, poco después de las siete de la mañana, llegó alguien y dijo, "Oigan, dicen que Batista dio un golpe de estado". El profesor que teníamos en aquel momento tenía un hermano postulado para representante y dijo, "Si eso es verdad, aquí hay que alzarse".

A mí me pareció la mejor cosa del mundo lo que había dicho el hombre. Yo creí que lo había dicho muy en serio, y ahí mismo decidí que había que alzarse. Y entonces empecé a dar unos brincos altísimos de la felicidad que me produjo la idea de alzarnos.

En realidad, una siempre había tenido anhelos muy románticos de poder participar en luchas heroicas como en las guerras de independencia, las luchas contra el machadato, etcétera. En ese momento me pareció que de verdad eso era lo que había que hacer, y me puse de lo más contenta, como un muchacho con una fiesta, y quería en ese mismo momento agarrar los fusiles e ir a pelear.

Salimos hacia el centro de Santiago, al parque Céspedes. Dondequiera se hicieron mítines relámpago, la gente se arremolinaba y hablaban los politiqueros de entonces. Uno de ellos fue Laureano Ibarra (un tipo que a las pocas horas planteaba que "Batista es el Hombre"), encaramado en un farol del parque, con un revólver viejo, de esos .45 de cowboy. Parado ahí en la farola decía, "¡Vamos para el cuartel; no se puede permitir esto!" Entonces arrancamos para el cuartel. El jefe de la plaza no había querido rendirse al golpe,[4] pero a mitad de camino nos enteramos de que ya Del Río Chaviano había tomado el mando de la fortaleza, y partimos para la universidad.

Por la mañana, estando en la universidad, empezaron a subir unos guardias. Aún actuábamos puramente por apasionamiento. Yo me sentía tan furiosa que me puse a provocar a los guardias. Un grupo de compañeros preparó barricadas con unos sacos de cemento de las construcciones. Y colocamos altavoces con unos discos del poema de Guillén, "No sé por qué piensas tú, soldado, que te odio yo".[5] Allí estaba el grupo de la gente más progresista y combativa de la universidad. Todo el mundo indignado, con los soldados allí abajo y lanzando discursos y consignas el día entero.

4. El coronel Francisco Álvarez Margolles, hasta entonces el oficial al mando en la provincia de Oriente, fue uno de los 77 oficiales que Batista removió del ejército el día del golpe de estado.

5. Del poema "No sé por qué piensas tú", 1937. Ver en el glosario, Nicolás Guillén.

El Consejo Universitario estaba reunido arriba cuando llegaron unos guardias. Asela de los Santos y yo estábamos solas, sentadas abajo. Los guardias entraron con una cara de pena y susto, los pobres. Nosotras enseguida, de frescas, molestas porque habían pisado el suelo universitario.

"¿Y usted qué quiere?" y nos pusimos a discutir.

Entonces avisaron que yo estaba peleando con un guardia. Mentira, yo estaba discutiendo con el hombre, pero el Consejo en pleno bajó la escalera corriendo. En definitiva, el guardia, que era un pobre infeliz, quedó tan asustado que se fue para abajo otra vez y no pasó nada. Pero en realidad empezaba ya la cuestión de qué hacer, la actitud de rebeldía.

A las cuatro de la tarde estábamos en una oficina oyendo el discurso de Batista por radio. Yo estaba que me parecía que estallaba allí mismo. Cuando terminó de hablar yo quería hacer algo en ese mismo momento.

Y le pregunté al profesor que había dicho lo de alzarse, pensando ya en preparar los planes:

"Bueno, ¿y ahora qué hacemos?"

Entonces el hombre me echó una carcajada y me dijo, "¿Qué tú quieres, que yo le mande un rayo a Batista para que lo mate?"

Aquello me desilusionó tanto, me dio una indignación tan grande que se me salieron las lágrimas y salí de allí. Este hombre me defraudó. Yo creí que él había hablado en serio. Entonces, bueno, fue la primera experiencia…

Después de eso nosotros mismos empezamos a escribir panfleticos y a mimeografiarlos con la ayuda de los bedeles de la universidad: con Salas, Justino y la Abuela Evelia. A la hora del almuerzo, cuando todo el mundo se había ido, nos metíamos en el mimeógrafo y tirábamos los panfletos. Y muy ingenuamente, como si fueran programas de cine, los repartíamos por las casas de Santiago de Cuba.

La primera vez que lo hicimos así, masivamente, fue muy organizado. Esa noche nos reunimos un grupo de compañeros en mi casa. Cogimos un plano y nos dividimos la ciudad por zonas. Cada dos compañeras tenían que cubrir una zona. En ese grupo estaban Nilsa [Espín], Leyla Vázquez, Asela de los Santos. Al principio lo hicimos un grupo de muchachas porque pensábamos que para nosotras era más fácil, porque teníamos faldas y llevábamos los papeles bajo las faldas.

Esa primera vez, Cowley cogió presas a Asela, Leyla y como a tres o cuatro compañeras.[6] Las tuvieron en el vivac [una cárcel civil] y después las llevaron para la universidad. Me acuerdo que habíamos tirado un panfleto chiquito en que se utilizaban unos versos patrióticos de Heredia,[7] agregándole unos comentarios sobre la situación del momento y una frase de exhortación a la lucha. Aquello no tenía gran contenido político, pero sí mucha rebeldía.

Cowley trajo los manifiestos a la universidad. Yo estaba sentada en una ventana y Cowley hablaba con uno de los profesores.

"No, no, no, si lo que nos interesa es saber quién escribió esto".

Y cuando le contestaban que "Heredia", Cowley gritaba, "¡No, no, no, lo otro!"

Las primeras luchas fueron de ese tipo: tirar panfletos a escondidas con la ayuda de los bedeles.

Después comenzaron las primeras manifestaciones en la calle. Creo que la primera fue en febrero de 1953 cuando mataron a Rubén Batista en La Habana.[8] Se hizo un entierro sim-

6. Ver en el glosario, Fermín Cowley.

7. Ver en el glosario, José María Heredia.

8. Ver en el glosario, Rubén Batista.

bólico en Santiago que fue una verdadera batalla. La idea fue llevar flores al cementerio, y en definitiva se terminó metidos dentro de los cafés, tirando azucareras a la policía.

Luego vino el problema del Canal Vía Cuba,[9] contra el cual trabajamos mucho, y trajo manifestaciones, líos, mucha actividad en la universidad. Después del 10 de marzo, habíamos hecho actos de la Jura de la Constitución contra los estatutos de Batista. Mucho tiempo después me enteré de que Raúl había participado también en una manifestación en la Universidad de La Habana.[10]

Ya en 1953 empezamos a buscar la manera de conspirar mejor, de hacer algo más. Cuando eso, había una serie de organizaciones de politiqueros viejos que trataban de retomar el poder, sobre todo la gente de Prío —la Organización Auténtica— y la gente de Aureliano, que tenía la Triple A.[11] Tra-

9. En agosto de 1954, Batista autorizó la construcción de un canal de 80 kilómetros de extensión que dividiría la isla en dos. Esto habría separado el oriente del resto de Cuba. El proyecto tenía el apoyo de Washington ya que acortaría las rutas comerciales a Sudamérica. El costo del canal se calculaba en 700 millones de dólares (casi 5 mil millones en dólares de 2011). Habría permitido que los secuaces del dictador se apropiaran de miles de hectáreas de tierra, controlaran la zona del canal, gozaran de las ganancias del canal durante 99 años y quedaran exentos de impuestos. Las protestas, que rechazaron el proyecto como un "Canal Rompe Cuba", hicieron que el gobierno cancelara el proyecto.

10. En abril de 1952 los estudiantes organizaron un movimiento para jurar lealtad a la constitución de 1940, que Batista había derogado el mes anterior. Fueron las primeras manifestaciones contra la dictadura. Raúl Castro tuvo una participación destacada en el acto en La Habana del 6 de abril de 1952, portando la bandera cubana (ver foto de portada de *Aldabonazo*, por Armando Hart, publicado por Pathfinder en 2004).

11. Ver en el glosario, Carlos Prío Socarrás, Organización Auténtica, Aureliano Sánchez Arango, Triple A.

taban de captar a gente joven, gente que estuviera en el país; ellos dos se habían ido [al exilio voluntario]. Es decir, ellos estaban buscando carne de cañón. Se nos acercó mucha gente de esta, primero la Triple A, después la OA.

También se creó un movimiento que se llamaba el MNR, Movimiento Nacional Revolucionario, por un profesor de La Habana, Rafael García Bárcena. Este causó bastante repercusión, porque hicieron un manifiesto pequeño.[12] Si lo leemos ahora lo consideraríamos muy pobre, pero en aquel momento, lo que me impactó es que decía: "Hay que acabar con el 10 de marzo y con el 9 de marzo". O sea, acabar con toda esta etapa de politiquería.

Entonces a nosotros sí nos pareció que aquello era un programa más serio. Nos pareció ya más acorde con las ideas nuestras, y nos fuimos nucleando alrededor de ese grupo de estudiantes en Santiago, entre ellos Frank País: todo lo que sería luego el Movimiento 26 de Julio. Ingresaron una serie de profesores de la universidad, nosotros, el grupo de la universidad que había participado en las diferentes actividades. Se hizo un grupo de propaganda, un grupo de finanzas, un grupo de acción, etcétera. Frank País era el jefe de acción del grupo.

PREGUNTA: Aunque había algo espontáneo en todo aquello, ya ustedes manifestaban una inquietud y un pensamiento político que iban más allá de simplemente derrocar a Batista.

ESPÍN: Es cierto. Indudablemente, muchos de los compañeros tenían ideas bastante avanzadas, pero todos teníamos la idea de acabar con la corrupción, con el robo, ir a una situación progresista. Hablábamos de reforma agraria y de todas estas cosas, pero por lo menos yo nunca había leído nada de

12. Ver en el glosario, Rafael García Bárcena, MNR.

marxismo. Tenía los pocos artículos que salían en alguna que otra revista sobre Marx, y admiraba aquello, pero me parecía algo tan lejano, tan utópico; una cosa maravillosa, pero no parecía nada real de acuerdo con las formas de pensamiento corriente en aquel medio y aquella época. Por otra parte, yo no había leído nunca un documento que hablara de lo que estaba pasando en la Unión Soviética, salvo la tremenda propaganda anticomunista, de la cual uno pensaba que alguna cosa podía ser verdad y otra cosa mentira, pero no tenía manera de saberlo.

El MNR solo duró unos meses. En 1953 estalló como una pompa de jabón cuando cogieron presos a 40 miembros y dirigentes en La Habana.[13]

Cuando desapareció la dirección del MNR, se quedó en Santiago un grupo que respondía en alguna medida a ese grupo, trabajando más o menos nucleado, e incluso Armando Hart me planteó de mantener el movimiento nacionalmente. Hablamos de eso con Frank País. Frank ya estaba organizando en Oriente lo que fue el ARO —Acción Revolucionaria Oriental— con ideas muy concretas de acción. Sobre todo, prepararse para un alzamiento, es decir, buscar armas, ir asaltando polvorines, de lo cual se guardó dinamita.

Y así se fue nucleando un grupo de gente. Mi hermana Nilsa y Rafael Rivero trabajaron muy activamente con Frank, ya vinculado un poco con Armando Hart, Faustino Pérez y un grupo de compañeros de La Habana. De este grupo va-

13. Rafael García Bárcena, fundador del MNR, y otros 39 fueron detenidos en abril de 1953 cuando un soplón delató los planes de una conspiración de militares y civiles para tomar el Campamento Columbia en La Habana, la mayor base militar de Batista. Armando Hart, recién graduado de derecho, fue el abogado defensor de García Bárcena. Un relato contemporáneo del juicio se publicó en la revista cubana *Bohemia*; ver *Aldabonazo*, pp. 74–77.

rios cayeron presos, Faustino entre ellos. Por Oriente fue creciendo la cosa, ya bajo la dirección de Frank. Posteriormente, incluso, se llamó ALN, Acción Libertadora Nacional. Todavía hay algún fusil que tiene grabado el ALN. Aunque manteníamos contacto con Armando en La Habana, en realidad lo que fue creciendo fue un movimiento en Oriente, dirigido por Frank, que se vertebró, que tenía su grupo de finanzas, en el que yo trabajaba en aquel momento.

En julio de 1953, cuando el Moncada, acababa de estallar lo del MNR. Estábamos vinculados con Frank, y se mantuvo el nombre de MNR por varios meses. Habíamos tenido contacto con Armando y con otros compañeros en La Habana. El 26 de julio de 1953 nos cogió en esta etapa.

PREGUNTA: ¿Cuál fue su reacción ese día?

ESPÍN: Yo estaba en mi casa, que quedaba bastante cerca del cuartel, en el barrio de San Jerónimo. Se sintieron los tiros como si fueran en el patio, un poco después de las cinco de la mañana. Me levanté de la cama dando brincos y gritando que habían atacado el Moncada. Mi papá creyó que estaba metida en el asunto, pues yo estaba muy convencida de que estaban atacando el Moncada.

Yo no sabía quién, pero alguien había atacado al Moncada. Claro, durante ese día no se supo. Después se decía que era Pedraza,[14] después que la lucha era entre dos grupos de militares y se estaban matando entre ellos. Todo el día fue una confusión. Me acuerdo que Nilsa fue con un muchacho del barrio por ahí cerca del Arzobispado y vieron los muertos tirados frente al hospital, pero a todas estas no sabíamos quiénes eran, nada, ni remotamente.

Al otro día por la mañana, fuimos a la universidad. Todavía nadie sabía quiénes eran. Entonces fue que, de momento, le

14. Ver en el glosario, José Eleuterio Pedraza.

dije a Asela, "Bueno, vamos para allá".

Asela dijo, "¿Para donde tú vas?"

"¡Vamos para el cuartel! ¡Vamos a averiguar lo que pasa!".

Para allá fuimos Asela, dos muchachas bayamesas que venían a estudiar en el curso de los sábados y yo. Íbamos en la guagua por la avenida Garzón. Pero todo estaba rodeado de guardias; había postas por todas partes. Por fin entramos por la parte trasera, por donde estaba el hospital militar. Así llegamos hasta la misma puerta: Asela y yo por delante y las dos muchachas de Bayamo por detrás.

Entonces la cosa más absurda de la vida. El hombre que estaba de posta allí dijo, "¿Bueno, qué desean?"

Pero nosotras veníamos ardiendo, porque ahora sí nos dábamos cuenta de que habían asesinado a un montón de muchachos, y yo le dije, "Venimos a ver a los heridos".

"¿Qué heridos?"

"¿Y usted que se cree? ¡Venimos a ver a los héroes! ¡Venimos a ver a los revolucionarios!"

Claro, tan pronto como dijimos esto, nos dimos cuenta que había que irse. Asela y yo echamos a caminar lo más rápido posible. Pero las dos bayamesas se aterraron e hicieron como si no vinieran con nosotras.

Le dijeron al guardia, que fue lo que nos dio pie a nosotras para podernos ir, "No, no, nosotras venimos a ver al cabo corneta, que es primo de nosotras".

Y ahí fue donde se hundieron; ahí mismo las cogieron. Asela y yo íbamos caminando aprisa, y recuerdo que un chofer de guaguas llamado Colás, cuando ya íbamos llegando a Garzón, se nos acercó y dijo, "Oye, dieron la orden allí de que las cogieran".

Salimos corriendo, nos colamos en una guagua y nos perdimos. No sabíamos ni dónde estaban las dos bayamesas. Empezamos a averiguar; después las soltaron al otro día.

Pero imagínese, nosotras lo que estábamos era indignadas. No sabíamos qué hacer. No sabíamos quiénes eran los asaltantes. Ya en los días siguientes se supo. Pero yo no conocía ni remotamente a Fidel Castro ni había oído hablar de él. Él había estado en el Partido Ortodoxo, había gente que lo conocía, y ya era diferente. En aquel momento, cuando lo oímos pensamos, "Bueno, un estudiante".

El día que fuimos al cuartel, cuando estábamos esperando por la guagua para ir a Garzón, en San Félix y Enramada, estaban los policías. Y la gente hablaba a voz en cuello, y los policías estaban que no levantaban la vista. Había una situación en el pueblo de rebeldía, de indignación.

Posteriormente, ayudamos a algunos compañeros que estaban heridos en el hospital;[15] después escondimos en mi casa a uno que estaba huyendo, así como hicieron muchas otras personas del pueblo santiaguero.

Pero no tuvimos una vinculación muy directa con el Movimiento 26 de Julio como tal. Nosotros seguimos en nuestro movimiento, allá con Frank. Yo me gradué en 1954. Le había prometido a mi papá que iba a hacer un posgrado, en septiembre de ese año, en una universidad de Estados Unidos. Nosotros estábamos trabajando con Frank en la tarea de recaudar dinero para el movimiento, pero en realidad ese fue un año muy lento. No se veía perspectiva, y no sabíamos bien qué hacer.

Hay que destacar, después del Moncada, el impacto tremendo que causó *La historia me absolverá*. Fue algo que nos

15. A un grupo de los combatientes del Moncada bajo el mando de Abel Santamaría se le había encargado la tarea de ocupar un hospital civil aledaño, desde el cual se podía ver la parte de atrás del cuartel. Pensaban usarlo también para atender a los heridos. Muchos de los combatientes del grupo que tomó el hospital estuvieron entre los capturados, torturados y asesinados.

¿Por qué teníamos la seguridad de contar con el pueblo? Cuando hablamos de pueblo no entendemos por tal a los sectores acomodados y conservadores de la nación, a los que viene bien cualquier régimen de opresión...

Entendemos por pueblo, cuando hablamos de lucha, la gran masa irredenta, a la que todos ofrecen y a la que todos engañan y traicionan... a los 600 mil cubanos que están sin trabajo deseando ganarse el pan honradamente... a los 500 mil obreros del campo que habitan en los bohíos miserables, que trabajan cuatro meses al año y pasan hambre el resto... que no tienen una pulgada de tierra para sembrar... a los 400 mil obreros industriales y braceros... cuyo futuro es la rebaja y el despido... a los 100 mil agricultores pequeños, que viven y mueren trabajando una tierra que no es suya... a los 20 mil pequeños comerciantes abrumados de deudas, arruinados por la crisis... a los 10 mil profesionales jóvenes... deseosos de lucha y llenos de esperanza para encontrarse en un callejón sin salida...

¡Ese es el pueblo, el que sufre todas las desdichas y es por tanto capaz de pelear con todo el coraje! A ese pueblo, cuyos caminos de angustias están empedrados de engaños y falsas promesas, no le íbamos a decir: "Te vamos a dar", sino: "¡Aquí tienes, lucha ahora con todas tus fuerzas para que sean tuyas la libertad y la felicidad!"

FIDEL CASTRO

La historia me absolverá
1953

dio la garantía de una cosa nueva. Recuerdo que estaba en el laboratorio cuando me dieron un ejemplar y lo leí ahí mismo, de un tirón. Estábamos todos fascinados. Se hablaba un lenguaje nuevo en el que se clarificaba un programa alrededor del cual podíamos todos aglutinarnos para luchar, y que era un programa avanzado y atractivo para la juventud. Fidel aún estaba en Isla de Pinos, pero nos identificábamos completamente con él y con sus objetivos.

En 1955 Frank había realizado el ataque al cuartel de El Caney y participado en la organización de la manifestación del 7 de diciembre en Santiago.[16] Lo habían cogido preso después de El Caney, pero no habían podido probarle nada. Le habíamos lavado las manos con una fórmula que nos dio un resultado tremendo. No apareció nada en los guanteletes de parafina, pero por poco le acabamos con las manos, pobrecito.

En esa etapa yo me sentía un poco escéptica. Me parecía que tendría que pasar mucho tiempo antes de que la gente se formara y pudiera hacer de verdad una revolución. Sobre esto hablé con el doctor López Rendueles, que era un hombre de principios extraordinarios, con quien yo estaba preparando mi tesis, aunque mis vinculaciones con él eran como profesor, sobre todo en la investigación científica.

Un día le pregunté, "Doctor, ¿usted cree que con una gente así se puede hacer el socialismo?" Yo nunca le había hablado así, directamente.

Se me queda mirando, y me dice, "Le voy a contar una cosa.

16. Antes del amanecer del 24 de julio de 1955, País dirigió un ataque contra la estación de policía en El Caney, unos kilómetros al norte de Santiago, capturando un fusil y una pistola. El 7 de diciembre de 1955, el 59 aniversario de la muerte en combate del líder independentista Antonio Maceo, opositores de la dictadura batistiana organizaron manifestaciones en diversas ciudades.

Usted sabe que en Andalucía [en el sur de España] había gitanos y había ladrones, que eso no tenía nombre. Después del triunfo de la revolución allí, cuando se comenzó a hablar de revolución, de un nuevo sistema, hasta se criaron conejos y liebres en los parques públicos de Andalucía, y nadie se los llevaba. ¡Y la gente tenía hambre!"

Recuerdo que me hizo esa anécdota. No me dijo nada más que eso.

PREGUNTA: Sin duda, en la formación ideológica de todos ustedes, o por lo menos de los que estaban en la universidad, influyeron mucho los profesores republicanos españoles.

ESPÍN: Sí, porque tuvimos una gran admiración por esta gente. Además, algunos cubanos como, por ejemplo, José Antonio Portuondo, daban conferencias que sí eran antiimperialistas, como una serie de conferencias sobre los norteamericanos en Caimanera, que nos ponía en claro cuál era la situación.[17]

Es decir, aunque yo diga que no teníamos una conciencia clara de qué cosa podíamos hacer, sí teníamos el sentimiento antiimperialista, una rebeldía al sistema de aquel momento. Hablábamos de reforma agraria y de socialismo. Discutíamos a Guillén, sin tener una cultura marxista. Había compañeros que eran de la Juventud Socialista del PSP [Partido Socialista Popular]. Habían estudiado ya documentos marxistas, pero la gran mayoría de la juventud allí no tenía mucha conciencia de estas cosas.

PREGUNTA: ¿Se hizo alguna actividad alrededor del juicio del Moncada?

17. Es decir, la situación con la base naval norteamericana en Guantánamo, impuesta a Cuba bajo las condiciones de la Enmienda Platt. La base, la cual Washington afirma tener derecho a mantener permanentemente, ocupa una tercera parte del municipio cubano de Caimanera.

ESPÍN: Sí, pero sobre todo Armando y Frank hicieron contacto con Fidel cuando estaba en la cárcel en la Isla de Pinos. Se empezó ya a hablar de unir a todas las fuerzas verdaderamente revolucionarias, para hacer un solo movimiento. En septiembre de 1954 —ocho o nueve meses antes de la amnistía— esto estaba cuajando, y se discutía el nombre del movimiento. Ahí ya nació realmente la unión de las mejores fuerzas, revolucionarias. Frank, que dirigía activamente la provincia de Oriente, influyó mucho en el resto de la isla. Fidel dirigió el movimiento nacionalmente.

Cuando llegué a La Habana en julio de 1955, Fidel ya se había ido para México.[18] Me acuerdo que Haydée Santamaría dijo, "Qué lástima que tú no hablaste con Fidel, que no lo conociste".

Entonces me fui a estudiar en Estados Unidos. Fue un año de experiencia de qué cosa eran los Estados Unidos. Pero de mucha inquietud por no saber qué estaría pasando en Cuba.

Hacia el mes de mayo de 1956 recibí una carta de un compañero de los que habían estado en el Moncada, y decía que había llegado a México. Inmediatamente le escribí y le dije que me contara todo lo que ha pasado en ese tiempo; yo llevaba siete meses fuera. Y me contó toda una serie de cosas que habían pasado y que no se sabían. Le contesté diciendo que en julio volvía a Cuba, que me avisara si hacía falta que yo pasara por México para cualquier cosa.

Fidel necesitaba enviar muchísimas cartas y quería pedirle a Frank toda una serie de datos y mapas ya con vistas al desembarco, y me mandó a decir que sí, que fuera. Me contestó cuando ya yo creía que no me iba a contestar, cuando estaba recogiendo las cosas para salir al otro día para acá. Entonces salí para Nueva York y me pasé cuatro días tratando de con-

18. Fidel Castro salió para México el 7 de julio de 1955.

seguir un pasaje para México. Era lo más difícil del mundo allí, porque hay un turismo tremendo para allá. Por fin, al cuarto día conseguí un avión que iba hasta Kansas y de ahí a México.

Cuando llegué, me estaban esperando en el aeropuerto Fidel, Raúl y tres o cuatro compañeros más. ¡Fue para mí un momento de tanta emoción! Estuve dos días y medio allí. Una noche, Fidel me explicó largamente todo lo que necesitaba que yo trajera a Cuba. Le pregunté cómo estaba Frank.

Recuerdo que me dijo, "Frank es como los personajes esos de las películas, que hacen millones de cosas y nunca les pasa nada. Tú vas a ver cómo está Santiago, te vas a encontrar sorpresas".

Acababan de tener una campaña en la que habían llenado todo Santiago del nombre Movimiento 26 de Julio escrito en las paredes. Para eso usábamos unos lápices de carbón que eran una maravilla: mientras más cepillo le dabas, más se marcaba. Los hacían las compañeras derritiendo una fórmula con parafina, y claro, nos encontramos todo Santiago de Cuba cubierto de aquello. Fidel habló mucho esa noche de la personalidad de Frank, lo que significaba, que estaba trabajando muy activamente, que era muy importante el trabajo de él.

Al llegar a Cuba, enseguida fui a Las Villas, porque teníamos muchas cartas para compañeros de allí. Cuando llegué a Las Villas, habían cogido al compañero a quien le llevaba las cartas. Por poco me cogen, pero pude hacer contacto con otros y luego volver a La Habana. Me puse en contacto con Armando aquí. En un parque fui a ver a Montané y a Melba —yo traía unas cartas para ellos— y así fui haciendo contactos hasta que salí para Santiago.[19]

19. Ver en el glosario, Armando Hart, Melba Hernández, Jesús Montané.

Ya en Santiago, me puse a las órdenes de Frank otra vez. Yo no tenía mucha idea de lo que iba a ocurrir. Sabía de un desembarco, pero más nada. Fidel había dicho, "Este año iremos", y entonces se empezó a trabajar.

En casa teníamos un jeep y una máquina que yo manejaba. Los utilizábamos para ir a hacer las prácticas de tiro, porque teníamos tres fusiles. Hacíamos las prácticas en una finca cerca de San Luis, y allí mismo escondíamos las armas.

Frank me encomendó también preparar unos lugares donde se prestara primeros auxilios a los muchachos en un momento de acción. Hicimos conexiones con varios médicos y enfermeras, organizamos cursos de primeros auxilios para un grupo de muchachas y pedimos casas a diferentes personas hasta ubicar nueve puntos de la ciudad. A estos sitios les llamábamos "los botiquines". En cada uno habría un médico, un enfermero o una enfermera y un grupo de muchachas de las que habían pasado los cursos de primeros auxilios. En esto trabajaron Nilda Ferrer, las hermanas Atala, Fe Carbonell, Asela y otras muchachas.

Además se trabajaba en el trasiego de materiales y compañeros, sobre todo cuando llegaron Armando y Haydée a mediados de noviembre. Andaba con ellos todo el día llevándolos a este lugar, al otro, cambiándolos de casa, porque eran personas muy conocidas y buscadas, y además, ellos y Frank eran dirigentes nacionales del movimiento.

PREGUNTA: ¿Es por entonces que se produjo la acción del 30 de noviembre?

ESPÍN: Sí, pero cuando Arturo recibió el telegrama de aviso,[20]

20. Arturo Duque de Estrada recibió un telegrama el 27 de noviembre de 1956 confirmando que la expedición del *Granma* había zarpado de México. Retrasado por tormentas, el *Granma* no llegó a Cuba sino hasta el 2 de diciembre, dos días después de lo previsto.

yo no sabía aún concretamente de qué se trataba. El día 28 de noviembre hubo una reunión a la que yo no le di importancia. Pensé que era una más de las muchas que teníamos. Resultó ser donde se reunieron todos los grupos de acción para preparar ya lo del 30 de noviembre. Por la mañana del 29, Frank me explicó que ya había salido el barco, y eso quería decir que debíamos tener todo listo para la madrugada del 30.

Yo tenía que hacer muchas cosas; tenía incluso que dar todas las direcciones de los botiquines a todos los grupos de acción. Bueno, aquello fue un corre-corre tremendo. Hubo que preparar todas las cosas en él último momento, pero el secreto se guardó rigurosamente hasta el momento mismo de la acción.

A todo el mundo se le había planteado que eso era una prueba, es decir, que se iba a dar una alarma falsa para probar a la gente. Así se hizo, y a las seis de la mañana se le dijo a todo el mundo, "Bueno, esto no es una prueba; ya salió el barco y debe llegar hoy". A las siete de la mañana se pensaba. Ahí se desataron todos los hechos del 30 de noviembre.

Yo tenía que quedarme en la casa para entregarle una grabación que habíamos hecho la noche antes al hombre que debía pasarla por la radio nacional. Era el llamamiento a todo el pueblo a alzarse y comunicaba la llegada de Fidel.

Esa grabación solo se pasó internamente, porque el hombre que tenía que pasarla nacionalmente se dio un susto tan grande que quemó la cinta… Vaya, siempre hay quien falla. Pero casi todo se cumplió estrictamente como se había planteado. Mi función era entregar la cinta, avisar al compañero Carlos Amat en la compañía de teléfonos para que organizara su difusión por esos canales, según lo acordado, e ir inmediatamente a la casa de San Félix y Santa Lucía, donde estaba el estado mayor con Frank y todos los compañeros. Ahí nos pasamos la mañana. La idea era que los que terminaran su participación en la acción fueran convergiendo en ese lugar.

No se sabía si se había efectuado el desembarco. Se pensaba que podían haber desembarcado en otra parte, que los habían detenido en el puerto antes de salir, que se habían hundido, que se habían ahogado. Se pensó hasta en la posibilidad de coger un camión y salir para la Sierra.

Pero se impuso la preocupación mayor de no desvincular las dos acciones. Entonces se decidió: "Tampoco podemos desvincular las cosas. Tenemos que esperar hasta saber dónde han desembarcado para poder hacer contacto".

Mientras, se empezó a plantear que estaban rodeando la casa. Salí a la casa que estaba detrás, que era de un médico que conocía, porque yo sabía que esa casa tenía un cielorraso grande, de madera, y quería meter allí las armas que teníamos, los uniformes y las cosas, para no perder nada cuando nos fuéramos. Se lo propuse a Frank y me fui a la casa esa. Claro, al estar afuera me di cuenta que no estábamos rodeados. Pero los compañeros que iban llegando pensaban que los venían siguiendo, y creyeron que estaban rodeando ya la manzana, con mucha lógica, porque en definitiva como a las dos horas así fue.

Pero yo no quería irme sin meter las armas en la casa de al lado. Entonces llegué allí y le dije a la familia, con la forma menos educada del mundo, "Váyanse para la casa de enfrente ahora mismo, porque va a pasar por aquí todo el mundo, y los van a acusar a ustedes después". Y se fueron corriendo todos para la casa del frente, aterrados, hasta en bata de casa.

Cuando volví para buscar las armas se había ido todo el mundo menos Armando y Haydée. Frank había dejado dicho con Armando y Haydée que me fuera, que ya no había objeto de mantenerse en la casa. Que se fuera cada uno para su lugar. Pero muchísimas cosas se quedaron allí. Claro que eran armas de muy poco valor; no sirvieron nunca para nada, pero se habían quedado allí y yo no quería dejarlas. Armando y Yeyé [Haydée] me decían, "Frank dio la orden de que te fueras enseguida".

Yo inventé que se me había quedado la cartera con mi cartera dactilar. Entonces Haydée y yo subimos otra vez a la casa. Las pobres muchachas de servicio, las dos domésticas de la casa, las teníamos encerradas en un cuarto desde que llegamos, y entonces las soltamos.

Frank había dado la orden de que todo el que se quedara regado tratara al otro día de hacer contacto conmigo en mi casa. Algunos hicieron contacto ese mismo día, como cuatro o cinco de los muchachos más jóvenes que formaban parte de los grupos de acción. Visitamos la casa de Agustín Navarrete; se habían llevado a toda la familia presa. Fuimos a varios lugares de estos; estaban muy quemados, no encontramos a la gente.

Yo supe que Frank había estado tirando tiros en el Instituto [de Segunda Enseñanza]. Se había emplazado un mortero en el techo del Instituto para bombardear el Moncada. Pero cogieron a Josué y a Léster,[21] que era el responsable de esta acción cuando iban para allá, de manera que falló el mortero. Frank fue a ver lo que había pasado con el mortero. Se encaramó hasta allá arriba y se lió a tiros con los guardias. Después huyó por la parte de atrás.

Cuando llegó al lugar acordado, Frank inmediatamente comenzó a planear qué hacer, cómo saber de Fidel, porque no sabíamos nada. Claro, Fidel desembarcó al otro día, el día 2 de diciembre. Por otra parte, se habían producido varios alzamientos que estaban programados en Oriente: el de Nicaro, el de Ermita con Julio Camacho y en varios lugares de

21. Ver en el glosario, Josué País, Léster Rodríguez.

otras provincias. En Oriente lo que se programó se cumplió muy bien.[22]

PREGUNTA: ¿Cómo se relacionan Frank y Pepito Tey?

ESPÍN: Pepito estuvo vinculado a Frank desde los tiempos de estudiantes. Desde las campañas electorales de la Escuela Normal de Maestros, donde habían sido contrincantes.

Ya después, a medida que Frank iba organizando los movimientos, Pepito venía a ser siempre el segundo de Frank. Él estudiaba en la universidad y trabajaba en los ferrocarriles. Y eso era muy importante, porque además de la comunicación por teléfono nosotros necesitábamos transporte para la propaganda. Él daría mensajes a través de los compañeros de los ferrocarriles y de los ómnibus interprovinciales. De hecho, se creó un núcleo muy fuerte, desde el propio año 1953, entre los ferroviarios de izquierda en Guantánamo. Muchos de los obreros entre nuestra gente eran ferroviarios.

Pepito era muy diferente a Frank. Frank a veces jaraneaba y le buscaba la boca a Armando Hart. Pero en general era de un carácter introvertido, tranquilo y serio. Era ya desde los primeros tiempos un poco la cabeza pensante. Mientras que Pepito recibía la dirección de las acciones. Tenía mucha popularidad en la universidad, en parte por su "bichería" criolla y su simpatía natural.

Yo creo que Pepito pensó que iba a morir en la acción del 30 de noviembre. Se arriesgó mucho. Quizás porque siendo jefe de grupo se quedó parado allí, haciendo pasar las calles a sus compañeros, y allí murió. Sabía que era una posición arriesgada, un ataque difícil, y aunque se realizó con éxito, él pensó que no era fácil que saliera con vida de aquello[23].

22. Alfonso Zayas relata una de estas acciones en *Soldado de la Revolución Cubana*, pp. 63–66.

23. Pepito Tey encabezó la escuadra que asaltó y prendió fuego a la

"Pepito estuvo vinculado a Frank desde los tiempos de estudiantes. A medida que Frank organizaba los movimientos, Pepito era siempre el segundo suyo. Él trabajaba en el ferrocarril, lo que permitía transmitir mensajes y propaganda a través de sus compañeros de trabajo. Muchos de los obreros en nuestro movimiento eran ferroviarios". —Vilma Espín

Pepito Tey, quien cayó en combate en Santiago de Cuba el 30 de noviembre de 1956, en la acción de apoyo al desembarco de la expedición del *Granma*.

Pepito incluso se despidió de los compañeros aquella noche. Les dijo que lo único que quería era que le pusieran una rosa blanca. A mí me llamó a las 7 de la mañana y me dio un recado para Frank, pero era un poco para despedirse de todos. Pensó que iba a morir, pero estaba convencido de que la acción era necesaria. Era un muchacho nervioso, menudo y delgado, pero con mucho espíritu y muy fogoso.

PREGUNTA: ¿Hasta cuándo siguieron sin noticias de los compañeros del *Granma*?

ESPÍN: Alrededor del día 20 de diciembre tuvimos por fin un contacto. Vino un campesino de la zona a avisarnos que Fidel estaba vivo, y esto confirmó nuestra seguridad, porque estábamos seguros de que todas aquellas bolas de que lo habían matado eran mentiras. Este campesino incluso planteó que pedían cosas, y empezamos el trabajo de enviarles materiales.

Al propio tiempo se comunicó que iba a bajar uno de los compañeros de la Sierra. Resultó ser Faustino, quien llegó el 24 de diciembre.[24] Entonces nos lo llevamos para una casa de la familia que había en las afueras. Faustino se sorprendió, porque cada vez que pasábamos por la posta registraban a todo el mundo. Le tocaban las piernas a Frank y no se daban cuenta de quién era. Frank subía a la máquina con nosotros, pasábamos por la posta, nos registraban a todos.

Después Faustino se fue para La Habana y se mantuvo el contacto. Se empezaron a mandar a la Sierra botas, uniformes

estación de policía en Santiago el 30 de noviembre. Los otros dos revolucionarios que murieron ese día —Tony Alomá y Otto Parellada— también cayeron en el ataque a la estación de policía.

24. Faustino Pérez, expedicionario del *Granma*, encabezó la clandestinidad del Movimiento 26 de Julio en La Habana hasta abril de 1958, cuando se le dio la misión de volver a la Sierra Maestra tras el fallido llamamiento a una huelga general el 9 de abril.

y esas cosas. Entonces, ya en febrero, Faustino informó que el periodista Herbert Matthews[25] del *New York Times* quería venir a entrevistar a Fidel. Por todas partes se afirmaba que Fidel estaba muerto y Matthews quería demostrar que estaba vivo.

Ahí es donde se programó la reunión que se hizo en la Sierra, la primera reunión, donde fueron todos los compañeros de la dirección nacional del Movimiento 26 de Julio a reunirse con Fidel, y se hicieron los planes para los meses siguientes. En ese momento, ninguno de los que fuimos había subido antes a la Sierra. Allí estuvimos tres días.

PREGUNTA: ¿Usted estaba presente cuando el encuentro de

25. El artículo apareció en la primera plana del *New York Times* del 24 de febrero de 1957 bajo el encabezado, "Visitan a rebelde cubano en escondite: Castro aún vivo y sigue luchando en la montaña".

Javier Pazos, miembro del Movimiento 26 de Julio en La Habana, coordinó la entrevista a solicitud de la dirección del Ejército Rebelde. Pazos contactó con Matthews en La Habana, donde él y su esposa Nancie estaban de vacaciones. Matthews relató posteriormente que no pudo dejar pasar la oportunidad de entrevistar a Fidel Castro en la Sierra, y que él y Nancie viajaron en auto como turistas a Manzanillo, provincia de Oriente. Pazos los acompañó en el auto, junto con otros dos cubanos que les presentaron como "Luis" y "Marta". Más tarde Matthews supo que eran Faustino Pérez —según se señaló antes, expedicionario del *Granma* y organizador de la clandestinidad en La Habana— y Liliam Mesa, partidaria del movimiento en La Habana. Según Matthews, desde Manzanillo, Pérez se les adelantó hasta la Sierra, y Pazos y Guerrito Sánchez, un cuadro del Movimiento 26 de Julio, llevaron Matthews en jeep a la montaña. Matthews y Pazos completaron el trayecto a pie, acompañados de Universo Sánchez, combatiente del Ejército Rebelde y expedicionario del *Granma*. Pazos hizo de intérprete en la entrevista. Cuando Matthews regresó de la Sierra, su esposa Nancie se llevó sus siete páginas de apuntes —cada página firmada por Fidel Castro— en su vuelo de regreso a Estados Unidos.

Fidel Castro, el líder rebelde de la juventud cubana, está vivo y peleando con éxito en la intrincada y casi impenetrable Sierra Maestra, en el extremo sur de la isla.

El presidente Fulgencio Batista tiene la flor y nata de su ejército en la región, pero hasta ahora los soldados están librando una batalla perdida para destruir al enemigo más peligroso que ha enfrentado el general Batista en su larga y azarosa carrera como dirigente y dictador cubano.

Esta es la primera noticia segura de que Fidel Castro todavía está vivo y todavía está en Cuba...

Este reportaje, entre otras cosas, romperá la censura más férrea en la historia de la República Cubana. La Provincia de Oriente, con sus 2 millones de habitantes, sus ciudades prósperas, tales como Santiago, Holguín y Manzanillo, está tan completamente aislada de La Habana como si fuera otro país. La Habana no sabe, ni puede saber, que miles de hombres y mujeres están de corazón y alma con Fidel Castro y su nuevo trato que ellos consideran que él representa...

"Llevamos 79 días de combates y ahora estamos más fuertes que nunca", dijo el señor Castro. "Los soldados están peleando pobremente; tienen la moral baja y la nuestra no podría ser más alta. Estamos matando a muchos, pero cuando tomamos prisioneros nunca los fusilamos. Los interrogamos, les hablamos amablemente, les quitamos sus armas y equipos y los ponemos en libertad.

"Yo sé que después siempre son arrestados, y hemos oído que algunos fueron fusilados para escarmentar a los demás, pero ellos no quieren pelear, y no saben cómo pelear en este tipo de guerra en la montaña. Nosotros sí sabemos.

"El pueblo cubano escucha todo tipo de cosas acerca de Argelia, pero no escucha ni una palabra acerca de nosotros, gracias a la censura. Usted será el primero en decirles. Tengo seguidores por toda la isla. Todos los mejores elementos, sobre todo la juventud, están con nosotros. El pueblo cubano aguantará todo menos la opresión".

HERBERT MATTHEWS

New York Times
24 de febrero de 1957

Frank y el Che Guevara en la Sierra?

ESPÍN: Sí. Eso fue en febrero de 1957. En esa reunión hubo algo que a mí me impresionó mucho. "Frank nos dio una callada lección de disciplina", dijo el Che contando la anécdota. Y de renunciación, diría yo.

Lo que ocurrió fue lo siguiente. Yo llevaba una sayuela de vuelos, de esas de nansú que se usaban entonces, y allí me cambié y me puse pantalones. Ese día nosotros nos fuimos a otro campamento y Frank se quedó durmiendo allí. Había llovido en la Sierra y hacía mucho frío. Él estaba dormido ya, pero como tiritando, y me acuerdo que le tiré la sayuela encima y me fui. Cuando se despertó, cogió la sayuela, la hizo tiras y con esos trozos limpió las armas durante los dos días que estuvimos allí.[26]

26. Guevara relató el incidente en *Pasajes de la guerra revolucionaria* (La Habana, Editora Política, 2000), p. 52.

The New York Times.

NEW YORK, SUNDAY, FEBRUARY 24, 1957. TWENTY-

Cuban Rebel Is Visited in Hideout

Castro Is Still Alive and Still Fighting in Mountains

This is the first of three articles by a correspondent of The New York Times who has just returned from a visit to Cuba.

By HERBERT L. MATTHEWS

Fidel Castro, the rebel leader of Cuba's youth, is alive and fighting hard and successfully in the rugged, almost impenetrable fastnesses of the Sierra Maestra, at the southern tip of the island.

President Fulgencio Batista has the cream of his Army around the area, but the Army men are fighting a thus-far losing battle to destroy the most dangerous enemy General Batista has yet faced in a long and adventurous career as a Cuban leader and dictator.

This is the first sure news that Fidel Castro is still alive and still in Cuba. No one connected with the outside world, let alone with the press, has seen Señor Castro except this writer. No one in Havana, not even at the United States Embassy with all its resources for getting information, will know until this report is published that Fidel Castro is really in the Sierra Maestra.

This account, among other things, will break the tightest censorship in the history of the Cuban Republic. The Province of Oriente, with its 2,000,000 inhabitants, its flourishing cities such as Santiago, Holguin and Manzanillo, is shut off from Havana as surely as if it were another country. Havana does

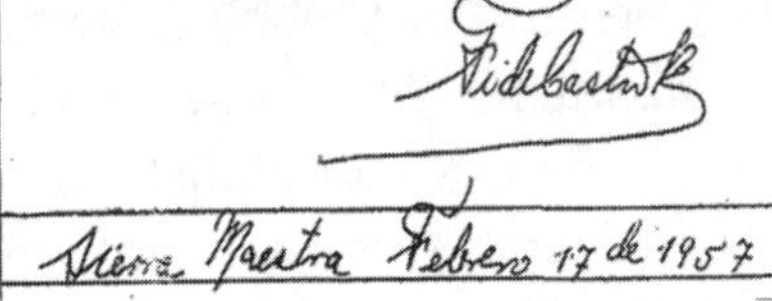

The New York Times

Fidel Castro at a heavily shaded outpost on Feb. 17. He gave the signature to the correspondent who visited him.

Portada del *New York Times*, 24 de febrero de 1957. El titular dice, "Visitan a rebelde cubano en escondite: Castro aún vivo y sigue luchando en la montaña".

Frank tuvo por un momento la breve esperanza de poder quedarse en la Sierra, porque ese era el tipo de lucha que correspondía a su manera de ser, a sus íntimos deseos. No pudo quedarse, y al bajar me dijo algo que no recuerdo textualmente, en el sentido de que a nosotros nos tocaba la otra parte de la lucha, la de la clandestinidad.

PREGUNTA: ¿Qué significaba para ustedes poder incorporarse a ese frente de batalla en la Sierra?

ESPÍN: Era una garantía de morir peleando, de no morir cazados. Era tremendo morir cazados para nosotros. Además Frank siempre aspiró a una guerra de guerrillas, incluso el 30 de noviembre estuvimos a punto de ir para la Sierra. Para él eso era lo más que podía desear alguien. Ir a la Sierra era pelear frente a frente al enemigo, no tener que esconderse, dormir tranquilo, ganar fuerzas y al otro día trabajar y pelear. Ir por las montañas, llevar la mochila, hacer una guerra franca, ¿no? Era un frente de batalla más atractivo que el otro, indudablemente.

El primer encuentro con los compañeros de la Sierra fue tremendamente emocionante. Habíamos estado pensando dónde estaban, qué había pasado, y ahora los íbamos a ver. Salimos de Manzanillo y al poco rato ya habíamos llegado. Era el atardecer, ya casi oscuro. Levanté la vista y vi la silueta de un guardia con casco. Salté y me tiré detrás de un matojo. Pero al momento vi que me había equivocado: era de los nuestros, era Guillermo García.

Hacía como mes y medio que García estaba en la Sierra y ya estaba bastante sombreado. A Fidel ya se le veía un poco la barba, y al Che también, pero Raúl solo tenía el pelo largo. Ya casi no tenían uniformes. Habían sido duras las jornadas. Estaban todos ripiaditos y eran muy pocos, unos veintitantos.

¡Qué alegría nos dio verlos allí animosos y curtidos por la dura vida de campaña! Fidel como siempre, ya desde entonces, lleno de optimismo y confianza en el porvenir, rebosante de energía y entusiasmo.

PREGUNTA: ¿Cómo se realizó la misión de recibir a Matthews y llevarlo a la Sierra?

ESPÍN: Este trabajo no nos correspondió a nosotros. Faustino lo trajo hasta Manzanillo.

De Santiago fuimos Armando, Haydée, Frank y yo, que iba de chofer como siempre. Llegamos a Manzanillo y al otro día nos llevaron allá arriba. Estaban muy cerca, prácticamente en el llano, corriendo realmente un riesgo.

PREGUNTA: ¿Masetti también estuvo en la Sierra?[27]

ESPÍN: Masetti sí estuvo en Santiago varias veces, pero eso fue al año siguiente, en 1958. Estuvo con el Che, hizo reportajes y llevó noticias fuera.

Las cosas que se hicieron por el gobierno en aquella etapa fueron las más absurdas del mundo. A raíz del desembarco del *Granma* mandaron a Santiago las tropas de Barrera,[28] compuestas por soldados que no conocían a nadie en la ciudad. Llevaban redes en los cascos, como si estuvieran en campaña. Iban peinando las calles, uno por cada lado. Frank estaba asomado a la ventana y un soldado le dijo, "¡Psss! ¡Muchacho, cierra la puerta!" Cosas así, ¿no?

Uno, por ejemplo, abría la puerta y de momento se encontraba un guardia apuntándole con un fusil, pero no sabía nada de nada.

Daban muchos palos de ciego al principio. Gastaban el dinero sin pelear.

En la reunión que tuvimos en la Sierra, Fidel escribió un manifiesto explicándole al pueblo lo que había pasado, dónde estaban, el porqué de la lucha. Explicó qué era el Movimiento

27. Ver en el glosario, Jorge Masetti.

28. Ver en el glosario, Pedro Barrera.

26 de Julio y llamó al pueblo a la lucha. Ya en ese momento nosotros teníamos todo el aparato de propaganda, de acción, de coordinación, de sabotaje, etcétera, y pudimos distribuir el manifiesto por toda la isla.

Todavía era muy pequeñito el Ejército Rebelde. Eran unos veintitantos compañeros entre el grupo inicial y los campesinos que se habían sumado. Entonces Fidel, en esa reunión, habló con Frank para que le mandara 50 compañeros de los que estuvieran más "cujeados" en la lucha en Santiago. Inmediatamente, cuando bajamos, preparamos el primer grupo en cuestión de 10 días. En él iban nuestros mejores compañeros. Ahí estaban Furry; Jiménez; Nanito Díaz, que murió en el Uvero; Domínguez, "el fotógrafo"; y una serie de compañeros que habían peleado cuando el 30 de noviembre, que estaban muy "quemados", conocidos ya, y era bueno sacarlos de la ciudad.[29]

A ese grupo se le preparó muy bien. Se les hizo a todos uniformes, mochilas, botas, y además se mandó un equipo completo para todos los compañeros que ya estaban en la Sierra. En ese mes se les había desbaratado la ropa, los zapatos y todo.

Ya en esta etapa el Movimiento 26 de Julio siguió ganando fuerza. Procurábamos divulgar todas las acciones que se hacían en la Sierra para que se conociera que Fidel estaba activo. La entrevista de Matthews también sirvió para dar un impacto internacional a la lucha revolucionaria en Cuba.

Con Armando allá en Santiago se inició la Resistencia Cívica, la organización de toda una serie de gente de la burguesía y de la pequeña burguesía que estaban contra el gobierno

29. Ver en el glosario, Abelardo Colomé (Furry); Reynerto Jiménez; Emiliano Díaz (Nano, Nanito); El Uvero, batalla de; Guillermo Domínguez.

La campaña de la Sierra Maestra ha servido para demostrar que la dictadura, después de enviar a la zona de lucha sus mejores tropas y sus más modernas armas, es incapaz de aplastar a la revolución. Y frente a esa situación de impotencia, cada día son más las armas en nuestro poder, más los hombres que se unen a nosotros, mayor la experiencia de lucha, más extenso el campo de acción, más detallado el conocimiento del terreno y más absoluto el respaldo de los campesinos. Los soldados están hastiados de la agotadora, extenuante e inútil campaña...

Al pueblo de Cuba, el Movimiento Revolucionario 26 de Julio lanza las siguientes consignas:

1. Intensificar la quema de cañas en toda la zona azucarera para privar a la tiranía de los ingresos con que paga a los soldados que envía a la muerte y compra los aviones y las bombas con que está asesinando a decenas de familias...
2. Sabotaje general de todos los servicios públicos y de todas las vías de comunicación y transporte.
3. Ejecución sumaria y directa de los esbirros que torturan y asesinan a revolucionarios...
4. Organización de la resistencia cívica en todas las ciudades de Cuba.
5. Intensificación de la campaña económica para atender los gastos crecientes del movimiento.
6. La huelga general revolucionaria como punto culminante y final de la lucha.*

FIDEL CASTRO

Manifiesto al pueblo de Cuba
20 de febrero de 1957

y que ayudaban con dinero, escondían compañeros, daban medicinas, hacían ropa, brazaletes, todas esas cosas.

En realidad, podemos decir que toda la ciudad de Santiago de Cuba comenzó a trabajar en la conspiración. En el barrio nuestro, San Jerónimo, todas las casas funcionaban juntas. Quisiera que entrevistaran a compañeros y compañeras que participaron en la lucha en la base, que no son conocidos. Ese material sería muy rico, verdaderamente interesante y daría una idea más clara de todo el heroísmo desplegado cada día por las filas del Movimiento 26 de Julio en Santiago de Cuba. La Resistencia Cívica era un frente amplio, de apoyo, mientras que el Movimiento 26 de Julio era la gente de lucha, de acción, de propaganda.

Pero el apoyo de la población era inmenso. Cuando dábamos una consigna, la gente la cumplía a pie juntillas. Por ejemplo, se decía, "El día tal no se enciendan la luces, apáguense todas las radios: ciudad muerta". Y al atardecer Santiago de Cuba se quedaba a oscuras. "No vayan al cine". Empezamos a sabotear todas las actividades sociales. Desde el 30 de noviembre ya no hubo más actividades sociales, no hubo más vida social en Santiago. Todavía los primeros meses iba alguna gente al cine, pero hacia abril o mayo de 1957 todo estaba oscuro, como un toque de queda, y nadie iba a ninguna parte.

El Movimiento 26 de Julio fue cada vez teniendo un control mayor. Frank tenía toda una organización muy disciplinada. Frank era una personalidad muy fuerte, muy inteligente. Él tenía unas condiciones tremendas, incluso militares, que nunca tuvo oportunidad de desarrollar. Era muy maestro y

* Fragmentos de Pedro Álvarez Tabío y Heberto Norman Acosta, *Diario de la guerra* (La Habana: Oficina de Publicaciones del Consejo de Estado, 2010), Vol. 1, pp. 362–64.

FOTOS: OFICINA DE ASUNTOS HISTÓRICOS DEL CONSEJO DE ESTADO

Arriba: Frank País, Faustino Pérez, Fidel Castro y Armando Hart en la primera reunión de la dirección del Movimiento 26 de Julio —de la montaña y las ciudades— en la Sierra Maestra, 17 de febrero de 1957. Hasta entonces, dijo Ernesto Che Guevara, la "vida nómada y clandestina" del Ejército Rebelde "había hecho imposible un intercambio entre las dos partes del 26 de Julio."

Abajo: Fidel Castro es entrevistado ese mismo día por Herbert Matthews, corresponsal del *New York Times*. Cuando un funcionario del régimen de Batista alegó que la entrevista era inventada, la publicación de la foto causó sensación en Cuba, Estados Unidos y a nivel internacional.

militar. Naturalmente, Frank evolucionó muy rápidamente en toda aquella situación, no solo desde el punto de vista militar, del dirigente, sino incluso políticamente. Él era bautista, con un espíritu de clase y unas ideas sociales muy fuertes, y además con un sentido muy arraigado de la justicia, de la disciplina, del orden. También se preocupó mucho de la cosa campesina, es decir, de cómo debía ser la revolución para el campesinado.

Frank tenía gran interés en estudiar los problemas políticos. Era muy preocupado por aumentar sus conocimientos en este sentido. Su pensamiento evolucionó mucho. Incluso en uno de los últimos documentos que elaboró antes de su muerte, planteaba una serie de ideas sobre el futuro de nuestro país y mencionaba el socialismo.

PREGUNTA: ¿Cuál era la preocupación de Frank por la calidad moral de los compañeros que se reclutaban?

ESPÍN: Se tenía una disciplina muy estricta, incluso en los inicios del Movimiento 26 de Julio. Cuando hubo fallas —individuos que robaron un arma, o que vendieron un arma— la pena era de muerte. Siempre se mantuvo ese nivel de disciplina durante la lucha.

En Santiago de Cuba había la conciencia, desde que estaban el MNR y el ALN, de que aquel que fuera capaz de hablar, por torturas o por cualquier cosa, tenía que morir: "Si no te mueres allí, te tienes que morir fuera", se decía. Y era una cosa muy arraigada. Esto lo sabían los muchachos del 26 de Julio y lo sabía la población. No se podía hablar, porque costaba la vida de otros. Eso era una cosa muy fuerte. Cualquier falla moral era una cosa muy violenta.

Claro, se cuidaba la moralidad del combatiente en todos los sentidos, en el sentido del respeto a las compañeras, en todas las cosas en general.

A Frank se le respetaba tremendamente. Todo el mundo

lo quería y lo admiraba, pero se le respetaba siempre. Al principio de la lucha Frank era un muchachito. Después fue cogiendo hasta barba. Pero como yo les decía después a los compañeros: Me hace gracia, porque uno ve al muchachito este sonrosado, y cuando le habla a los politiqueros y a gente con problemas, estos tiemblan.

Cuando había que hacer un ajusticiamiento, Frank hablaba con los muchachos antes, y les explicaba por qué había que hacerlo. Trataba de escoger a los compañeros que tuvieran más desarrollo, más madurez.

Nos preocupaba mucho la cosa del trauma en los más jóvenes. La vida del clandestinaje era una vida muy presionante, muy violenta. Destruye mucho a la gente. Los muchachos se ponían muy nerviosos si cualquiera llegaba de momento o se producía un frenazo; daban un salto. La sensación esa que se tiene en la vida de la ciudad, que no se tiene, por ejemplo, en la Sierra, donde se pensaba, "Bueno, si me matan, me mataron en un combate", sino que allí uno se sentía como un animal perseguido. Uno sentía que lo acorralaban, sencillamente, y no tenía posibilidad de salir con vida. Además la muerte venía después de la prisión, las torturas. Era muy duro. Muchos querían irse para la Sierra, pero no había las posibilidades, porque no teníamos suficientes armas. Mantener a todos esos muchachos tan perseguidos, encerrados en las casas, era muy duro.

Frank fundaba su ideología política en el pensamiento de José Martí y lo traducía en conciencia de la disciplina, de la lucha y del sacrificio. Antes del alzamiento del 30 de noviembre, yo le hablaba de los peligros morales que corrían los compañeros que debían realizar atentados personales. Él preparó toda una serie de materiales con Pepito Tey, a partir de obras de Martí y algunas obras sobre las guerrillas, ejemplos de la lucha contra el nazismo, y se consiguieron algunos libros que fueron pasando entre los muchachos de acción.

Frank empezó muy rápidamente a cobrar conciencia de qué cosa era la lucha, qué cosa era una revolución, a hablar del futuro. Nosotros no podíamos hablar en términos de marxismo, porque entre la juventud de aquella época solo una minoría reducida tenía la conciencia de lo que era el marxismo, el socialismo y el comunismo. Nuestros conocimientos sobre la Revolución de Octubre [de 1917 en Rusia] eran muy vagos y tergiversados.

Frank me dijo que tenía que estudiar mucho, prepararse para el futuro. Por su forma de hablar uno se daba cuenta de que él no pensaba llegar al final de la lucha. Sobre todo después que mataron a su hermano Josué,[30] ya tuvo idea de que él no duraba mucho. Incluso en las cartas a Fidel, él decía, "Si me dan un poco más de tiempo, podré hacer esto y esto". Y lo decía muy consciente, ¿no? "Están las cosas muy apretadas, voy a tratar de ganar un poco de tiempo", y era ganarle un tiempo a la vida. Él estaba muy apurado por escribir sus ideas sobre la estructura militar y la estructura política. Muy preocupado porque se hicieran documentos sobre la reforma agraria, sobre cómo debía ser. Sobre las mismas cosas que Fidel mencionaba en *La historia me absolverá*.

Él era muy audaz, muy arriesgado, y exigía que en la acción se fuera así, pero que no se perdiera la vida inútilmente por apasionamientos. En esto luchaba mucho con Josué, que era muy apasionado y muy fogoso. Frank incluso se lo había confiado a Agustín Navarrete, porque Josué se llevaba muy bien con él, y le había dicho, "Trata tú de controlarlo, de amarrarlo un poco, porque no te está haciendo ya caso en esto". Frank

30. Josué País, hermano menor de Frank, fue asesinado en Santiago por las fuerzas batistianas el 30 de junio de 1957, un mes antes que Frank.

VILMA ESPÍN: Desde el punto de vista social, ya en 1957 Frank País fue variando un poco en sus planteamientos. Ya él hablaba de la necesidad de grandes cambios sociales, de que sin eso, esto no era revolución. Aunque todavía no tenía una conciencia muy clara de qué cosa sería, sí hacía planteamientos que, yo podría decir, coincidían con el marxismo.

Un poco nos pasó así a los demás. Yo no había leído el Manifiesto Comunista, pero yo hacía planteamientos de justicia social que uno puede ver en este mismo Manifiesto. Y así hablaba Frank, en este tono. Tenía conciencia de clase muy fuerte. Era un muchacho humilde y muy indignado de la diferencia de clases, que hubiera una clase rica y gente pobre.

SZULC: Usted está diciendo que mucha gente joven de aquella generación llegaba por vía independiente a conclusiones que luego serían marxistas.

ESPÍN: Exacto, en el caso mío también. Yo no tenía mucho conocimiento de las bases del marxismo. Pero a la larga nos dábamos cuenta que coincidíamos con los planteamientos marxistas, en la medida en que nos encontrábamos, durante la lucha, que tuvimos más contactos con los campesinos del Segundo Frente.

Yo diría que en la gran mayoría de nosotros, incluso, en los que éramos universitarios como yo, y hasta los que eran analfabetos como muchos de los campesinos, esto fue gradual. Progresivamente fuimos hacia eso por pura necesidad.

SZULC: ¿Por falta de alternativas?

ESPÍN: No, porque es una realidad completa que aquello había que cambiarlo. Y más en la medida, cuando nosotros fuimos al Segundo Frente, los seis últimos meses de la guerra, que conocimos todavía con más crudeza lo que había vivido aquella gente. La gente no tenía atención ni de salud, ni de educación, nada. La gente vivía en condiciones terribles. Era una zona que era rica en café; sin embargo, los campesinos eran tremendamente pobres. Además, se le quitaba la tierra a los campesinos, les quemaban los bohíos, mataban a la gente. Y eso era impune allí.

En la medida que conocíamos más la historia de estas cosas, nos dábamos más cuenta de que estos cambios tenían que ser muy grandes. Y prácticamente entramos poco a poco en la vía marxista sin discutir nada.*

VILMA ESPÍN
15 DE MAYO DE 1985

admiraba mucho a Josué. Admiraba esas mismas cosas que sabía eran defectos a la larga, pero que, por otra parte, demostraban un carácter muy fuerte, sólido.

En su vida de hogar, Frank era un muchacho muy disciplinado, mientras que Josué era muy rebelde. Y él admiraba la rebeldía de Josué. Todos ellos eran muy introvertidos, callados. Cuando estábamos escondidos en la casa de San Jerónimo, Frank compuso al piano una canción que se llamaba *Melancolía*. Por muchos años me quedó la melodía y después se me ha olvidado. Es una lástima que no se escribió. También

* Entrevista realizada por el corresponsal del *New York Times* Tad Szulc, transcrita por el Consejo de Estado de Cuba. En la Colección de la Herencia Cubana (Cuban Heritage Collection), Universidad de Miami.

tenía una gran sensibilidad para la cosa artística, la belleza de la naturaleza, de la mujer.

Tenía una gran admiración por su mamá. Ella había tenido una vida muy ruda, era una mujer bien fuerte de carácter, y él tenía muchas delicadezas con ella. El Día de las Madres me encargó que le comprara una orquídea y se la mandara a la madre, que no la pudo ver.

Frank, en mi opinión, tenia una concepción de la mujer que posibilitó que pudiéramos trabajar exactamente igual que los hombres en el Movimiento 26 de Julio, porque aunque él tendía un poco a protegerlas del peligro, no hacía diferencias entre los hombres y las mujeres en cuanto a las tareas a realizar, a menos que fueran tareas muy duras físicamente.

Naturalmente, uno piensa en todo lo que hubiera podido hacer Frank después en la revolución, como muchos otros compañeros que cayeron.

PREGUNTA: Cuando fueron a la Sierra en febrero de 1957, ¿usted estaba clandestina ya?

ESPÍN: Todavía no. Aún teníamos a toda la gente en mi casa de Santiago. Ahí es donde teníamos todos los contactos, donde traíamos la dinamita y la mandábamos para la Sierra, donde se hacía todo. De ahí se mandaban los uniformes para Manzanillo, y de Manzanillo para la Sierra. Todo era a través de esa casa, que por cierto, era peligrosa, porque "se quemaba" mucho, y lo que hacíamos era sacar por la noche a los compañeros a las casas de los alrededores. En realidad, todo el barrio conspiraba.

Después de eso, vino una etapa de represión muy fuerte. Es la única vez que me cogieron, pero no llegaron a llevarme al cuartel. Me sorprendieron en un laboratorio dos asesinos del SIM [Servicio de Inteligencia Militar], que fueron enjuiciados y fusilados en enero de 1959, y uno de la Secreta, que era el que tenía más grado. Yo tenía conmigo un paquete de fotos tomadas en la Sierra y en ellas aparecíamos Fidel, Frank, Raúl, Armando, Yeyé y yo, y tuve que hacer todo un teatro para que no me las cogieran. Por fin me volví hasta carterista y se las deslicé en el bolsillo al médico, que era un viejito. Él casi se desmaya, porque creyó que era una pistola, aunque en realidad era peor.

De hecho, el hombre de la Secreta quiso pactar conmigo. Cuando pensó que yo no tenía nada grave, me dijo que quería hablar a solas conmigo en la oficina del mismo médico.

Le pregunto, "Bueno, ¿qué es lo que hay?"

Y entonces me dice, "Óigame, a mí me han dicho que yo estoy en una lista negra".

Entonces yo me quedo mirándolo, no le digo nada.

"Y yo no he hecho nada. Y yo conozco a Josué País y a Pepito Tey; yo fui el que los cogí y no les di ni una galleta. Yo tengo a mi hija, y yo me voy a ir de la Secreta. Yo voy a trabajar en la Texaco". El hombre me echa un llorado.

Entonces yo le digo, "Por lo que usted me dice, parece que usted piensa que yo pertenezco a un movimiento clandestino que tiene una lista negra donde está anotado usted. ¿Entiendo bien la cosa? Usted tiene la esperanza de que yo pueda borrarlo de esa lista negra".

Entonces me dice, "Yo no soy un cobarde".

Digo, "No, pero parece que es precavido".

Entonces, me di cuenta que estaba en superioridad con respecto al individuo de la Secreta. A los otros dos del SIM los pude burlar al colarle las fotos al médico delante de ellos, sin que se dieran cuenta. En definitiva, aunque pasé un buen sofocón, no vieron nada por lo cual detenerme.

Ellos habían ido a registrar mi casa y estaban convencidos de que yo estaba en algo, porque me habían visto en una manifestación. Fue aquella manifestación de las madres santiagueras en protesta por los asesinatos de los revolucionarios.

Frank me había prohibido expresamente asistir, porque fue en los primeros días de enero de 1957 y estaba todo el mundo escondido en mi casa. Ninguno de nosotros debía ir. Pero yo tenía la preocupación de que la gente se fuera a sorprender y se disolviera la manifestación. No desconfiaba de la entereza de las madres, pero no sabía lo que harían los soldados.

La manifestación era enlutada y yo me puse una chaqueta roja y le dije, "No, chico, yo solo voy con la cámara a sacar fotografías". En San Félix y Enramada pararon a la gente, un jeep con tropas del ejército. La gente se quedó un poco impresionada y yo les grité, "¡A cantar el himno!" y empezamos a cantar el himno nacional, más fuerte y más fuerte. Entonces sí me puse delante. Y entonces este cabo, que fue el que me cogió en el laboratorio porque me conocía, se puso a discutir conmigo. Al otro día sacaron una foto en primera plana del *Diario de Cuba*.

Frank me reprendió fuertemente por esta indisciplina.

Después que me prendieron en el laboratorio tuve que ser más prudente. Hasta entonces yo le manejaba el carro a Frank. Yo tenía la teoría de que la gente siempre mira al que está manejando y no al que va al lado. Yo le decía, "Siéntate siempre delante, leyendo una revista, y así te miran menos". Y efectivamente, así era, pero el mismo día que me pasó eso en el laboratorio, me dijo, "Qué va, si tú vas manejando me quemas, porque acaban de detenerte, ¿no?" Entonces se fue él manejando y ahí mismo lo apresaron. Lo tuvieron preso sin saber que era él.

Al otro día, al ver que no aparecía, le avisé a la madre y a las muchachas, que fueran a formar un escándalo al cuartel para que no lo fueran a matar. Además hablamos con todas las fuerzas cívicas, el arzobispado, las embajadas, todo el mundo, para que formaran bastante ruido. Efectivamente, se dieron cuenta de que era Frank, pero no pudieron matarlo, porque

OFICINA DE ASUNTOS HISTÓRICOS DEL CONSEJO DE ESTADO

Santiago de Cuba, 6 de enero de 1957. Marcha para condenar el asesinato de William Soler, joven de 15 años de edad y miembro del Movimiento 26 de Julio, a manos de la policía cinco días antes. Espín (en el círculo) había recibido órdenes de Frank País de no participar. Esta imagen, mostrando cómo ella discutía con un soldado que intentaba dispersar la manifestación, apareció en primera plana de un diario santiaguero al día siguiente.

"Frank me reprendió fuertemente por esta indisciplina", dijo Espín.

había mucho escándalo.

Entonces, entró en el juicio del desembarco del *Granma*.[31] Ahí claro, nosotros teníamos copados, con la Resistencia Cívica, a los abogados y al tribunal, de manera que pudimos sacar a la gente que nos hacía más falta, sobre todo a la gente más joven, de más acción. Los demás se quedaron y los llevaron después para la cárcel de Isla de Pinos.

En el mes de mayo de 1957 soltaron a Frank y empezamos a preparar una serie de acciones, porque fue cuando comenzaron los mítines políticos de Masferrer.[32] Ya desde ese momento Frank no quería que yo participara en ninguno de ese tipo de cosas porque yo era muy fácil de identificar. Entonces me mantuvieron muy clandestina durante varios meses.

Después vinieron los días terribles de junio y julio de 1957. El 30 de junio Masferrer daba un mitin en Santiago. Nosotros íbamos a volarlo, pero fallaron los cartuchos. Entonces, lo que sucedió después fue tremendo: Josué se desesperó, salió a la calle y lo mataron.

Ese 30 de junio fue espantoso. Falló la acción de Santiago. Perdimos la acción en que iniciaríamos el segundo frente. Cogieron a todo el mundo, mataron a un combatiente y tomaron las armas.[33] ¡Qué terribles días! Todo ese mes de julio

31. En mayo de 1957 los expedicionarios del *Granma* capturados por las fuerzas batistianas, así como varios de los combatientes del 30 de noviembre, fueron llevado a juicio en Santiago. El 10 de mayo los 22 expedicionarios del *Granma* fueron declarados culpables y sentenciados a penas de hasta nueve años de prisión. Frank País —arrestado en marzo, bajo las circunstancias descritas arriba por Vilma Espín— y otros de los detenidos a raíz de la acción armada del 30 de noviembre en Santiago fueron absueltos y excarcelados.

32. Ver en el glosario, Rolando Masferrer.

33. En un intento inicial de abrir un segundo frente para quitarles presión a los combatientes en la Sierra Maestra, se preparó un ataque

lo pasamos recuperándonos de aquello. Fui a ver a Frank un domingo, creo que el 20 de julio. Estuvimos hablando sobre la muerte de Josué. Ya él había escrito aquella poesía a su hermano.

Estuvimos conversando y ahí fue donde Frank me planteó que tomara la coordinación de la provincia, porque él tenía que dedicarse a un gran trabajo organizativo. Él dirigía el Movimiento 26 de Julio en toda la provincia, pero además dirigía la acción nacionalmente. Tenía realmente una presión tremenda; estaba muy perseguido. Por otro lado, él estaba tratando de establecer las bases de lo que serían las milicias. Escribió una serie de documentos para Fidel, haciéndole proposiciones sobre la estructura militar del Ejército Rebelde y de la dirección de las milicias nacionales.

Frank también hizo el juramento de las milicias. Cuando los compañeros entraban en la célula de acción, hacían un juramento realmente muy fuerte pero muy bello. ¡Es un juramento tremendo!

Se guardaban los juramentos en un banco que usábamos en forma clandestina. Ahí teníamos el archivo donde aparecían los nombres reales de los compañeros. Era peligrosísimo pero era un compromiso muy serio. Eso nunca cayó en manos de nadie. Se guardó entre los papeles del banco y nadie se enteró nunca de eso. Lo tenía un compañero que por entonces no aparecía ante nada. Su misión en aquel momento era esa, aunque era una gente muy activa. Es Ortega, el esposo de La Francesa, que es una gente muy buena, muy valiente, y además muy discreto, supo trabajar muy bien siempre. Nosotros

---

para el 30 de junio de 1957 contra el cuartel militar cerca del central azucarero Miranda, en el noreste de la provincia de Oriente. La policía se había enterado y arrestó a los combatientes antes de que pudieran lanzar el ataque.

tuvimos en su casa escondido a todo un grupo de acción muchísimo tiempo.

PREGUNTA: ¿En "la cueva"?[34]

ESPÍN: Sí, en "la cueva". Así hubo muchas familias que dieron un apoyo tremendo al Movimiento 26 de Julio, y hasta ellos mismos participaron en los casos.

PREGUNTA: Diez días antes de la muerte de Frank...

ESPÍN: Diez días antes, Frank me planteó que me hiciera cargo de la coordinación de la provincia para que él pudiera ocuparse de toda la acción nacional y disponer de algún tiempo a escribir y estudiar.

Después de estar en su casa, donde lo vi por última vez, posteriormente solo tuve contacto con Frank por teléfono. Él se había mudado para otra casa, pero allí había una muchacha que estaba en estado y ella se puso muy nerviosa con la preocupación de que lo fueran a prender. Entonces él se preocupó mucho de esto y se fue para una casa que él mismo había vetado, porque en ese lugar ya habían ido a detener a un compañero una vez. Este pudo escaparse, pero precisamente era una casa que no tenía salida por detrás. Era de una gente muy segura, Raúl Pujol, pero esa casa era una ratonera.

Frank me llamó por teléfono unos dos días antes para que yo hiciera un contacto importante para una operación destinada a sacar un compañero y obtener armas en el extranjero. Cuando lo llamé, ya no estaba en casa. Él no me llamó ese día, ni durante todo el día siguiente, cosa que me extrañó mucho, porque él llamaba tan pronto se mudaba de casa, para poder tener contacto con él.

Ya el 30 de julio yo estaba escondida en una casa de Vista Alegre, cerca del zoológico. Como a las cuatro de la tarde me

34. La "cueva" era el sótano del edificio en Santiago donde vivían Claudia Rosés ("La Francesa") y Carlos Ortega.

llamaron, que había un revuelo por la zona donde vivía Pujol, pero yo no sabía que Frank estaba allí. Él me acababa de llamar dos veces. La primera vez, yo empecé a preguntarle por qué no me había llamado, y a informarle el resultado de las gestiones que él me había encargado. Pero yo hablaba muy rápidamente. A lo mejor él me iba a decir algo y yo enseguida le hablé. Me dejó decirle todo, y colgó.

Como a los 10 minutos él me llamó de nuevo, pero no puedo recordar lo que me dijo; creo que era sobre la misma misión que me había encargado. En ese momento ya iba a salir de la casa y no me dijo nada tampoco de lo que estaba pasando.

Después de eso, me llamaron los compañeros que teníamos de contacto en la compañía de teléfonos. Me dijeron que había un tiroteo (incluso yo sentía los tiros lejanos) y que estaban persiguiendo a alguien por el techo. Les dije que le avisaran a todo el mundo para que fueran allá a ver si los podían ayudar. A través de esos contactos teníamos controlados los teléfonos; el compañero de la planta telefónica, Carlos Amat, avisaba a qué zonas podíamos llamar libremente. Incluso para las llamadas locales preguntábamos, "¿Se puede llamar por tal zona?" y me avisaba que sí se podía o no, que en ese momento los interventores estaban puestos frente a esa zona de números en la pizarra, o no.

Bueno, en ese momento Amat me llamó y me dijo que si quería coger una llamada de Salas Cañizares a Tabernilla,[35] si mal no recuerdo. La cogí, y oí que decían, "Oiga, jefe, aquí le voy a poner al que se ganó", y no recuerdo qué dijo, fue una grosería. "Aquí está Sariol, que fue el que lo hizo". Entonces salió Sariol y dijo, "¿Los 3 mil son míos, jefe? Matamos a Frank País ahora mismo". Ahí mismo Amat me cortó la llamada

35. Ver en el glosario, José María Salas Cañizares y Francisco Tabernilla Dolz.

cuando se dio cuenta de lo que estaban diciendo, por temor a que yo fuera a hablar y ellos me pudieran oír. Fue una cosa tremenda.

Empezamos a llamar y nos enteramos de los detalles. René Ramos Latour (Daniel) había estado con Frank poco antes a coordinar un trabajo. Lo encontró muy deprimido, porque hacía un mes que habían matado a Josué. Estuvo con él, y Daniel se fue.

Después vino el comandante Villa, Demetrio Montseny, con una camioneta. Él quiso llevarse a Frank, porque ya estaban rodeándolos, pero Frank ya había hablado con Pujol, quien venía con una máquina de alquiler a recogerlo en la esquina. Y le dijo, "No, mejor me voy con Pujol, que ya viene para acá. Vete tú primero". Pujol no estaba clandestino.

Entonces, cuando llegó Pujol, fue a buscar a Frank hasta la casa y cuando salían los cogieron.

Más o menos hemos reconstruido con Ñeña, la mujer de Pujol, y con su hijo Raulito, que cuando eso tenía 13 años, lo que pasó entonces. Ellos estaban allí y lo vieron todo. Dicen que al salir les pegaron y los montaron en el carro. Ñeña salió corriendo detrás del carro, gritando, y todo el barrio salió también. Pero los policías se dieron cuenta que si no los mataban rápido no los podían matar después; ya les había pasado la vez anterior. Cuando llegaron al callejón, dos cuadras y media más abajo, los bajaron y los mataron ahí mismo.

Esa misma tarde supimos que quien los había delatado era una mujer, una querida que tenía Laureano Ibarra, que había visto a Frank entrar en casa de Pujol. A esta mujer inmediatamente la sacaron de la casa de Ibarra y la mandaron para la casa de una muchacha que nosotros conocíamos, porque había estado en la universidad, hija de uno de los esbirros de Ibarra, que le decían El Negro Martínez. Ellos actuaron muy rápido; la metieron en un barco que estaba en el puerto y la mandaron para Santo Domingo directamente.

Cuando ella dijo que lo había visto, incluso trajeron al mismo que lo había identificado la otra vez en el cuartel, que era un compañero de Frank de la Escuela Normal, un tal Randich.[36] Lo pusieron allí, y efectivamente, él fue quien lo identificó, y por eso enseguida rodearon la casa. Nosotros ajusticiamos después a Randich.

Bueno, esa tarde fue tremenda para todos nosotros. Inmediatamente llamamos a la mamá de Frank, doña Rosario, y a su novia, América Domitro, para que fueran enseguida a reclamar el cadáver.

Frank estaba tirado en medio de la calle y todo el pueblo se fue arremolinando allí. Se pusieron cordones. Había una situación popular tremenda. Frank estaba muerto, y Santiago de Cuba estaba hirviendo. Esa misma tarde los dueños de los almacenes y la gente de la Resistencia Cívica empezaron a llamarme para decirme que la gente quería cerrar y hacer una huelga: los patronos y los obreros, todo el mundo. Todo el mundo se puso de acuerdo y empezaron a cerrar.

Por fin, me pusieron a Rosario al teléfono. Entonces yo le dije, "Usted tiene que ir y fajarse de cualquier manera, con los dientes, de cualquier manera, para que le entreguen el cadáver de Frank". Y ella, que es una mujer de un temple tremendo, arrancó para allá con una fuerza enorme.

Las autoridades ya lo habían llevado para el necrocomio cuando ella llegó, porque en los primeros momentos la gente quería llegar hasta el cadáver y hubo forcejeo con los guardias. La reacción popular fue espontánea, muy poderosa, y desde ese momento se paró la ciudad; la gente se dedicó a ir donde estaba Frank. Entonces ellos entregaron el cadáver. Actuaron inteligentemente en ese momento: lo que hicieron

36. Ver en el glosario, Luis Mariano Randich.

Durante los primeros meses de 1957, mientras se consolidaba nuestra guerrilla en la montaña, ocurría un dinámico proceso de reorganización del aparato clandestino del Movimiento 26 de Julio en las ciudades, y de fortalecimiento de su acción, bajo el impulso de la actividad de Frank País, quien fungía desde Santiago de Cuba como responsable nacional de acción del movimiento en ese período y, de hecho, como su dirigente clandestino...

Una de las prioridades de la actividad de Frank durante las últimas semanas de su vida fue el impulso de la sección obrera del movimiento, la cual, dentro de nuestra concepción revolucionaria, cuando el ataque al Moncada debía ser la estocada final contra la tiranía después que levantáramos y armáramos la ciudad de Santiago de Cuba. La guerra en las montañas sería la alternativa si el llamado a la huelga no tenía éxito.

Uno de los mayores golpes para el Movimiento 26 de Julio y para la lucha revolucionaria en Cuba ocurrió el 30 de julio de 1957, cuando Frank País fue apresado en Santiago y asesinado en plena calle. La muerte de Frank provocó una reacción popular espontánea de tal magnitud que la ciudad quedó virtualmente paralizada durante varios días.

El entierro del joven luchador se convirtió en la manifestación de rebeldía más masiva de la historia santiaguera hasta ese momento, y en expresión elocuente del repudio generalizado contra el régimen y el sentimiento de rebeldía de la población de Santiago.*

FIDEL CASTRO
2010

* En Fidel Castro, *La victoria estratégica: Por todos los caminos de la Sierra*, pp. 2–3.

fue replegar todas las fuerzas y acuartelarlas, mientras la gente se aglomeraba alrededor de la casa de América, que fue donde se tendió.

Allí se le puso el uniforme. Frank tenía dos vocaciones bien marcadas, pero yo diría que la primera era la de militar y la segunda la de maestro. Yo insistí en que le pusieran el uniforme y la boina sobre el pecho, porque a él le gustaba mucho la boina y la usaba desde antes, y que le pusieran una rosa blanca sobre la boina y el brazalete del 26 de Julio. Además, los grados de tres estrellas correspondientes al plan de los nuevos grados que él estaba elaborando para mandárselo a Fidel.

El entierro fue una manifestación de todo el pueblo.[37] Los centros de trabajo estaban cerrados; no había fuerzas públicas por ninguna parte. La ciudad entera estaba tomada por el pueblo. La gente que no iba en el entierro tiraba flores a su paso. Hubo el caso de gente de la Marina que esperó el entierro y se cuadró cuando pasaba. Fueron los que participaron, menos de dos meses después, en la acción de Cienfuegos[38].

¡Cuánto hubiera querido participar en ese homenaje popular a Frank! Pero tenía órdenes en ese sentido, precisamente de Frank, que me había hecho una crítica por haber salido cuando la manifestación de madres. Había una verdadera disciplina en cuanto a esto de no salir cuando no se ordenara, pero en ese momento fue muy duro para mí cumplirla.

37. Se calcula que participaron unas 60 mil personas, más de la tercera parte de la población de Santiago de Cuba en ese entonces.

38. El 5 de septiembre de 1957, fuerzas antibatistianas en las filas de la marina de guerra se sumaron a combatientes del Movimiento 26 de Julio para tomar la base naval de Cienfuegos, distribuir armas y tomar la ciudad. Las acciones simultáneas que también se habían planeado en otras bases navales nunca se realizaron. El levantamiento en Cienfuegos fue aplastado al día siguiente.

PREGUNTA: ¿Al otro día se realizó una manifestación, a la mañana siguiente?

ESPÍN: Sí, llegaba el embajador de Estados Unidos, Smith, no sé por qué razón. Creo que la visita de él y de su mujer era para dar una apariencia de normalidad en la isla o algo por el estilo.

Nosotros organizamos inmediatamente una manifestación de mujeres enlutadas para que fueran a pararse en el Parque Céspedes, frente al ayuntamiento, y que formaran mucho ruido. Todo el mundo se vistió de negro. Se fajaron con la policía y Gloria Cuadras mordió a Salas Cañizares en un dedo, que casi se lo arranca.[39] A todas les echaron agua con mangueras y a Nuria García[40] la galletearon. La mayoría no pudo ir al entierro porque se las llevaron presas, pero se consiguió dar un escándalo enorme. La esposa del embajador, que no estaba acostumbrada a ver esas cosas tan de cerca, se afectó al ver que la policía golpeaba a las mujeres mientras ellas gritaban "¡Asesinos!"[41]

Ya por la tarde fueron al entierro. Había una situación de emotividad y de indignación muy grande. De verdad Frank tenía mucho prestigio; era el jefe del movimiento clandestino

39. Ver en el glosario, Gloria Cuadras.

40. Nuria García era una combatiente de la clandestinidad del Movimiento 26 de Julio en Santiago.

41. En un reportaje desde Santiago el mismo día de la protesta, el *New York Times* informó que "200 mujeres se manifestaron contra el Gobierno frente al Ayuntamiento" mientras "el embajador estadounidense Earl E.T. Smith recibía las llaves de la ciudad". La policía intentó disolver la manifestación; "fueron movilizados los soldados y se trajo un camión de bomberos al sitio, donde empapó de agua a las mujeres". Cuando las mujeres se mantuvieron firmes frente al ataque, "fueron aclamadas por varios miles de personas que se habían congregado en las aceras y los balcones cercanos".

BOHEMIA

"La mañana siguiente del asesinato de Frank, llegó a Santiago el embajador de Estados Unidos, Earl Smith. Organizamos una manifestación de mujeres enlutadas frente al ayuntamiento. . . La policía les echó agua con mangueras y algunas fueron golpeadas. La esposa del embajador se afectó. No estaba acostumbrada a ver que la policía golpeaba a mujeres mientras gritaban '¡Asesinos!' "

—Vilma Espín

Santiago de Cuba, 31 de julio de 1957. Mujeres mantienen firme su protesta a pesar del ataque de la policía con cañón de agua.

de acción en toda la isla, no solo en Oriente.

PREGUNTA: ¿Quién sustituyó a Frank?

ESPÍN: Tuvimos una situación muy difícil, porque no estaban allá ni Haydée, ni Armando, ni Faustino Pérez, ninguno de los compañeros de la dirección nacional. La coordinación nacional la tenía Faustino, pero el jefe de acción a ese nivel era Frank, y Faustino, como estaba en La Habana, quedaba muy aislado.

René Ramos Latour —lo llamábamos Daniel— había estado coordinando una serie de acciones con Frank. Entonces yo planteé que Daniel, como había tenido tanto contacto con Frank en cuanto a los aspectos de acción, fuera el que tomara la dirección de este frente. Se lo planteé a él esa misma tarde, y él se quedó… "¿Cómo yo voy a ser…? ¡Imagínate… Frank!"

Dijo, "No, no es que tomes toda la dirección, sino la de acción por lo menos".

"Bueno", le dije, "de todas maneras, como yo no puedo decidir esto, ve inmediatamente a La Habana, habla con Haydée, pónganse de acuerdo con los compañeros del movimiento". Así se hizo, y Daniel quedó como jefe nacional de acción, que luego se ratificó por Fidel.

A Daniel nosotros le llamábamos "El Hombre de Nicaro". Era muy serio, y uno de los mejores. A través de él conseguimos muchos materiales en Nicaro. Era extraordinariamente cumplidor y organizado.

Frank había pensado mandarlo a la Sierra. Daniel se había quemado mucho en la ciudad, y además era una gente de mucho peso, de mucha seriedad. Un compañero contaba que una vez le había llevado la mochila a Daniel en la Sierra, y notó que pesaba tremendamente. Era que venía cargada de libros. Él tenía mucho afán por estudiar cuestiones políticas, pero bueno, en aquel momento había muy poco tiempo para estudiar. Él admiraba mucho al Che, le tenía un afecto y una admiración tremenda.

PREGUNTA: ¿Qué significó la muerte de Frank para el movimiento desde el punto de vista de la estrategia de la lucha?

ESPÍN: Fue algo muy doloroso, y naturalmente, trajo problemas. Por ejemplo, él había iniciado muy directamente los contactos con la gente de la marina en Cienfuegos. Aquello estaba en ciernes todavía, y él no había comunicado los detalles. Tuvimos que reiniciar los contactos por nuestra cuenta, y eso siempre resultó violento, aunque por fin se pudo hacer.

Fidel estaba en la Sierra, pero para la organización de la ciudad hacía falta una cabeza como la de Frank, porque Fidel no la podía dirigir desde allá. Frank tenía una gran vocación militar, de disciplina, de estrategia, de organización. Las cosas que él dejó preparadas para el trabajo clandestino fueron las que gestaron todo lo demás, sobre todo la organización de las milicias. El dejó creadas las bases, y Daniel pudo tenerlas en sus manos, así que se hizo exactamente lo que Frank había dejado.

La coordinación quedó en manos de Armando. Él fue a la Sierra y tuvo oportunidad de hablar con Fidel y ponerse de acuerdo, organizar un plan. Pero en el instante en que Armando estaba bajando de la Sierra fue que lo cogieron. Incluso Haydée lo fue a ver a la cárcel, pero no pudieron hablar todas las cosas, y no sabíamos qué acuerdos habían tomado Fidel y Armando. Hubo que mandar otra gente después para ir a hablar y tomar todos los contactos. Fue un lío todo esto.

PREGUNTA: ¿Qué cargo tenía en el Movimiento 26 de Julio Agustín Navarrete?

ESPÍN: Tin era jefe de acción de la provincia de Oriente cuando mataron a Frank. Todos los días de ese mes, él se los pasó con Frank, pero justamente cuando fueron a casa de Pujol, como era una casa chiquita, se dividieron, y ahí es donde mataron a Frank y él se quedó en la otra casa.

Después tuvimos que mandar a Tin a Camagüey, porque allí el movimiento estaba muy flojo en ese momento. Luego de esto, tuvimos que repartir a muchos compañeros en las distintas provincias. Ya Julio Camacho estaba en Las Villas con un grupo de compañeros desde la acción de Cienfuegos. Matanzas no estaba muy fuerte. En La Habana habían matado a muchos compañeros, por lo que mandamos otro grupo de Oriente para allá. Después se mandó gente de la Sierra a Pinar del Río para el alzamiento que se iba a hacer allá. Para reforzar a Matanzas, se mandó gente de La Habana y de Las Villas; allí fue Enrique Hart, y lo mataron. Ese año perdimos a muchos compañeros.

Tuvimos que hacer una campaña nacional para ajusticiar chivatos, sobre todo a partir de la delación de Frank. En una semana, en Santiago, se ajusticiaron 11, entre ellos a Randich. Esto fue muy positivo, porque se atemorizaron y ya el chivatazo era bastante escaso después.

Para entonces, ya yo estaba muy "quemada" en la ciudad y salí para la Sierra en febrero de 1958, donde estuve un mes y medio. Estando allí, en marzo, Raúl cruzó para el Segundo Frente. Yo lo vi unos días allí en La Mesa, en el campamento del Che. Nos despedimos de la columna de Raúl, que iba al Segundo Frente, y de la columna de Almeida, que iba para el Tercer Frente.[42] Se hicieron tres acciones con vistas a que Raúl pudiera cruzar bien la Carretera Central.

Ya a principios de marzo se realizó una reunión nacional en la Sierra para definir la estrategia a tomar.[43] Había una efer-

42. Un mapa de estos frentes se reproduce en las pp. 86–87.

43. La Dirección Nacional del Movimiento 26 de Julio celebró una reunión en la Sierra Maestra del 6 al 9 de marzo de 1958. Participaron Fidel Castro, José Aguilera Maceira, Luis Buch, Vilma Espín, Marcelo Fernández, Faustino Pérez, René Ramos Latour, David Salvador, Celia Sánchez y Haydée Santamaría.

vescencia revolucionaria en la población. En esos días se había levantado la censura de prensa, de manera que el pueblo estaba más informado. Teníamos la experiencia de la huelga espontánea de Santiago cuando la muerte de Frank. En esa reunión se trató la posibilidad de la huelga nacional, y se acordó apoyarla con las fuerzas de la Sierra en las carreteras; cerrar las carreteras y estar preparados para lo que pudiera suceder. Ya Raúl estaba en el Segundo Frente, y Daniel fue a coordinar con él las acciones para la huelga.

La huelga de abril de 1958 fue muy fuerte en Oriente. Fueron muchas las acciones nuestras para apoyarla. Bajaron tropas de las montañas, los grupos de acción se situaron a lo largo de las carreteras de todas las ciudades y se mantuvo en realidad una alarma muy tensa. En Oriente se cumplió todo esto.

Pero las fuerzas represivas también tenían la experiencia de los días posteriores a la muerte de Frank. No les sorprendió la huelga. Estaban preparados para una cosa de este tipo, y en La Habana, por ejemplo, mataron a muchos compañeros desde el principio. La represión fue tan enorme que la huelga fue más bien parcial fuera de Oriente.

A principios de mayo tuvimos otra reunión en la Sierra para hacer un análisis de la situación, qué debíamos hacer, lo positivo y lo negativo de la huelga. Ahí se tomaron una serie de decisiones en cuanto a la estrategia posterior. Ya entonces los frentes habían ido creciendo, y se planteó una estrategia diferente.

Fidel planteó que los dirigentes nacionales del Movimiento 26 de Julio fueran para la Sierra, con la idea de crear un grupo de dirección completo en la Sierra. Muchos de los compañeros de las milicias habían pasado al Segundo Frente porque estaban muy "quemados" en las ciudades. Los grupos urbanos quedaron reducidos numéricamente, pero continuaron realizando acciones. Se acercaban las elecciones de noviembre de 1958 y había que mantener un clima de agitación constante hasta septiembre.

En Santiago perdimos muchos compañeros que cayeron a raíz de estas acciones. Además, se desataron ya las grandes ofensivas del ejército de Batista contra la columna de Fidel en la Sierra Maestra y contra el Segundo Frente.[44]

PREGUNTA: ¿Qué fue la "Operación Antiaérea" en el Segundo Frente?

ESPÍN: La Operación Antiaérea fue la toma por Raúl de aquel grupo de norteamericanos.[45] Se llamó "antiaérea" por-

44. Ante el fracaso de la convocatoria a una huelga general el 9 de abril de 1958 y el fuerte revés que significó para el movimiento revolucionario, Batista movilizó 10 mil tropas a la Sierra para "cercar y aniquilar" al Ejército Rebelde. Después de 10 semanas de combates encarnizados, las fuerzas batistianas fueron derrotadas. En agosto de 1958 el Ejército Rebelde y el Movimiento 26 de Julio lograron recuperar la ofensiva.

45. El 28 de junio de 1958, en medio de la ofensiva de Batista en la Sierra, combatientes bajo el mando de Raúl Castro en el Segundo Frente capturaron a 29 soldados norteamericanos que iban de regreso a su base en Guantánamo. Los soldados —junto con 20 civiles estadounidenses y canadienses capturados en diferentes momentos de la empresa minera Moa Bay Mining Company, la United Fruit y otras compañías de propiedad norteamericana— fueron detenidos hasta que Fidel Castro recibió un informe sobre la acción a principios de julio y ordenó que fueran puestos en libertad.

Fue "una crítica de Fidel, en la que tenía toda la razón", escribió Raúl en un artículo en junio de 1963. "Tal como él decía, antes de la ofensiva de Batista, que este estaba perdido y que la ofensiva constituía su última esperanza, la que una vez rechazada por el Ejército Rebelde, como había sucedido, Batista y su régimen ya no tendrían salvación. Y por lo tanto el gobierno de Estados Unidos podía haber aprovechado la detención de los norteamericanos como pretexto para intervenir militarmente en Cuba y tratar de salvar a Batista, con lo que se hubiera agravado la situación". "Operación antiaérea en el Segundo Frente Frank País, en junio de 1958", en Raúl Castro, *Selección de discursos y artículos, 1959–1974* (La Habana: Editora Política, 1988), pp. 132–33.

OFICINA DE ASUNTOS HISTÓRICOS DEL CONSEJO DE ESTADO

"Fidel hizo una crítica hacia nosotros, en la que tenía toda la razón. . . Estados Unidos podría haber aprovechado la detención de los americanos como pretexto para intervenir militarmente y tratar de salvar a Batista". —Raúl Castro

Negociaciones con funcionarios consulares estadounidenses Park Wollam (de espaldas) y Robert Wiecha (derecha), julio de 1958, sobre entrega de 49 ciudadanos de Estados Unidos y Canadá, incluidos 29 marines, tomados por combatientes del Segundo Frente bajo el mando de Raúl Castro. Vilma Espín, a la izquierda de Raúl Castro (de pie), está traduciendo.

que la aviación de Batista estaba bombardeando muy intensamente a la población civil como represalia por las acciones guerrilleras, y cuando se decidió coger a los norteamericanos, inmediatamente cesaron los bombardeos. Entonces, durante un mes entero, Raúl aprovechó ese respiro para organizar y ampliar el Segundo Frente.

En realidad, el Segundo Frente se convirtió en una "república", como decíamos entonces. Se organizaron las direcciones de Comunicaciones, Transporte y Educación, entre otros. Para esta última, mandaron a buscar a Asela de los Santos a Miami, y su trabajo fue crear escuelas para el campesinado, para los niños y para la tropa. Fue la primera campaña de alfabetización. El compañero Machado Ventura organizó lo de Salud Pública, con atención médica para la población. Entonces, con el apoyo de las ciudades, fuimos buscando abastecernos de cuadernos, lápices y medicinas. También trajimos muchos maestros de Santiago, Guantánamo y de todas las ciudades de los alrededores. A muchas muchachas del Movimiento 26 de Julio las subimos para estas tareas. Se estuvo trabajando intensamente en distintas tareas durante ese mes de julio, mientras discutíamos la entrega de los norteamericanos. Claro, se dilataron las conversaciones para dar posibilidad de fortalecer el frente.

A finales de julio ya había pasado un mes desde mi llegada al Segundo Frente, y habíamos planteado la necesidad de regresar a Santiago. Este problema se discutió mucho y por fin se decidió que me quedara en la Sierra. Ya yo estaba muy perseguida y era muy conocida en la ciudad.

Ya para entonces determinamos cuál era la línea de trabajo a seguir por el Movimiento 26 de Julio en las ciudades: fundamentalmente abastecer los frentes, servir de vía de comunicación, apoyar las acciones. Es decir, se hizo ya un plan diferente, con vistas a unas acciones que tenían otras características.

Por fin quedaban dilucidados varios problemas concretos del movimiento [en la reunión del 3 de mayo de 1958 en los Altos de Mompié]. En primer lugar, la guerra sería conducida militar y políticamente por Fidel en su doble cargo de comandante en jefe de todas las fuerzas y secretario general de la organización. Se seguiría la línea de la Sierra, de la lucha armada directa, extendiéndola hacia otras regiones y dominando el país por esa vía.

Se acababa con algunas ilusiones ingenuas de pretendidas huelgas generales revolucionarias cuando la situación no había madurado lo suficiente para que se produjera una explosión de ese tipo y sin que el trabajo previo tuviera características de una preparación conveniente para un hecho de tal magnitud. Además, la dirección radicaba en la Sierra, con lo que objetivamente se eliminaban algunos problemas prácticos de decisión que impedían que Fidel ejerciera realmente la autoridad que se había ganado.

De hecho, no hacía nada más que marcar una realidad: el predominio político de la gente de la Sierra, consecuencia de su justa posición y de su correcta interpretación de los hechos.*

ERNESTO CHE GUEVARA
22 DE NOVIEMBRE DE 1964

* "Una reunión decisiva", en Ernesto Che Guevara, *Pasajes de la guerra revolucionaria* (La Habana, Editora Política, 2000), pp. 247–248. En la reunión, celebrada el 3 de mayo de 1958, participaron Fidel Castro, Luis Buch, Vilma Espín, Marcelo Fernández, Ernesto Che Guevara, Enzo Infante, Faustino Pérez, René Ramos Latour, David Salvador, Celia Sánchez, Haydée Santamaría y Ñico Torres.

Hasta entonces las coordinaciones en Oriente para la lucha urbana dependían estructuralmente del Movimiento 26 de Julio en Santiago. Pero en adelante pasaban al Segundo Frente. Otras ciudades y pueblos cercanos a la Sierra Maestra pasaban a ser dirigidos por el Primer y Tercer Frente.

Así Santiago se convirtió en una zona de abastecimiento y de contacto con el resto de la isla, y los dirigentes nacionales del movimiento se fueron a la Sierra.

La situación de la guerrilla había cambiado mucho. Ya habían sucedido batallas como la de El Jigüe [con la victoria del Ejército Rebelde] y las campañas legendarias del Che y Camilo [Cienfuegos en la provincia de Las Villas] estaban en marcha. Se acercaba el fin de la guerra.[46]

PREGUNTA: Antes del triunfo, ¿cómo se contemplaba el aspecto de la educación política del Ejército Rebelde en el Segundo Frente?

ESPÍN: Bueno, en septiembre de 1958 ya teníamos nuestra escuela política para los oficiales en Tumba Siete, la Escuela para Maestros de la Tropa José Martí. Ya se estaba trabajando en la superación cultural de la tropa. Los oficiales jóvenes

46. En la batalla de El Jigüe, del 11 al 21 de julio de 1958, las fuerzas bajo el mando de Fidel Castro asestaron un golpe decisivo contra la "ofensiva final" de la dictadura de Batista. Capturaron el último campamento de importancia en Oriente y a más de 240 soldados de la dictadura. Hubo combates hasta el 6 de agosto, cuando las últimas unidades de las fuerzas armadas batistianas se retiraron tras su derrota en Las Mercedes.

El 21 de agosto, combatientes bajo el mando de Camilo Cienfuegos salieron en marcha a través de Cuba. En un cambio de planes, establecieron una zona de operaciones en el norte de la provincia de Las Villas. El 31 de agosto, una columna de combatientes bajo el mando de Ernesto Che Guevara salió en marcha hacia el oeste. Después de un arduo trayecto de 47 días, llegaron a la sierra del Escambray en Las Villas, donde establecieron un frente y Che asumió el mando de todas las fuerzas allí.

En el transcurso de los nueve meses del Segundo Frente se realizó un ingente esfuerzo, que se tradujo en la reapertura de un cierto número de escuelas que la tiranía había cerrado y en la creación, al mismo tiempo, de otras muchas...

La primera campaña de alfabetización que se llevó a cabo en esas zonas se realizó bajo nuestro Departamento de Educación. Tuvo carácter masivo, de modo que abarcó tanto a los combatientes del Ejército Rebelde como a muchos hombres y mujeres que hasta entonces vivían dentro de la más profunda ignorancia. Este departamento fue dirigido por la compañera Asela de los Santos...

Los profesores rebeldes desempeñaron un papel de vital importancia, no solo en lo que a la superación cultural de los combatientes y del campesinado se refiere sino, además, en ayudarlos a comprender con claridad el porqué de aquella lucha y de la necesidad urgente de un profundo cambio político, económico y social.

En no pocas ocasiones esos educadores, al igual que nuestros médicos, después de cumplir con sus obligaciones en la enseñanza o en la salud, marchaban a misiones de carácter militar. Fue un aleccionador ejemplo para los campesinos aquella imagen de futuro que representaba el maestro o médico combatiente, con el fusil en una mano y el libro o el botiquín en la otra.*

RAÚL CASTRO
11 DE MARZO DE 1988

* Entrevista en el 30 aniversario del Segundo Frente, publicada en *Bohemia*, 11 de marzo de 1988.

a quienes se les veían más perspectivas desde el punto de vista militar y con características de dirigentes debían pasar la escuela.

Recuerdo que Risquet daba una clase, Juanito Escalona daba otra y Causse otra.[47] A mí se me planteó que impartiera geografía política. Naturalmente, yo no había estudiado nada de eso, sino ingeniería química. Y dije que era un poco difícil para mí. Expliqué cómo yo veía las cuestiones que debía tratar y me dijeron, "Sí, eso mismo es lo que tú tienes que decir".

Cogí el libro de Leví Marrero, el de Núñez Jiménez y unos folletitos sobre las luchas del Realengo 18, que me consiguió Risquet y que me sirvieron mucho.[48] Yo de eso no sabía nada, y muchos de los compañeros de estas columnas conocían a la gente del Realengo, pues era una cosa mucho más fresca. Les hacíamos la historia de Cuba desde Hatuey hasta ahora, de toda la penetración de los americanos y cómo se habían ido aplastando todos los movimientos revolucionarios.[49]

Era una cosa bien interesante. Dábamos una clase bastante breve y promovíamos la discusión. Cada clase procedía de igual forma; esto era muy productivo. En esos debates se destacaban los oficiales que querían aprender, que querían conocer más y más. En realidad este fue el germen que prendió en muchos de los compañeros que dirigieron después los cursos políticos más avanzados para la tropa.

PREGUNTA: ¿Cuáles eran las circunstancias de la lucha al llegar el 1 de enero?

ESPÍN: Se estaba preparando un ataque conjunto a Guan-

47. Ver en el glosario, Jorge Risquet Valdés, Juan Escalona, José Causse Pérez.

48. Ver en el glosario, Leví Marrero, Antonio Núñez Jiménez, Realengo 18.

49. Ver en el glosario, Hatuey.

VISIÓN DE FUTURO

"Como parte de la superación cultural de los combatientes, creamos una escuela para oficiales jóvenes quienes mostraban perspectivas desde el punto de vista militar, características de dirigentes. La llamamos Escuela para Maestros de la Tropa José Martí". —Vilma Espín

Raúl Castro (izquierda) con tres de los instructores: Vilma Espín, Jorge Risquet y José Causse Pérez, Segundo Frente Oriental, fines de 1958.

tánamo y a Santiago de Cuba por todas las tropas que ya convergieron: las columnas al mando de Fidel y de Almeida con las del Segundo Frente. El plan era atacar el propio 1 de enero.

A eso de las 6 de la mañana estábamos en Ermita, porque íbamos para el ataque a Guantánamo, y la señora de la casa en que estábamos nos avisó que se había ido Batista. Salimos rápidamente hacia donde estaba Fidel. Nos lo encontramos por el camino, y ya ahí se decidió lo que se iba a hacer. Avanzamos hacia Santiago y nos detuvimos en El Escandel.

Se decidió que Raúl bajara para rendir el cuartel Moncada. Entonces bajaron a la ciudad en un jeep tres compañeros nada más. Ya las tropas de Almeida habían empezado a entrar por la parte de Marimón, es decir, por El Cobre.

Cuando se estableció la rendición del Moncada, Raúl le habló a la tropa y volvieron a subir. Fidel ya había hablado con los oficiales de la Marina. Esa noche bajamos todos a la ciudad.

La entrada a Santiago fue algo tremendo. Bajábamos por Vista Alegre, por la carretera de El Caney. Las mujeres salían en grupos a la calle, los hombres en piyama corriendo tras los jeeps. Fue tremendo.

Estábamos muertos de sueño porque no habíamos dormido en los últimos días, y nos fuimos a dormir. Al poco rato nos vienen a llamar: "Ya Fidel está en el ayuntamiento y va a hablar". Nos fuimos para el ayuntamiento. Allí había una situación tremenda, porque estaba el jefe de policía Haza con un brazalete del 26 de Julio, ante la indignación de las madres de los mártires.[50]

Fidel salió inmediatamente para La Habana. Le dijo a

50. Bonifacio Haza, jefe de policía en Santiago de Cuba, fue juzgado, condenado y ejecutado por sus crímenes en enero de 1959.

Raúl que se mantuviera con toda esa gente allí y que le diera tiempo hasta llegar a La Habana. Raúl se mantuvo en el cuartel con aquellos hombres y todas sus armas, hasta que por fin los embarcó hacia La Habana, desarmados, para la desmovilización del ejército de Batista.

Los primeros días, las madres de los mártires fueron a hablar con Raúl.

"¿Ustedes tienen confianza en nosotros?", les preguntó Raúl.

Ellas contestaron que sí.

"Entonces no se preocupen", les dijo.

Pronto se hizo justicia revolucionaria con los esbirros y asesinos más connotados, inmediatamente después de terminar el último juicio.

PREGUNTA: ¿Durante la clandestinidad usted usaba un nombre de guerra?

ESPÍN: Bueno, yo tuve varios. Mientras Frank tuvo el estado mayor en mi casa, yo era la que hacía los contactos por teléfono, y lo hacía con el nombre de "Alicia". Después de eso, creo que el propio Frank o Taras Domitro me puso "Mónica", y así me llamé hasta la muerte de Frank.

El propio Frank se había llamado primero "Salvador" y después "David", pero ya los últimos días lo estaban buscando con ese nombre y yo le puse "Cristián". A él le cogieron una libreta de direcciones en la que aparecía el nombre "Mónica" y mi número del teléfono. Yo me fui de casa un poco por intuición, como a los dos días de la muerte de Frank. Al otro día me fueron a buscar y estuvieron registrando la casa.

Después de la muerte de Frank, yo tuve que cambiarme el nombre de nuevo, y como ya había varios que empezaban con la letra D, me pusieron "Débora". Ya en el Segundo Frente me llamé "Mariela", pero el que más se conoció fue Débora.

PREGUNTA: ¿Cuáles eran las dificultades para una mujer en

OFICINA DE ASUNTOS HISTÓRICOS DEL CONSEJO DE ESTADO

"El 1 de enero, cuando nos avisaron que se había ido Batista, nos reunimos con Fidel, avanzamos hacia Santiago y nos detuvimos en El Escandel. . . La entrada a Santiago fue algo tremendo. Las mujeres salían a la calle, los hombres en piyamas corriendo tras los jeeps. . . Fidel salió inmediatamente para La Habana, y le dijo a Raúl que se mantuviera a cargo del cuartel de Santiago".

—Vilma Espín

Primero de enero de 1959: reunión en El Escandel, donde Fidel Castro (izquierda) organizó la rendición del cuartel Moncada con el coronel José Rego Rubido (derecha), ex comandante de la guarnición. Al centro está Celia Sánchez; Raúl Castro está parcialmente tapado por Rego Rubido.

la dirección del movimiento?

ESPÍN: Allí a nadie se le ocurrió jamás esto como problema. Y no era solamente la coordinación. Nosotros teníamos jefes de acción que eran mujeres. Además, en Santiago de Cuba, por ejemplo, se dio la situación de que los hombres jóvenes que salían a la calle por la noche estaban en peligro constante de ser detenidos por la policía y registrados, sobre todo después del 30 de noviembre, pero no tanto las mujeres.

De manera que utilizábamos compañeras para transportar medicinas y armas, e incluso empezaron a ser ellas las que realizaban los sabotajes, cargaban la dinamita y llevaban los mensajes. Además, salían con los compañeros para ejecutar las acciones, porque una pareja siempre despierta menos sospecha que un grupo o una persona sola. Es decir, jugaron un papel muy importante y muy activo en aquella etapa de la lucha.

SEGUNDA PARTE

Nace la Federación de Mujeres Cubanas

“La primera vez en la historia de la prensa cubana que una mujer humilde, de piel negra, iluminó con su sonrisa la portada de una revista fue en *Mujeres* el 15 de noviembre de 1961”.

Así explicó Rolando Alfonso Borges, del Comité Central del Partido Comunista de Cuba, en un homenaje en La Habana por el 50 aniversario de *Mujeres*, noviembre de 2011. **Arriba:** Portada del primer número de la revista, fundada por la Federación de Mujeres Cubanas después de que los trabajadores tomaron control de la revista femenina burguesa *Vanidades*.

Introducción a la segunda parte

La derrota de la dictadura de Batista —asegurada por una masiva insurrección armada y huelga general en los primeros días de 1959— llevó a la profundización de las movilizaciones revolucionarias del pueblo trabajador cubano. Esta efervescencia popular se manifestó de innumerables formas. Una de las más importantes fue la respuesta de un número creciente de mujeres que querían involucrarse en la revolución. Empezaron a crear lo que llegó a ser su propia organización —aún sin nombre o estructura— para participar en las batallas sociales que estaban dando inicio a la primera revolución socialista en América.

La reforma agraria fue una de las primeras medidas sociales de la revolución, y una de las de mayor alcance. Millones de hectáreas de las plantaciones con dueños norteamericanos o cubanos fueron confiscadas bajo el decreto de mayo de 1959. Esta medida fijó un límite de 400 hectáreas a las propiedades y dictaminó que los campesinos que trabajaban la tierra ahora tendrían título a ella. El primero de los 100 mil títulos fue entregado a Engracia Blet, una campesina de Baracoa, en Cuba oriental. La transformación de las relaciones sociales en la tierra asestó un golpe demoledor contra las familias imperialistas de Estados Unidos y la clase capitalista cubana, cuyas ganancias provenían mayormente de la explotación del trabajo matador de los pobres rurales sin tierra en los cañaverales e ingenios de la isla.

A principios de 1961, decenas de miles de muchachas, en su mayoría adolescentes, se sumaron al cuarto de millón de voluntarios que, en un año, eliminaron el analfabetismo. Se esparcieron a los rincones más aislados del país para vivir, trabajar y estudiar con familias campesinas. Antes de la revolución, las mujeres representaban el 55 por ciento de los adultos que no podían leer o escribir, y el porcentaje era mucho mayor en el campo. El 59 por ciento de los alfabetizadores fueron mujeres. Fue una experiencia que las transformó —a ellas y a las que alfabetizaron— para toda la vida.

Al profundizarse la revolución, muchas mujeres se incorporaron a brigadas de primeros auxilios para aprender a atender a los heridos en combate que defendían a Cuba de las fuerzas contrarrevolucionarias respaldadas por Washington. Las mujeres organizaron brigadas sanitarias para realizar programas de vacunación, generalizar la educación sobre la nutrición y la higiene y mejorar las condiciones de salubridad básica para todos. Ayudaron a abrir escuelas públicas primarias y secundarias y encabezaron la campaña para empezar a elevar el nivel educacional de los adultos. Insistieron en ser incorporadas a las Milicias Nacionales Revolucionarias, para estar listas a combatir.

Con el respaldo del gobierno revolucionario, las mujeres organizaron escuelas para adquirir habilidades y enseñarlas a otras. Aprendieron a coser y confeccionar ropa para sus familias. Se capacitaron como oficinistas, empleadas bancarias, taxistas, mecánicas, avicultoras, tractoristas y mucho más. Al ir integrándose más a la fuerza laboral, ayudaron a construir círculos infantiles, y crearon escuelas para capacitar a trabajadoras de círculos.

Tomaron iniciativas destinadas a abrir un nuevo porvenir productivo para las 100 mil prostitutas y sus hijos, atrapados en condiciones degradantes. Se sumaron a la batalla para eliminar la discriminación racial, para erradicar las instituciones y "costumbres" que fomentaban los prejuicios y las divisiones raciales, de las que había dependido la explotación capitalista. Asumieron responsabilidades de dirección en los comités barriales, los sindicatos, la asociación nacional de agricultores pequeños, las organizaciones de estudiantes de secundaria y universitarios, y la consolidación de fuerzas políticas a partir de la cual se fundó el Partido Comunista de Cuba en 1965.

Washington y sus aliados capitalistas y latifundistas en Cuba usaron todos los medios a su disposición para tratar de aplastar al nuevo gobierno y borrar lo que para ellos era el ejemplo inimaginable de Cuba. Lanzaron bombas incendiarias contra cañaverales e ingenios azucareros por toda la isla. Desataron ataques terroristas en barrios, tiendas y barcos en el puerto de La Habana. Bandas contrarrevolucionarias, abastecidas por Washington, realizaron ataques mortíferos. Asesinaron brutalmente a jóvenes alfabetizadores y miembros de las familias a las que estaban enseñando a leer y escribir.

Los gobernantes norteamericanos redujeron drásticamente la importación de azúcar de Cuba y comenzaron una guerra económica contra el pueblo cubano, guerra —ya en su sexta década— que pretende aplastar la revolución del pueblo trabajador. Organizaron la invasión mercenaria en abril de 1961 que en menos de 72 horas fue derrotada por las milicias voluntarias, las fuerzas armadas y la policía en Playa Girón. Y amenazaron al pueblo cubano con la aniquilación nuclear como represalia por defender su país.

Millones de cubanos respondieron demostrando su voluntad de defender sus conquistas. Profundizaron la transformación de las condiciones sociales y económicas que habían heredado, ganando así un apoyo más y más amplio. Las mujeres se sumaron masivamente a estas batallas de clases, no solo transformándose a sí mismas sino transformando a los hombres junto a los cuales construían, enseñaban y combatían.

CORTESÍA DE YOLANDA FERRER

Asela de los Santos, Vilma Espín, Yolanda Ferrer (de izquierda a derecha), 2004.

El concepto de lo femenino comenzó a cambiar

ENTREVISTA A YOLANDA FERRER

ESTA ENTREVISTA TIENE más o menos 17 años. Se viene gestando en recorridos por provincias, reuniones, debates en las delegaciones de base de la Federación de Mujeres Cubanas, charlas subiendo Buey Arriba o atravesando la Ciénaga de Zapata después del Huracán Lili.[1]

El detonante para ponerla en blanco y negro fue el listado de efemérides de la FMC que cumplen 40 años en el 2001. La urgencia del paso de los días en un país en revolución —lo aparentemente natural, por justas y necesarias, de las transformaciones sociales— ha provocado que en ocasiones no se valore en su real medida lo trascendental y raigalmente novedoso, creador y revolucionario de los cambios en la sociedad cubana que ha significado la incorporación de la mujer en todas las esferas de la vida social, en un proceso de crecimiento y reconceptualización de lo tradicionalmente considerado masculino y femenino.

Por ello decidimos ordenar nuestras charlas dispersas aquí y allá, y elaborar un cuestionario como las técnicas del

Entrevista concedida a Isabel Moya, directora de la Editorial de la Mujer, y publicada bajo el título "1961: Un año tremendo" en el número 2 (abril–junio) de 2001 de *Mujeres*, revista de la Federación de Mujeres Cubanas.

periodismo mandan.

Aquí está Yolanda Ferrer, secretaria general de la Federación de Mujeres Cubanas, con el mismo ímpetu y con más sueños que con los que se presentó, apenas una adolescente, hace poco más de 40 años atrás, en el local que tenía la FMC en la Casa de las Américas.[2]

ISABEL MOYA: ¿Cómo logró la FMC, con tan poco tiempo de funcionamiento, desarrollar tareas tan ambiciosas y disímiles como la Escuela de Campesinas Ana Betancourt, la creación de los círculos infantiles o la formación de las brigadistas sanitarias?

YOLANDA FERRER: Se logró por la fuerza misma de la revolución, por el fervor patriótico, la responsabilidad, la disciplina, la consagración, el entusiasmo de sus dirigentes a todos los niveles, de las federadas, de las mujeres que se iban involucrando masivamente en las tareas.

La Federación se creó por voluntad de las mujeres revolucionarias que pidieron organizarse y participar. Querían brindar su aporte en aquel proceso maravilloso que se inició el 1 de enero de 1959, abriendo las puertas de una vida nueva, plena de libertad, independencia, soberanía, justicia social. Por vez primera en la historia se vislumbraba un futuro feliz

1. Ver el mapa en las pp. 50–51. Buey Arriba es una zona montañosa en el este de Cuba; combatientes bajo el mando de Ernesto Che Guevara libraron varios combates allí en 1957 y 1958. La Ciénaga de Zapata es una región de poca población en la costa sur de Cuba. Ahí se encuentran la Bahía de Cochinos, donde en 1961 se produjo la invasión mercenaria respaldada por Washington, y Playa Girón, donde las fuerzas contrarrevolucionarias sufrieron una rotunda derrota en 72 horas. En octubre de 1996 el ciclón Lili azotó esa zona.

2. Casa de las Américas es la sede de la organización cultural latinoamericana con el mismo nombre, fundada en 1959 bajo la dirección de Haydée Santamaría, su presidenta por más de dos décadas.

y promisorio para todos.

Cuando nuestra organización se constituyó oficialmente el 23 de agosto de 1960, en realidad ya llevaba más de un año de trabajo. Contaba con miles de mujeres organizadas, con cientos de delegaciones en todo el país. Había cumplido tareas muy importantes, como la búsqueda y preparación de compañeras con el nivel mínimo indispensable para ser maestras de primaria; la recogida y atención de los niños de la calle, la labor de motivación y convencimiento para que los pequeños matricularan y asistieran a clases, la movilización de las mujeres a la construcción de escuelas y hospitales, la participación en los primeros programas de salud y el inicio de cursos de primeros auxilios, entre otras.

El proceso de organización de la Federación había comenzado con la preparación de la participación de las cubanas en el Congreso por los Derechos de la Mujer y el Niño, convocado por la Federación Democrática Internacional de Mujeres para noviembre de 1959 en Santiago de Chile. La invitación se recibió en mayo y se creó un Comité Nacional de Auspicio. Se formaron comisiones a nivel provincial y municipal con compañeras que se habían destacado en la lucha, así como madres y esposas de mártires.

Para explicar los objetivos del congreso de Chile, abordar los temas que serían tratados y empezar a formar conciencia sobre la situación y necesidades de las mujeres en el mundo subdesarrollado, comenzaron a organizarse las bases de lo que después sería la Federación: en la Sierra Maestra, en poblados, campos y ciudades.[3] Movilizaban a las mujeres hacia muy diversas tareas, respondiendo a la demanda de miles de compañeras que pedían hacer algo por la revolución.

3. Para leer un recuento de Vilma Espín de cómo se organizó la participación en el congreso de Chile, ver las pp. 224–227.

GRANMA

"La organización de la Federación comenzó con la preparación de la participación en un congreso de mujeres en Chile en noviembre de 1959. Formamos comisiones por todo el país con compañeras que se habían destacado en la lucha, así como madres y esposas de mártires caídos en combate". —Yolanda Ferrer

Rumbo a Chile: parte de la delegación cubana de más de 80 en el aeropuerto de La Habana. Vilma Espín, con boina, está al frente.

Cuando se regresó de Chile, se decidió continuar creando las bases de la organización femenina en Cuba. Eligieron sus dirigentes en las delegaciones. Se comenzó a trabajar por el cumplimiento de los acuerdos del congreso y de las urgentes tareas que se requerían en aquel momento.

Empezaba a tener fuerza una organización femenina que aún no se había constituido, pero que contaba ya con una pequeña dirección integrada por representantes de todos los sectores que habían colaborado en la formación y preparación de la delegación para participar en tan importante evento.

La Federación se había creado para unir a todas las cubanas revolucionarias, para trabajar, para luchar por la patria. Era necesario elevar su nivel ideológico, político y cultural, prepararlas para que pudieran participar activa y efectivamente en la vida económica, política, cultural y social del país. Por eso los planes eran muchos y muy urgentes.

En aquel entonces los patrones culturales establecían enormes restricciones para las mujeres, que se concebían limitadas al ámbito exclusivo del hogar y subordinadas a las figuras masculinas de la familia. Pero había una gran efervescencia revolucionaria y sentían la necesidad de apoyar, de defender la revolución, de brindar su trabajo voluntario en lo que hiciera falta. Ese sentimiento tan fuerte las impulsaría a romper tradiciones milenarias.

Además, el ejemplo de Vilma Espín, Celia Sánchez, Melba Hernández y Haydée Santamaría, de las compañeras combatientes de la lucha clandestina y del Ejército Rebelde, jugó un papel muy importante en este proceso.

Las agresiones del enemigo comenzaron inmediatamente después del triunfo de enero de 1959, y las mujeres no estaban dispuestas a dejarse arrebatar su revolución. Pedían prepararse en primeros auxilios, y la Federación organizó cursos en todo el país. Las mujeres se integraron a las Milicias Nacionales Revolucionarias. Decenas de miles de amas de casa y de trabajadoras, que antes no hubieran sido capaces de empuñar un arma o atender heridos, decidieron incorporarse a la defensa de la patria.

El 23 de agosto de 1960, en el acto de constitución, el comandante en jefe Fidel Castro asignó a nuestra organización tareas muy importantes, entre ellas las que tú mencionas, la Escuela de Campesinas Ana Betancourt y los círculos infantiles. Después se unieron otras muchas, como la histórica campaña de alfabetización, y en medio de ese quehacer permanente estuvo la batalla de Playa Girón.

No cabe duda de que Vilma, con su talento, certera dirección e inagotable capacidad de trabajo, jugó un papel esencial en el cumplimiento exitoso de todas aquellas tareas. Ella encabezó un equipo de compañeras muy valiosas que asumieron con responsabilidad y mucho amor el enorme trabajo que debían realizar.

Por solo citar una de aquellas tareas, pensemos en la labor tan cuidadosa y persuasiva que requirió la creación y funcionamiento de la Escuela de Campesinas Ana Betancourt, a la vez que estaba organizándose la Federación. Nadie mejor que nuestro comandante en jefe para evaluar aquel proceso. En julio de 1961, al clausurar el primer curso de la escuela, Fidel decía:

> La tarea no era sencilla. En primer lugar, para albergar un número tan grande de estudiantes, era necesario contar con las instalaciones necesarias. Pero además era necesario adaptar todas esas instalaciones con los medios indispensables para que pudieran convertirse en escuelas. Además, posiblemente más difícil todavía era organizar las escuelas en sí mismas, con sus profesoras y administradoras. Otra tarea difícil era el hecho en sí de seleccionar a las alumnas, de manera que estuviesen

> representados todos los sitios de Cuba, de nuestros campos, en las montañas y en los llanos.

Y Fidel agregaba más adelante:

> Se puede decir fácilmente, se puede pronunciar la cifra de 10 mil, 12 mil, 14 mil alumnas. Pero organizarlas, ocuparse de ellas a cabalidad, atender a todas sus necesidades en todos los órdenes, capacitarlas, prepararlas en todos los aspectos, realizar un plan tan ambicioso, era algo capaz de impresionar a las personas más animosas. Y es que en realidad con las escuelas ha ocurrido lo que con otras muchas cosas de la revolución, y es que las realidades han ido superando las más ambiciosas aspiraciones.[4]

MOYA: Muchos de esos planes constituían formas novedosas, cualitativamente superiores de abordar lo que hoy se denomina perspectiva de género. ¿Cómo ve usted ese proceso?

FERRER: Vilma siempre explica que en los primeros años de la revolución, ni siquiera se utilizaba el término igualdad. Hablábamos de participación plena de las mujeres.

Era preciso cambiar la mentalidad de las mujeres y de toda la población con respecto a su papel y a su lugar en la sociedad. Era necesario enaltecerlas. Y la Federación encaminó su trabajo acometiendo tareas sencillas que las motivaran a salir del hogar y hacerlas conscientes de sus propias posibilidades, capacidades, valores y derechos.

Como se expresa en el informe al segundo congreso de la FMC en noviembre de 1974, desde el principio perseguimos

4. Discurso en La Habana, 31 de julio de 1961, en la primera graduación de la Escuela Ana Betancourt. En *Mujeres y Revolución* (La Habana: Editorial de la Mujer, 2006, 2010), pp. 43–44.

un doble propósito: a través de la educación ideológica, crear conciencia para realizar las tareas; a través de las tareas, ir educando ideológicamente.

Clases de corte y costura que les interesaban mucho para aprender a confeccionar su propia ropa y la de sus familias, trabajo voluntario para salvar cosechas o vender productos, cursos de primeros auxilios para participar en la defensa, alfabetización y el inicio de los primeros niveles de la superación cultural: estas fueron algunas de esas primeras tareas.

Las mujeres comprendieron que podían hacer las más disímiles actividades. Se fueron ganando el respeto de la sociedad, demostrando de cuánto eran capaces. Empezaban a perder terreno los prejuicios.

El concepto de lo femenino comenzó a cambiar el día que triunfó la revolución. Desde Santiago de Cuba, en su primer discurso a la nación, nuestro comandante en jefe expresó que se había demostrado que en Cuba no solo peleaban los hombres, sino que peleaban también las mujeres, y que el Pelotón Mariana Grajales constituía prueba elocuente de que eran tan excelentes soldados como los mejores soldados hombres.

Más adelante, al clausurar el primer congreso de la Federación en octubre de 1962, Fidel planteaba, "En el mundo que estamos construyendo es necesario que desaparezca todo vestigio de discriminación en la mujer". Y agregaba, "Pero aun cuando, desde el punto de vista legal y desde el punto de vista objetivo, desapareciera todo vestigio de discriminación, quedan todavía una serie de circunstancias de orden natural y de costumbres que hacen importante para la mujer estar organizada, trabajar y luchar".[5]

5. El congreso se celebró el 1 de octubre, dos semanas antes de que la administración norteamericana de John F. Kennedy lanzara lo que en Estados Unidos se conoce como la Crisis Cubana "de los

Se ha demostrado que no solo pelean los hombres, sino pelean las mujeres también en Cuba. La mejor prueba es el Pelotón Mariana Grajales, que tanto se distinguió en numerosos combates. Las mujeres son tan excelentes soldados como nuestros mejores soldados hombres...

Al principio [había] muchos prejuicios. Porque había hombres que decían que cómo se le iba a dar un rifle a una mujer mientras quedara un hombre. La mujer en nuestro frente es un sector que necesita ser redimido, porque es víctima de la discriminación en el trabajo y en otros aspectos de la vida.

Y organizamos las unidades de mujeres, que demostraron que las mujeres pueden pelear. Cuando en un pueblo pelean los hombres y pueden pelear las mujeres, estos son pueblos invencibles...

Tendremos organizadas las milicias o combatientes femeninos, y las mantendremos entrenadas, todas voluntarias. Y estas jóvenes que ahí veo con los vestidos negros y rojos del 26 de Julio, yo pido también que aprendan a manejar las armas.*

FIDEL CASTRO
1 DE ENERO DE 1959

Fidel se refirió en ese discurso a la promoción de la mujer a cargos de dirección, a su acceso al trabajo manual y al tra-

Misiles" (ver "Crisis 'de los Misiles' de octubre de 1962" en el glosario). El extracto del discurso de Fidel Castro en la conferencia de la FMC puede encontrarse en *Mujeres y Revolución*, p. 89.

* Discurso en Santiago de Cuba, 1 de enero de 1959, en *Mujeres y Revolución*, pp. 31–32.

> En nuestro país, había un sinnúmero de actividades de las cuales estaban proscritas las mujeres. Recién ahora se empieza a abrir campo a la actividad de la mujer en una serie de trabajos. Era muy difícil de encontrar, por ejemplo, una mujer administradora de alguna fábrica, de algún central azucarero, como consecuencia de la costumbre. Sobre todo, de los prejuicios y de la discriminación que vivía la mujer en la sociedad anterior.
>
> Es necesario que las mujeres se vayan abriendo paso, no solo en distintos tipos de trabajo manual, sino también en el trabajo intelectual. Es, por ejemplo, significativo, el hecho de que en un curso que comenzará dentro de una semana, de nivelación para ingresar en la escuela de medicina, de 1 200 aspirantes hay más de 500 muchachas. En el camino de la ciencia ya se observa la presencia de la mujer en proporción muy superior a lo que se había visto hasta este momento.
>
> No solo es justo que la mujer tenga la oportunidad de desarrollar su capacidad en beneficio de la sociedad, sino también es necesario a la sociedad que la mujer encuentre todas las posibilidades de desarrollar plenamente sus capacidades.*
>
> FIDEL CASTRO
> 1 DE OCTUBRE DE 1962

bajo intelectual, a su presencia en el camino de la ciencia, al desempeño de oficios no tradicionales y a su derecho a desarrollar plenamente sus capacidades. En esa ocasión dejó muy claro que las tareas domésticas habían esclavizado a las mujeres a través de la historia, y que había quehaceres, como

* En *Mujeres y Revolución*, pp. 89–90.

cocinar en la casa, que la costumbre les había asignado.

En su trascendental discurso al concluir la quinta plenaria nacional de la FMC en 1966, Fidel expresaba claramente que el fenómeno de las mujeres en la revolución era una revolución dentro de otra revolución. Aún más, afirmaba que lo más revolucionario que estaba haciendo la revolución era la revolución que estaba teniendo lugar en las mujeres cubanas. Explicó cómo la mujer en la sociedad anterior era doblemente discriminada y humillada, por su clase y por su sexo.

Voy a recordarte una parte de ese discurso que considero muy importante, ya que cuando se refería al papel de la compañera Osoria Herrera al frente del Plan Banao[6] y hacía alusión a que el personal técnico y de dirección iba a estar constituido prácticamente por mujeres, destacaba el sentido de la responsabilidad, la disciplina y el entusiasmo que las caracteriza. Decía Fidel:

> Y esa es una de las grandes lecciones de que hablábamos anteriormente, una de las grandes enseñanzas, y tal vez una de las más grandes victorias contra prejuicios que tienen, no voy a decir años, ni siglos, sino prejuicios que tienen milenios. El prejuicio de considerar que las mujeres solo eran aptas para fregar, lavar, planchar, cocinar, limpiar la casa y tener hijos. El prejuicio milenario que situaba a la mujer dentro de la sociedad en un estrato inferior... prácticamente no se puede decir ni siquiera en un modo de producción.
>
> Estos prejuicios tienen miles de años y han sobrevivido a distintos sistemas sociales. Porque si vamos a hablar del capitalismo, la mujer —es decir, la mujer de una clase

6. Un programa de desarrollo agropecuario en la sierra del Escambray, zona central de Cuba, cuya principal producción era de frutas y verduras.

> humilde— era doblemente explotada, o era doblemente humillada. Una mujer pobre, como perteneciente a la clase trabajadora, o familia de trabajadores, era explotada simplemente por su condición humilde, por su condición de trabajadora.
>
> Pero además, dentro de la propia clase y dentro de su propia situación de mujer trabajadora, era a la vez subestimada, explotada y menospreciada por las clases explotadoras. Pero es que dentro de su propia clase la mujer era vista a través de un sinnúmero de prejuicios.[7]

En el programa que aprobamos en el primer congreso de la Federación en octubre de 1962, se planteaba como objetivo forjar una mujer nueva, capaz de disfrutar todos los derechos, tanto en la familia como en la vida política, incorporada activamente al trabajo y a la vida social, libre del sistema de esclavitud doméstica, en que las labores de la casa absorben todo su tiempo y energías.

En los inicios mismos de la década de 1960, en nuestro país se trabajaba por hacer visibles las diferencias impuestas y sustentadas por las tradiciones culturales acerca del papel de mujeres y hombres en la sociedad y transformar tal situación. La Federación, desde su constitución, se empeñó en lograr cambios concretos en la manera de pensar y actuar de las mujeres y también de los hombres.

Nos impulsaban el deseo, la decisión de participar, la necesidad de incorporar su fuerza a la obra colosal que todo el pueblo, encabezado por Fidel, llevaba adelante, y el objetivo de hacer realidad cada uno de los derechos que la revolución garantizaba a las mujeres para que se realizaran como seres humanos plenos.

Por ello, como consecuencia de la revolución y del trabajo

7. En *Mujeres y Revolución*, p. 118.

de la Federación, comenzaron a cambiar los conceptos sobre el papel social de las mujeres, que irrumpieron en la vida pública, enfrentando y destruyendo estereotipos arraigados por una cultura discriminatoria.

Eso fue lo que ocurrió. En la práctica, las mujeres se alfabetizaron. Se incorporaron a las aulas. Se hicieron trabajadoras, milicianas, científicas, intelectuales, profesionales de las más diversas especialidades, dirigentes. Y por tanto el "destino" de las cubanas dejó de ser solo el de esposa, madre y ama de casa.

En abril de 1961 los círculos infantiles en su programa educativo tenían lo que hoy se llama un enfoque de género. Y por ello, desde entonces en estas importantes instituciones niñas y niños reciben una educación no sexista, compartiendo juegos y responsabilidades.

Fue a partir del segundo congreso de la Federación en noviembre de 1974 que comenzamos a hablar de la batalla por el ejercicio pleno de la igualdad de la mujer, como la llamó nuestro comandante en jefe. En aquel congreso realizamos un análisis exhaustivo de los logros alcanzados y de lo que nos faltaba por avanzar. Es decir, evaluamos los factores objetivos, materiales, y los subjetivos, ideológicos, en que debíamos trabajar para lograr una mayor y más efectiva participación y promoción femenina.

Ya se venía trabajando por la Federación en el Código de la Familia,[8] que dando otro fuerte golpe a los estereotipos discriminatorios planteó, entre otros muchos conceptos muy avanzados, la obligación de ambos cónyuges de cuidar la familia creada y cooperar el uno con el otro en la formación,

8. El Código de la Familia, promulgado en febrero de 1975, reemplazó las leyes prerrevolucionarias sobre el matrimonio, el divorcio, las adopciones y las pensiones alimenticias. El texto completo se puede encontrar en sitios web del gobierno cubano.

educación y guía de los hijos, así como participar en el gobierno del hogar. El deber de compartir las tareas domésticas y el cuidado de los hijos quedó debidamente explícito. Esta ley fue debatida por todo nuestro pueblo.

Los análisis y los resultados de nuestro congreso sirvieron de base a la tesis y a la resolución sobre la igualdad del primer congreso de nuestro partido, en diciembre de 1975, en la cual se planteaba como objetivo eliminar toda manifestación de discriminación. Se abordó, entre otros muchos aspectos, claramente la necesidad de compartir las labores domésticas entre la pareja, planteando como injusta la sobrecarga de trabajo para la mujer. También se expresó que no podía existir una moral para la mujer y otra para el hombre, al analizar problemas relativos a las relaciones sexuales.[9]

A principios de la década de 1970, cuando en el mundo comenzaba a hablarse de igualdad, y la Conferencia de Naciones Unidas sobre la mujer planteaba sus primeras metas y acciones al respecto, ya las cubanas llevábamos muchos años de trabajo y de realizaciones importantes.

Ningún jefe de estado o líder político mundial había hecho planteamientos tan trascendentales con respecto a la igualdad de género, utilizando para aquellos tiempos la terminología actual, como Fidel. En 1974 él expresaría que la lucha contra la discriminación de la mujer, la lucha por la igualdad y la integración de la mujer debía realizarla toda la sociedad, señalando que era tarea en primer lugar de nuestro partido, de nuestras instituciones educacionales y de todas las organizaciones de masas.

Recordemos aquella histórica frase de su discurso en nuestro segundo congreso en 1974:

9. Ver tesis "Sobre el pleno ejercicio de la igualdad de la mujer". El texto se puede encontrar en sitios web del Partido Comunista y otras organizaciones cubanas.

> Tiene que llegar al día en que tengamos un partido de hombres y mujeres, y una dirección de hombres y mujeres y un gobierno de hombres y mujeres. Y creo que todos los compañeros están conscientes de que esa es una necesidad de la revolución, de la sociedad y de la historia.[10]

Nos llena de orgullo afirmar que, desde los tiempos de la batalla por la liberación hasta nuestros días, el compañero Fidel ha sido un verdadero abanderado de la lucha por la igualdad de derechos de la mujer todos los ámbitos y a todos los niveles de la vida económica, política, cultural y social en nuestro país.

MOYA: Incorporar la mujer en el espacio público, en oficios no tradicionales, alfabetización, en tareas no compatibles con lo que se concebía para su sexo. ¿Qué reacciones se produjeron? ¿Cómo fue este proceso?

FERRER: Fue un proceso intenso, en el que se mezclaba la activa participación de decenas de miles de mujeres, impulsadas por el deseo y la decisión de brindar su aporte y la labor de convencimiento, de motivación para que todas las cubanas revolucionarias se incorporaran al estudio, al trabajo, a la vida política, económica, cultural y social del país.

En el trabajo voluntario las mujeres descubrieron sus capacidades, habilidades y posibilidades. En los surcos y en las fábricas demostraron su responsabilidad y disciplina, en las trincheras su decisión de defender el futuro conquistado con tanta sangre; en las aulas su interés en superarse y prepararse para contribuir a edificar una vida nueva; en las comunidades, sus condiciones y sensibilidad para la labor de prevención y atención social, para llevar adelante los programas de educación y salud, en el enfrentamiento al enemigo, su combatividad y fervor revolucionario.

10. *Mujeres y Revolución*, pp. 164–65.

La verdadera igualdad entre el hombre y la mujer solo puede convertirse en realidad cuando la explotación de ambos por el capital haya sido abolida, y el trabajo privado en el hogar haya sido transformado en una industria pública.*

FEDERICO ENGELS
5 DE JULIO DE 1885

Las mujeres no pueden quejarse de la Internacional, ya que acaba de nombrar a una señora, Madame Law, como miembro del Consejo General... Se progresó mucho en el último congreso de la Unión del Trabajo americana, que entre otras cosas trata a las trabajadoras con plena igualdad, mientras que un espíritu muy cerrado pesa sobre los ingleses y aún más sobre los galantes franceses en cuanto a este tema.

Todo el que sepa algo de historia sabe también que las grandes revoluciones sociales son imposibles sin el fervor femenino. El progreso social puede medirse exactamente por la posición social del [sexo femenino].†

CARLOS MARX
5 DE DICIEMBRE DE 1868

* Carta a Gertrud Guillaume-Shack, en inglés en Carlos Marx, Federico Engels, *Collected Works* [Obras Completas] (Nueva York, International Publishers, 1975–2004), Vol. 47, p. 312.

† Carta a Ludwig Kugelmann, en inglés en *Collected Works*, Vol. 43, p. 185. Harriet Law, abanderada del ateísmo en Gran Bretaña y —algo casi inaudito en esa época— campeona del derecho de la mujer al voto, participó en el Consejo General de la Asociación Internacional de los Trabajadores desde 1867 hasta el último congreso de la AIT en 1872.

Así, participando las mujeres se descubrieron a sí mismas, y así ganaron el respeto y la admiración de sus compañeros, de sus esposos, padres e hijos. Porque hombro con hombro, junto a ellos compartían el trabajo y la lucha por cumplir los objetivos de la revolución. Las mujeres se enaltecieron, ante sí mismas y ante la sociedad.

Agricultoras, cunicultoras, avicultoras, tractoristas, choferes, trabajadoras de bancos, relojeras, militares, milicianas, obreras, directoras y asistentes de círculos infantiles, maestras, trabajadoras sociales, brigadistas sanitarias, trabajadoras de la salud, dirigentes de la Federación y de las otras organizaciones de masas: irrumpieron en la vida pública, enriqueciendo la obra de todos con su talento, optimismo y seguridad en el triunfo.

Se trataba de una transformación histórica y trascendental del papel de la mujer en la familia y en la sociedad.

MOYA: ¿Fue el año 1961 un año tremendo para la FMC?

FERRER: Si, fue sin dudas un año tremendo. Cuando el ataque mercenario por Playa Girón en abril de 1961, la Federación puso en tensión todas sus fuerzas. Las brigadistas sanitarias se movilizaron, y en Ciudad Libertad[11] se constituyó el Cuerpo Auxiliar de los Servicios Médicos de las Fuerzas Armadas Revolucionarias. Partieron a Matanzas a cumplir sus misiones, atendiendo por igual a los cobardes mercenarios y a nuestros heroicos combatientes.

Las federadas participaron en el avituallamiento de los puestos de primeros auxilios próximos a las zonas de combate, atendiendo además 100 cocinas y tres hospitales. La organización movilizó a las mujeres para sustituir en sus puestos de trabajo a los combatientes que marchaban al frente. Recogieron ropas, medicinas y alimentos.

11. Ver la p. 257, nota 22.

Mientras eso ocurría, en 1961 la Federación tenía a las jóvenes campesinas en la Escuela Ana Betancourt. Más de 12 mil muchachas se graduaron de la escuela ese año.

Funcionaban ya las primeras escuelas para directoras, asistentes y orientadoras de la salud de los círculos infantiles. Se organizó la recogida de fondos para la adaptación de casas a círculos o la construcción de nuevos círculos.

También en 1961 se crearon las escuelas nocturnas de superación para domésticas, así como cursos especiales de automovilismo, mecanografía, taquigrafía y otras labores de oficina.

Y miles de federadas cumplían tareas en la gran campaña de alfabetización. Fue el año en que nuestro país se declaró libre de analfabetismo. La Federación integró los consejos de alfabetización a todos los niveles. Participó en el censo de analfabetos, en la movilización de compañeras como alfabetizadoras y en el convencimiento a las iletradas para que comenzaran sus clases. No pocas cuidaron sus hijos y asumieron sus tareas para que pudieran estudiar.

Las federadas atendieron albergues. Muchas actuaron como responsables de brigadas, partieron con los jóvenes alfabetizadores, permanecieron con ellos y regresaron con la misión cumplida. Otras cuidaron enfermos en hospitales o distribuyeron correspondencia.

Miles de compañeras brindaron sus hogares para el tránsito o la permanencia de brigadistas y los atendieron y cuidaron como a sus propios hijos.

Para que muchas maestras pudieran continuar sus tareas hasta finalizar la campaña, las federadas las sustituyeron en las aulas, organizando actividades recreativas, educativas, crearon coros y bandas. Enseñaron a los niños labores de artesanía, los llevaron a excursiones y les enseñaron a cultivar huertos.

FEDERACIÓN DE MUJERES CUBANAS

Yolanda Ferrer, secretaria general de la Federación de Mujeres Cubanas, presenta un Compromiso de las Mujeres Cubanas al presidente Raúl Castro en el 50 aniversario de la fundación de la FMC, 23 de agosto de 2010.

"La sociedad de hoy nada tiene que ver con el pasado capitalista", afirma el documento. "Se han transformado viejas formas de pensar y actuar, pero sabemos que queda mucho camino por andar".

Las federadas se movilizaron para las labores de construcción y para confeccionar el ropero de los círculos. En 1961, tras la nacionalización de [la revista burguesa] *Vanidades*, la Federación creó y asumió la dirección de la revista *Mujeres*. Se inauguró nuestra escuela nacional de formación de cuadros.

En 1961 también se impulsaron importantes campañas de salud, enseñando —en las zonas campesinas y las comunidades más pobres— diversos aspectos de sanidad e higiene del hogar, cómo hervir la leche y el agua, cómo preparar los alimentos y la importancia del parto institucional.

Se me olvidaba decirte que la Federación asumió importantes responsabilidades en el impulso a la avicultura, porque el país requería incrementar sustancialmente la producción de huevos.

La organización se creció a la altura de la confianza depositada en ella por las mujeres y por nuestro comandante en jefe: a la altura de aquel momento histórico, trascendental e inolvidable de la revolución.

Sin estructuras preconcebidas ni programas diseñados

ENTREVISTA A VILMA ESPÍN

EL 23 DE AGOSTO DE 1960 se constituyó la Federación de Mujeres Cubanas. Pero la verdad es que ya llevábamos más de un año de trabajo sentando las bases.

En 1959, el primer año después del triunfo, nosotros sentimos con mucha fuerza la presión de las mujeres que deseaban organizarse para participar mejor en las tareas de la revolución. Ya en los primeros meses, después de la victoria del 1 de enero, recordamos que en las concentraciones y en todas las actividades de calle llamaba la atención, precisamente, que había una gran cantidad de mujeres, incluso con bebés en los brazos. Había de verdad un apoyo muy fuerte a la revolución, y eso que todavía esta no había demostrado qué cosa era.

Muchas mujeres que ya estaban organizadas en pequeñas agrupaciones se dirigieron a mí específicamente. Me escribían cartas, me pedían entrevistas. En algunos casos eran grupos de las secciones femeninas de partidos políticos que apoyaban la revolución. También eran de organizaciones religiosas, como el caso de las mujeres católicas y las bautistas.

Extraído del relato ofrecido en octubre de 1987 a José Estrada Menéndez de los Estudios Fílmicos de las Fuerzas Armadas Revolucionarias. En Vilma Espín, *La mujer en Cuba* (La Habana: Editora Política, 1990).

Había algunas agrupadas por algún sindicato como las del sindicato de la aguja. Había mujeres campesinas, y naturalmente, mujeres que habían participado en la guerra.

Claro que las mujeres que habían participado en la guerra —ya sea en la clandestinidad o en las montañas— éramos las que recibíamos esa presión de las otras que querían seguir lo que habíamos hecho nosotras, participar en la revolución. Buscaban una forma para que las encamináramos.

Nos preguntaban: "¿Qué podemos hacer?"

"¿Cómo nosotras podemos demostrar el apoyo a la revolución?"

"¿Qué es lo que hace más falta?"

Pronto empezaron a pedir que se les preparara en primeros auxilios, ante las amenazas y agresiones del imperialismo. Con esto comenzó una de las primeras tareas. Empezamos a organizar cursos sin todavía tener organizada la Federación de Mujeres Cubanas. Las clases de primeros auxilios, junto con las clases de corte y costura, dieron inicio a la Federación, y no al revés.

Las clases fueron una forma, no solamente de dar respuesta a lo que nos pedían las compañeras en cuanto a primeros auxilios, sino también de buscar la manera de agrupar a las mujeres para poderles hablar y explicarles las cosas que ellas querían que se les explicara sobre la revolución.

Comenzaron a surgir las primeras leyes revolucionarias emitidas por el nuevo gobierno.[1]

1. Desde principios de 1959, el nuevo gobierno empezó a llevar a cabo medidas revolucionarias. Los tribunales enjuiciaron y sentenciaron a asesinos y torturadores del régimen de Batista. Los alquileres fueron rebajados drásticamente. Se redujeron las tarifas eléctricas y telefónicas. Se declaró ilegal la discriminación racial y la ley se hizo cumplir. Una ley de reforma agraria expropió los terrenos mayores de 400 hectáreas y 100 mil campesinos recibieron títulos de propiedad de las tierras que ellos y sus familias trabajaban.

Se decidió desde el primer momento, y fue una ley de la revolución, que todos los niños fueran a la escuela, que los padres tenían que mandar a los niños a las escuelas. Y la primera gran tarea fue buscar suficientes maestros para que todos los niños pudieran entrar en las escuelas primarias. Ya en ese momento las mujeres estaban respondiendo, las que eran maestras y las que tenían un sexto grado y se preparaban en cursos remediales.

También empezamos a ver a muchas mujeres que eran amas de casa, que no salían de sus hogares y que se habían dedicado solamente a sus hijos y a la familia. Sin embargo, nos pedían hacer algo.

Empezamos a organizar a las mujeres que ya estaban en los sindicatos, las mujeres que eran trabajadoras y las mujeres que habían tenido participación política de alguna forma, a través de la historia o a través de los últimos tiempos. Con ellas mismas comenzamos a crear las clases de primeros auxilios y de corte y costura. Las clases de primeros auxilios las hicimos con el apoyo de las Fuerzas Armadas y la Cruz Roja. Las de corte y costura las hicimos con las mujeres graduadas de estos cursos. Era una forma de aglutinar a las amas de casa, a las cuales les era muy interesante aprender a hacerse su ropa y la de sus hijos.

Iban compañeras que ya tenían un cierto nivel político y les explicaban qué cosa eran las nuevas leyes. Cuando comenzó la Ley de Reforma Agraria,[2] ellas preguntaban mucho sobre esto. La mujer campesina indudablemente se daba más cuenta de qué cosa significaba esa ley. Pero muchas se acercaban a las compañeras conocidas por su trabajo durante la lucha revolucionaria para que les dieran explicaciones, y preguntaban cómo apoyar a la revolución.

2. Ver en el glosario, Ley de Reforma Agraria.

> Siempre hemos resaltado que la idea de crear una organización surgió de las mujeres, sin estructuras preconcebidas ni programas diseñados. Solo con la voluntad de defender y participar en un proceso revolucionario que se planteaba transformar la situación de los explotados y discriminados y crear una sociedad mejor para todos.
>
> Cuando trasladamos a Fidel los deseos que me expresaron las mujeres de unirse, de organizarse, para participar activamente —no solo para recibir los beneficios, sino para dar, para convertirse en seres humanos socialmente útiles— tuvimos de él una alta valoración de esta importante decisión y un fuerte apoyo y comprensión.*
>
> VILMA ESPÍN
> 1997

De ahí que la Federación realmente surge, no como una decisión de la dirección revolucionaria, sino como una demanda de las masas femeninas de diferentes sectores de la sociedad que ya estaban activas.

El congreso de mujeres en Chile

En mayo de 1959 recibimos una invitación de la Federación Democrática Internacional de Mujeres para participar en el Congreso por los Derechos de la Mujer y el Niño, que se celebraría en Santiago de Chile a fines de noviembre. Esto

* "Arquitectas de su destino", entrevista concedida por Vilma Espín a Trine Lynggard en la edición no. 1 (1997) de la revista noruega *Kvinner Sammen* [Mujeres juntas]. Reproducida en una edición especial de *Mujeres,* revista de la FMC, agosto de 1997.

"El concepto de lo femenino comenzó a cambiar el día que triunfó la revolución. Empezaron a perder terreno los prejuicios".

YOLANDA FERRER

GRANMA

CORTESÍA DE TETÉ PUEBLA

Arriba: Santiago de Cuba, 1 de enero de 1959: Fidel Castro, Raúl Castro y Luis Orlando Rodríguez (desde la derecha), en el ayuntamiento. "Las mujeres son tan excelentes soldados como nuestros mejores soldados hombres", dijo Fidel Castro en el primer discurso del victorioso Ejército Rebelde al pueblo de Cuba. "La mejor prueba es el Pelotón Mariana Grajales".

Recuadro: Miembros del Pelotón Mariana Grajales en la Caravana de la Libertad, enero de 1959, que fue recibida con una efusión de apoyo popular en todo el trayecto de Santiago a La Habana.

"Con el triunfo de la revolución, muchas mujeres sintieron que su papel ya no era el de quedarse en casa. Había todo un campo de acción, trabajo y lucha en las que ellas debían participar".

ASELA DE LOS SANTOS

VERDE OLIVO

BOHEMIA

Arriba: Mujeres aprenden a vendar brazo fracturado, fines de 1960. "La Federación creó las Brigadas de Primeros Auxilios para mujeres que querían participar en la defensa", dijo Vilma Espín. "Las brigadas se organizaron a través de las fuerzas armadas en preparación para ayudar en un momento de guerra".

Recuadro: Trabajadoras de la tienda La Filosofía en La Habana, agosto de 1960, apoyan la nacionalización de empresas capitalistas en respuesta a crecientes ataques de Washington.

La presidencia, integrada por las delegadas de cada provincia y de las organizaciones femeninas nacionales, declara la unidad de la mujer cubana.

Fuerza indestructible es la unidad de mujeres cubanas

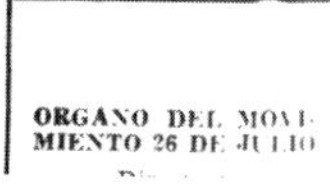

ORGANO DEL MOVIMIENTO 26 DE JULIO

GRANMA

OFICINA DE ASUNTOS HISTÓRICOS DEL CONSEJO DE ESTADO

"Se creó una organización femenina porque las mujeres mismas así lo demandaban", dijo Vilma Espín.

Arriba: Presídium de la reunión de fundación de la FMC, 23 de agosto de 1960; Espín está al centro. Las delegadas llegaron de todas las provincias y de diversas organizaciones nacionales de mujeres. El titular es del diario *Revolución*.

Abajo: Fidel Castro, Celia Sánchez (centro) y Espín en la fundación de la FMC. En esos momentos, dijo Espín, "Fidel tenía mucho más clara que nosotras una noción del nivel de desigualdad que existía en la sociedad y de lo que se debía hacer".

"¿Y quiénes van a hacer llegar la revolución a la casa de los campesinos? Sus propias hijas".

FIDEL CASTRO, 1960

BOHEMIA

FEDERACIÓN DE MUJERES CUBANAS

Durante los primeros cuatro años de la revolución, más de 21 mil jóvenes campesinas llegaron a La Habana para asistir a la Escuela Ana Betancourt. "Los primeros cuadros políticos que aparecieron en las zonas montañosas fueron mujeres", dijo Espín, entre ellas muchas "Anitas", según se les llamaba a las graduadas de la escuela. **Arriba:** Aprendiendo a medir y cortar tela.

Recuadro: Graduación de 8 mil "Anitas", diciembre de 1961. Cada una recibió una máquina de coser y se comprometió a enseñarles a 10 más. "No solo aprendieron a leer y escribir, a coser y cortar", dijo Espín. "Aprendieron también qué cosa era la revolución".

GRANMA

"Se crearon escuelas para muchachas domésticas que se habían quedado en las casas que abandonaban los burgueses", dijo Vilma Espín. "Cuando los dueños se marchaban de Cuba, dejaban a las domésticas sin nada. Entonces se creó una escuela para capacitarlas".

Arriba: Ex domésticas que se capacitaron como taxistas, 1961. **Recuadro:** Caricatura en la portada de una revista de humor cubana en 1961 se burla de una burguesa que se horroriza al encontrarse con su ex sirvienta, ahora empleada bancaria.

"1961 fue un año tremendo para
la Federación de Mujeres Cubanas.
La victoria de Playa Girón,
la campaña de alfabetización,
el inicio de los círculos infantiles,
la Escuela Ana Betancourt y más".

YOLANDA FERRER

ARRIBA: GRANMA

RAÚL CORRALES

BOHEMIA

VERDE OLIVO

Página opuesta, arriba: Voluntarias llegan a campamento para capacitación de alfabetizadores en Varadero, Cuba, 1961. **Abajo:** Primera unidad de mujeres milicianas, La Habana, fines de 1960. En abril de 1961, una invasión organizada por Washington fue derrotada en Playa Girón en menos de 72 horas.

Arriba: Pura Cruz (der.), en fábrica de pasta La Pasiega, enero de 1961. Ella reemplazó a su esposo, cuya unidad miliciana fue movilizada.

Abajo: Jóvenes campesinas en escuela para capacitar a trabajadores de círculos infantiles, en ex base militar de Batista, Campamento Columbia. La base fue ametrallada y bombardeada dos días antes de Playa Girón. "Se prepararon allí bajo el fuego", dijo Espín. "Nadie pidió volver a su casa".

"Cuando se dijo que Cuba iba a liquidar el analfabetismo en solo un año, parecía una afirmación temeraria, un imposible... Solo un pueblo en revolución era capaz de desplegar el esfuerzo y la energía necesarios para llevar adelante tan gigantesco propósito".

FIDEL CASTRO, 22 DE DICIEMBRE DE 1961

GRANMA

BOHEMIA

LIBORIO NOVAL/
GRANMA

GRANMA

Página opuesta, arriba: Alfabetizadoras van rumbo al campo, principios de 1961. Cien mil voluntarios, la mayoría mujeres y muchos apenas adolescentes, se sumaron a brigada juvenil Conrado Benítez. Esta se nombró en honor a un alfabetizador asesinado por contrarrevolucionarios apoyados por Washington.

Página opuesta, abajo: Obreros de cervecería condenan muerte de Manuel Ascunce, alfabetizador de 16 años, asesinado en noviembre de 1961 junto al campesino Pedro Lantigua, su estudiante.

Arriba, recuadro: Miembros de familia campesina se alfabetizan, 1961. **Abajo:** "Marcha de los Lápices", 22 de diciembre de 1961: centenares de miles en La Habana celebran victoria de la campaña de alfabetización.

"La participación de la mujer en la defensa de la patria es una demostración de la elevación de su conciencia política. Esto ha llevado también a muchas a participar en misiones internacionalistas".

VILMA ESPÍN

CIENCIAS SOCIALES

FEDERACIÓN DE MUJERES CUBANAS

Arriba: Médicos voluntarios cubanos con Ernesto Che Guevara (tercero de la izquierda) en Argelia, julio de 1964, dos años después de que este país conquistara su independencia de Francia. Fue la primera misión médica internacionalista de Cuba revolucionaria.

Abajo: Unidad especial FMC–Fuerzas Armadas Revolucionarias en Angola, mayo de 1976. Al centro: Vilma Espín, Raúl Castro. Miembros de la unidad asumieron responsabilidades desde jefe de cirugía en el hospital de Luanda hasta logística del aeropuerto principal.

GRANMA

JUVENTUD REBELDE

Arriba: Maestra cubana en la Costa Atlántica de Nicaragua, 1981. "En 1979, cuando Nicaragua pidió 2 mil maestros, se ofrecieron 30 mil voluntarios de Cuba", dijo Fidel Castro en 1998. "Y cuando las bandas contrarrevolucionarias organizadas por Estados Unidos asesinaron a algunos de esos maestros, ¡se ofrecieron 100 mil!"

Abajo: La teniente Milagros Karina Soto (centro) y otras miembros del Regimiento Femenino de Artillería Antiaérea cumplen misión en Angola, 1988, defendiendo el país de invasiones del régimen del apartheid sudafricano respaldado por Washington. Darles a las mujeres la oportunidad de combatir en la misión internacionalista en Angola, que duró 16 años, fue "una necesidad moral, una necesidad revolucionaria", dijo Fidel Castro.

> **"En respuesta a las necesidades de la revolución, creamos escuelas donde se prepararon mujeres para tractoristas, soldadoras, mecánicas, torneras y fresadoras".**
>
> VILMA ESPÍN

GRANMA

JOSÉ RICARDO LÓPEZ HEVIA/GRANMA

Arriba: La Habana, septiembre de 1968. Fidel Castro pasa revista a desfile con primeras 196 mujeres graduadas de tractoristas, conocidas como las "Piccolinas" por los tractorcitos italianos que manejaban. **Abajo:** Estudiantes en la Escuela de Química de La Habana, marzo de 2011. En 2009, el 64 por ciento de los médicos y el 52 por ciento de los egresados universitarios en Cuba eran mujeres.

MUJERES

RAÚL GONZÁLEZ/BOHEMIA

Arriba: Trabajadoras en la planta procesadora de níquel Comandante Ernesto Che Guevara en la Bahía de Moa, Cuba oriental. En Moa, "ahora lo tradicional es encontrar a las mujeres en puestos no tradicionales", dijo *Mujeres*, revista de la FMC, en 1997. Ahí las mujeres eran un 25 por ciento de los 2 mil ingenieros, electricistas, químicos, geólogos, trabajadores de almacenamiento e inspectores de calidad.

Abajo: Aprendiendo a usar soplete en escuela técnica, 1971. "La incorporación femenina a los centros laborales ha aumentado enormemente", dijo Espín. Así "las mujeres se han ido formando con una conciencia superior de su papel en la sociedad".

"Los 54 círculos infantiles terminados en menos de un año son un símbolo del proceso de rectificación, de la fortaleza del pueblo, de nuestra capacidad de transformar Cuba si seguimos el camino correcto".

FIDEL CASTRO, 30 DE DICIEMBRE DE 1987

FOTOS: BOHEMIA

Izquierda: Círculo infantil recién construido, 1990. **Recuadro:** Brigadistas voluntarios, muchos de ellos mujeres, construyen círculo infantil, fines de los 80. Las microbrigadas de construcción iniciadas en 1986 llegaron a tener más de 30 mil trabajadores. Antes se construía apenas un círculo infantil al año en La Habana. "Los propugnadores de ideas reaccionarias en el seno de la revolución decían que construir un círculo infantil era gasto social" innecesario, dijo Fidel Castro.

ARRIBA: TERRY COGGAN/MILITANTE — LAURA GARZA/MILITANTE

Arriba: Microbrigadistas construyen edificio de viviendas en La Habana, enero de 1988. "Reavivamos el trabajo voluntario", dijo Espín. "Reavivamos su papel en la formación de las nuevas generaciones, en la agilización de la actividad creadora de todo el pueblo en la solución de sus propios problemas".

Abajo: Voluntarios de la Unión de Jóvenes Comunistas empacan plátanos, provincia de Holguín, septiembre de 1994, durante la crisis económica de los años 90, precipitada por la interrupción del comercio y la ayuda de la Unión Soviética. La crisis suspendió la construcción y la expansión de la producción, pero la Federación de Mujeres Cubanas libró una lucha exitosa para frenar la decaída de la tasa de participación de la mujer en la fuerza laboral.

"Una de las cuestiones por las cuales juzgarán a nuestra revolución en los años futuros será la forma en que hayamos resuelto en nuestra sociedad y en nuestra patria los problemas de la mujer".

FIDEL CASTRO, 1974

Arriba: Manifestación de 5 mil mujeres organizada por la FMC en Holguín, Cuba, 19 de noviembre de 2011, reclama libertad para Gerardo Hernández, Ramón Labañino, Antonio Guerrero, Fernando González y René González: cinco revolucionarios cubanos encarcelados por Washington bajo cargos falsos desde 1998.

Recuadro: En la primera fila: (desde la derecha) Rosa Aurora Freijanes y Elizabeth Palmeiro, esposas de Fernando y Ramón; Magali Llort (cuarta de la derecha) y Mirta Rodríguez (al frente), madres de Fernando y Antonio; y Roselia Taño (detrás de Mirta, aplaudiendo), secretaria general de la FMC en la provincia de Holguín.

nos sirvió como forma de empezar a crear las bases de la organización, es decir, establecer la base organizativa. De ahí que formáramos un comité de auspicio de ese congreso y comenzáramos a plantear los temas que se iban a discutir. Era una forma de levantar la conciencia sobre las necesidades de la mujer en todos los países del mundo, sobre todo en los subdesarrollados. Esto nos sirvió para iniciar el proceso de organización de la Federación.

Estos comités de auspicio del congreso de Chile los empezamos a trabajar rápidamente. Creamos unas comisiones a nivel provincial y a nivel de municipios, a través de compañeras que tenían prestigio por su participación en la lucha, de esposas y madres de compañeros que habían caído. Con estos grupos se crearon los comités de auspicio en cada provincia y después en los municipios. Se constituyeron comités de base desde la Sierra Maestra, en las montañas, en el campo, en las ciudades. Estos comités serían las bases de la Federación de Mujeres Cubanas.

Cuando asistimos al congreso en Chile en noviembre de 1959, llevamos una delegación de más de 80 mujeres de todos los sectores de la sociedad cubana. Ese viaje se sufragó con el aporte de mujeres de todo el país, de todo el pueblo. Muchas de las empresas que en aquel tiempo eran privadas nos dieron un aporte para ese viaje. Así pudimos sufragar los gastos de una delegación bien grande. Se representó en esa delegación a mujeres que eran trabajadoras de muchos sectores, a amas de casa, a mujeres que pertenecían a partidos políticos, que se conocían del Partido Ortodoxo, del Partido Socialista Popular, compañeras que habían luchado en la montaña y en la clandestinidad, del Movimiento 26 de Julio, mujeres campesinas.

Ya también después del triunfo del 1 de enero se habían creado algunas organizaciones, como las de mujeres cam-

> La Segunda Guerra Mundial culminó en la lucha por la soberanía de los pueblos coloniales. Entre 1945 y 1957, más de 1.2 mil millones de seres humanos conquistaron su independencia en Asia y África. La sangre vertida por los pueblos no fue en vano. El movimiento de los pueblos colonizados es un fenómeno de carácter universal que agita al mundo y marca la crisis final del imperialismo.*
>
> SEGUNDA DECLARACIÓN DE LA HABANA
> FEBRERO 1962

pesinas, de los antiguos liceos sociales y la organización religiosa Con la Cruz y con la Patria.[3] Todas ellas apoyaban la revolución.

Al congreso de Chile fueron representantes de estas mujeres. Así empezó la Federación, todavía sin el nombre de Federación, pero sí ya con la idea de una organización femenina, para participar en todas estas tareas que nos presentaba la revolución que eran tan urgentes. Ya se empezó a trabajar con una conciencia, de todas las mujeres que comenzaron con ese comité de auspicio, de que íbamos más allá, de que estábamos creando una organización femenina porque las mujeres mismas así lo demandaban.

Además se iniciaron los cursos de corte y costura y los cursos de primeros auxilios; empezamos a dar los diplomas a las que se iban graduando en primeros auxilios. Se comenzaron a situar tareas para la salud que surgían de las necesidades.

3. Ver en el glosario, Con la Cruz y con la Patria.

* En *La Primera y Segunda Declaración de La Habana* (Pathfinder, 1997, 2007), p. 44 [impresión de 2007].

Todo esto todavía sin tener siquiera el nombre de Federación de Mujeres Cubanas. Es decir, la Federación de Mujeres Cubanas existía ya, pero no tenía nombre.

En el congreso de Chile en noviembre de 1959, pudimos dar a conocer lo que había ocurrido en Cuba, qué significaba toda esa etapa de la lucha contra la tiranía, las nuevas leyes y la revolución que comenzaba. También nos sirvió para establecer relaciones con muchas mujeres y organizaciones revolucionarias de todo el continente, e incluso de países de Europa y de Asia. Fueron mujeres de todos los continentes como representantes, aunque el congreso era de América. Fueron mujeres de Norteamérica, fueron representantes de la dirección de la Federación Democrática Internacional de Mujeres y también fueron mujeres soviéticas. Fue nuestro primer contacto con mujeres de los países socialistas.

A partir de ahí decidimos continuar trabajando en la creación de las bases de la organización, tomando como punto de partida el trabajo que habíamos utilizado para ir a Chile. Ya teníamos una pequeña dirección en la cual estaban representados todos los sectores que habían colaborado. Nos lanzamos al trabajo de ir hacia la base con el objetivo de hacer elecciones en cada delegación, las cuales se constituyeron sin tener nombre.

Se hizo un llamado para proseguir las decisiones que se habían tomado en el congreso de Chile, e incluimos las cosas nuestras. Queríamos que las clases de primeros auxilios se hicieran mucho más regulares y se extendieran a todo el país. Establecimos un método nuevo y sencillo que se llamó "Ana Betancourt" para las clases de corte y costura.[4]

Por otra parte, había gente a la que ya no le empezaba a gustar la revolución, y las mujeres empezaron a responder. Bus-

4. Ver en el glosario, Ana Betancourt, y la p. 291.

> Ha sido hoy una feliz y significativa coincidencia que en los precisos momentos en que el imperio poderoso moviliza todos sus millones y todas sus influencias para maniobrar contra nuestra patria, cuando se trata de cercar a nuestro país y de justificar agresiones contra nuestro país allá, en el seno de la Organización de Estados Americanos,* ¡hoy precisamente!, se haya constituido esta Federación de Mujeres Cubanas, como respuesta digna… Es la expresión viva de lo que es un pueblo, y ¡de lo que es un pueblo revolucionario, de lo que es un pueblo… verdaderamente libre y soberano!…
>
> Es tarea de la Federación de Mujeres Cubanas organizar a la mujer cubana, preparar a la mujer cubana, ayudar a la mujer cubana en todos los órdenes… y verán cómo la revolución podrá contar con una fuerza más, con una nueva fuerza organizada, con una tremenda fuerza social y revolucionaria.†
>
> FIDEL CASTRO
> 23 DE AGOSTO DE 1960

* La Organización de Estados Americanos —el "Ministerio Yanqui de Colonias", según la calificara Che Guevara— se reunió en San José, Costa Rica, del 22 al 29 de agosto de 1960, donde el gobierno norteamericano alineó a la mayoría de los estados miembros en contra de Cuba. La respuesta cubana en defensa de su soberanía, presentada en la Primera Declaración de La Habana, fue aprobada por una asamblea de más de un millón de personas el 2 de septiembre de 1960. Ver *La Primera y Segunda Declaración de La Habana*, pp. 25–33.

† Discurso en acto de fundación de la Federación de Mujeres Cubanas. En *Mujeres y Revolución*, pp. 34–40.

En estos momentos comenzamos una nueva lucha. El 1 de enero, cuando todos creyeron que habíamos alcanzado la victoria, aquello solo fue el comienzo...

Las mujeres ocupamos nuestro puesto en esta gran pelea. Es la pelea de una nueva patria, de una patria que siembra escuelas, que crea cooperativas para el bienestar de la familia campesina, una pelea, en fin, por la dignidad ciudadana.

Esta victoria inicia la ira de nuestros enemigos. La mujer cubana está consciente del momento histórico que vivimos y ha decidido mantenerse fiel a la revolución para defenderla junto a los campesinos, los obreros y el pueblo de Cuba, para la felicidad y el futuro de nuestros hijos.*

VILMA ESPÍN
23 DE AGOSTO DE 1960

caban a las compañeras que habían participado en la guerra, en la vida clandestina, en la lucha, y les pedían respuestas para dar a las personas que empezaban a plantear cosas en contra de la revolución. A principios de 1960 empezaban a haber pequeñas manifestaciones que salían de iglesias donde curas reaccionarios azuzaban a la gente, y las mujeres empezaban a enfrentarse a estas en las calles.

La naciente organización de las mujeres fue creciendo. En cada delegación que se constituía se nombraba a la presidenta y a las compañeras que iban a tener algunas tareas, por ejem-

* Discurso en acto de fundación de la Federación de Mujeres Cubanas. Extractos publicados en el diario cubano *Revolución*, 24 de agosto de 1960.

plo, de la salud. Comenzaban las manifestaciones de calle, y las mujeres asistían a las concentraciones para apoyar la revolución. Eran muy activas en todo el país, y no solamente en forma espontánea. Desde su propia casa la mujer, cuando se presentaba una situación, no solo salía a la calle, sino que ya pedía orientaciones a la naciente dirección nacional.

Cuando el 23 de agosto de 1960 se constituyó la Federación, en realidad existía ya hacía bastante tiempo. Ya tenía sus bases constituidas y sus elecciones hasta nivel nacional. Pero habíamos demorado un poco por las enormes tareas que había en 1960, y claro, queríamos que Fidel presidiera esa constitución.

Para los meses de junio y julio de 1960, comenzamos a plantear, "Bueno, Fidel, ¿cuándo?"

Y él decía, "En cuanto tenga un chancecito, vamos a constituir la organización".

En esa reunión fue que se le dio nombre a la Federación de Mujeres Cubanas. Se lo dio Fidel mismo. Había varias proposiciones y él dijo, "Bueno, vamos a ponerle Federación de Mujeres Cubanas".

Participación: esencia de la revolución

Cuando yo hablo de la creación de la Federación, siempre recalco el hecho de que en aquel momento nosotros no hablábamos ni de liberación de la mujer, ni de la emancipación de la mujer, ni de la lucha por la igualdad. Nosotros ni usábamos esos términos en aquel momento. De lo que sí hablábamos era de la participación. Las mujeres querían participar. Había mujeres que habían tomado parte activa en la lucha, que habían estado en las montañas, y ellas querían, como otras mujeres en el país, ayudar en esa etapa nueva que se vislumbraba, que era una verdadera revolución.

Desde los primeros momentos, las leyes dejaban muy claro

para esa madre, para esa ama de casa, para la mujer que había perdido a sus hijos en la lucha, que esta revolución era para beneficio de ella, de sus hijos y de la familia.

La mujer tuvo una confianza completa en la revolución, pues a diario se daban pruebas reales de que la revolución ya no era una de esas historias o de esos cuentos que habían contado los politiqueros hasta aquel momento. Esta revolución sí era cierta, y las mujeres querían participar y hacer algo. En la medida en que las leyes revolucionarias hacían más fuerte esa convicción, más las mujeres demandaban, y más ganaban en conciencia de la necesidad de su contribución.

A veces me piden que defina qué cosa ha sido la Revolución Cubana con una palabra. Yo digo que es un fenómeno de participación, es la participación de todo el pueblo en todo. Junto, todo el pueblo pasó años difíciles. En las mujeres esto ha sido muy fuerte desde el primer momento. Empezaron a entender lo que planteaba Lenin con mucha fuerza: que para que la revolución avance, se desarrolle, tienen que participar las mujeres.

Esa fue la primera gota de conciencia política que tomó la mujer. Cuando Fidel, ese 23 de agosto de 1960, oficialmente le dio el nombre a esta organización —una organización que había estado trabajando y que ya realizaba una serie de tareas de salud, de educación, corte y costura, primeros auxilios —y le asignó algunas nuevas tareas, como la creación de los círculos infantiles— la mujer estaba plenamente segura de que ella tenía posibilidades de participación en la revolución.

En la medida en que se iban creando las delegaciones en los municipios, sobre todo en los primeros meses de 1960, íbamos concretando las tareas más urgentes, las que surgían con la revolución. Por ejemplo, como mencioné antes, una de las primeras tareas de la Federación fue ir preparando maestras en los cursos remediales entre las mujeres que tuvieran más

Era necesario cambiar la mentalidad de la mujer, habituada a jugar un papel secundario en la sociedad por los largos años de discriminación sufridos, demostrarle sus propias posibilidades, su capacidad para realizar cualquier labor, trasmitirle los urgentes requerimientos de la revolución para la edificación de la nueva vida. Era preciso enaltecer a la mujer ante sí misma y ante la sociedad.

Comenzamos nuestra labor mediante tareas sencillas que nos permitieron llegar a las mujeres, motivarlas a salir del estrecho y reducido marco en que se desenvolvían, explicarles los objetivos de la revolución y el papel que les correspondía jugar en el proceso.

Desde el principio perseguimos un doble propósito:

A través de la educación ideológica, crear conciencia para realizar las tareas.

A través de las tareas, ir educando ideológicamente.*

VILMA ESPÍN
NOVIEMBRE DE 1974

de sexto grado. Porque si había 10 mil maestros cesantes, sin escuelas, antes del triunfo de la revolución, inmediatamente después del 1 de enero esos 10 mil maestros no nos alcanzaban para nada.

Además de los cursos de primeros auxilios y de corte y costura que se iniciaban, de toda la tarea organizativa y la crea-

* Informe central al segundo congreso de la FMC. En *Memorias: II Congreso Nacional de la Federación de Mujeres Cubanas* (La Habana: Editorial Orbe, 1975).

GRANMA

“A finales de 1959 venían aviones desde Miami y bombardeaban cañaverales y centrales azucareros. Los contrarrevolucionarios empezaban a hacer sabotajes en las fábricas”. —Vilma Espín

Arriba: Trabajadores y milicianos combaten incendio en tienda El Encanto en La Habana tras ataque contrarrevolucionario, 13 de abril de 1961. Cuatro días después comenzó la invasión mercenaria de Playa Girón organizada por Washington. En 1960–61 hubo nueve ataques dinamiteros o incendiarios contra grandes tiendas en La Habana, así como atentados contra supermercados, cines, hoteles, fábricas, almacenes y otras instalaciones públicas. **Recuadro:** Fe del Valle, miliciana y trabajadora en El Encanto, quien estaba de guardia la noche del ataque. Ella murió tratando de rescatar fondos recaudados por empleados para construir un círculo infantil en la tienda.

ción de muchas más delegaciones, se iban concretando nuevas tareas de acuerdo con los planes de educación y de salud. Estaban los planes de erradicación de los barrios insalubres,[5] de erradicación de algunas de las enfermedades que había padecido nuestro pueblo, por ejemplo, el paludismo y la gastroenteritis, acabar con las moscas y los mosquitos, mantener la higiene, enseñar a las mujeres cómo hervir la leche y el agua. No solamente decirles "hierve la leche y el agua", sino explicarles en detalle cómo hacerlo.

Ya a finales de 1959, venían aviones desde Miami y bombardeaban cañaverales y centrales azucareros.[6] También los contrarrevolucionarios empezaban a hacer sabotajes en las fábricas. Ya en 1960 comenzamos a crear las Brigadas de Primeros Auxilios, no solo a partir de las clases masivas, sino con mujeres que querían participar en el trabajo de la defensa y a través de las Fuerzas Armadas. Constituimos las Brigadas de Primeros Auxilios con características de preparación para ayudar en un momento de guerra, en labores de escombreo, camillaje y todo eso. De ahí surgió la concepción de cómo serían las Brigadas de Primeros Auxilios.

5. En países capitalistas por toda América Latina, "erradicar barrios insalubres" es un eufemismo que significa arrasar los tugurios y expulsar a trabajadores. En Cuba después de enero de 1959, este término se refiere a los esfuerzos integrales del gobierno revolucionario para mejorar las condiciones en zonas residenciales empobrecidas —involucrando a la población local— con la reparación o reconstrucción de viviendas dilapidadas y la introducción de clínicas, escuelas y servicios de alcantarillado, agua potable y electricidad.

6. Los ataques incendiarios contra cañaverales y otros cultivos cubanos comenzaron en octubre de 1959 y continuaron durante todo el año 1960. Estas agresiones se intensificaron después de la derrota de la invasión organizada por Washington en Playa Girón en abril de 1961.

El gobierno de la dictadura del proletariado [en Rusia soviética], junto con el Partido Comunista y los sindicatos, hace todo lo posible para superar las concepciones atrasadas de los hombres y las mujeres y acabar así con la vieja psicología no comunista. En las leyes se ha efectuado, desde luego, la plena igualdad de derechos del hombre y la mujer. En todas las esferas se observa un deseo sincero de llevar a la práctica esta igualdad.

Estamos incorporando a las mujeres al trabajo en la economía soviética, en los organismos administrativos, en la legislación y en la labor del gobierno. Les estamos abriendo las puertas de todos los cursos y centros docentes. Estamos creando cocinas populares y comedores públicos, lavaderos y talleres de reparación, guarderías, jardines de infantes, orfanatos y todo género de establecimientos educativos.

En una palabra, estamos aplicando de verdad la reivindicación de nuestro programa de trasladar las funciones económicas y educativas de la vida doméstica individual a la sociedad. Así la mujer se liberará de la vieja esclavitud doméstica y la dependencia de un hombre. Eso le permitirá actuar plenamente de acuerdo con sus capacidades e inclinaciones. A los niños se les ofrecerá condiciones más favorables para su desarrollo que las que pudieran tener en casa.

Tenemos les leyes más avanzadas del mundo en cuanto a la protección de las mujeres trabajadoras. Los funcionarios del movimiento obrero organizado

(Sigue en la próxima página)

las hacen valer. Estamos organizando casas de maternidad, casas para la madre y el niño, consultorios para las madres. Organizamos cursos para aprender a cuidar a los niños de pecho y de corta edad, exposiciones sobre la protección de la maternidad y la infancia, etc. Hacemos los mayores esfuerzos para satisfacer las necesidades de las mujeres cuya situación material no está asegurada y de las trabajadoras desempleadas.

Sabemos muy bien que todo esto es aún poco en comparación con las necesidades de las masas femeninas trabajadoras, que es aún completamente insuficiente para su efectiva emancipación. Pero esto representa un gigantesco paso de avance con respecto a lo que existía en la Rusia zarista, capitalista. Esto es incluso mucho en comparación con lo que se hace allí donde el capitalismo ejerce aún su dominio absoluto. Este es un buen comienzo. El rumbo es acertado, y lo seguiremos de manera consecuente, con toda nuestra energía. Cada día de existencia del estado soviético nos hace ver con más claridad que no avanzaremos sin la participación de millones de mujeres.*

V.I. LENIN
1920

* Traducido de V.I. Lenin, *The Emancipation of Women* [La emancipación de la mujer] (Nueva York: International Publishers, 1934, 1938, 1951, 1966), pp. 115–16.

Al mismo tiempo las brigadistas realizaban otras tareas de salud, por las coordinaciones de la Federación con el Ministerio de Salud Pública. Dentro de estas, por ejemplo, estuvo la primera vacunación contra la polio.[7]

La Federación también fue responsable del plan materno-infantil. No solamente fue el parto institucional, que nosotros teníamos como meta inicial en las zonas de montaña, en las zonas donde nunca antes hubo hospitales, y que se fueron creando. Ya existían delegaciones de la Federación en esas zonas, y en esos lugares la organización ayudó desde a poner los ladrillos para los hospitales y las escuelas, hasta organizar a la gente. A las mujeres en aquellos lugares, muchas de ellas analfabetas, les correspondieron tareas políticas muy importantes.

¿Qué encontramos en los años 1960–61, cuando uno iba a esas zonas montañosas —digamos, de la Sierra Maestra— y nos llevaban a conocer a los compañeros de la dirección política? Había cuatro factores. Allí estaban los médicos, los primeros médicos que empezaban a llegar a las zonas de montaña y de campo. Estaban también las maestras, integrantes de los primeros contingentes voluntarios de alfabetizadores "Frank País".[8] Un factor político importante era la Federación de Mujeres Cubanas, porque todavía no estaba constituido el partido. Y el factor militar era la Milicia Serrana. Esos eran los cuatro factores de dirección en esa comunidad.

Esto le dio una confianza y un prestigio muy grande a la

7. La primera campaña de vacunación contra la polio se hizo en febrero de 1962. Más de dos millones de niños fueron vacunados por 70 mil voluntarios de los Comités de Defensa de la Revolución, la Asociación Nacional de Agricultores Pequeños y la Federación de Mujeres Cubanas.

8. Ver pp. 266–268.

> Cuando nosotros llegamos esta noche aquí, le dije a un compañero que este fenómeno de las mujeres en la revolución era una revolución dentro de otra revolución. Y si a nosotros nos preguntaran qué es lo más revolucionario que está haciendo la revolución, responderíamos que es precisamente esto: la revolución que está teniendo lugar en las mujeres de nuestro país…
>
> Si las mujeres en nuestro país eran doblemente explotadas, eran doblemente humilladas, eso significa sencillamente que en una revolución social las mujeres deben ser doblemente revolucionarias.
>
> Y esto tal vez explica, y se puede decir que es la base social que permite explicar por qué la mujer cubana apoya tan decididamente, tan entusiastamente, tan firmemente, tan fielmente a la revolución.*
>
> FIDEL CASTRO
> 9 DE DICIEMBRE DE 1966

mujer, porque prácticamente las primeras que tuvieron funciones políticas en la zona campesina fueron las mujeres. También se constituyó la ANAP.[9]

La Federación también ayudó a crear los Comités de Defensa de la Revolución a nivel de cuadra, pues ya llevábamos más de un año de trabajo.[10] El 28 de septiembre de 1960, un mes después de constituirse la FMC, se planteó la creación

9. Ver en el glosario, Asociación Nacional de Agricultores Pequeños, fundada en mayo de 1961.

10. Ver en el glosario, Comités de Defensa de la Revolución.

* Discurso en la quinta plenaria nacional de la Federación de Mujeres Cubanas, en *Mujeres y Revolución*, pp. 115–19.

de los CDR, y para ello se utilizaron las bases de nuestra organización. Muchas de las compañeras eran al mismo tiempo dirigentes de la Federación y de los CDR, y una de las primeras tareas que le correspondió realizar a la Federación de Mujeres Cubanas fue buscar otros cuadros para que constituyeran los CDR.

Este trabajo ayudó mucho a que la mujer confiara más en sus posibilidades, porque tuvo que asumir responsabilidades sin tener ninguna idea de la tarea que le iba a tocar. Fue el factor de impulso de todos los planes: de salud, de educación. De verdad que fueron años heroicos, bellísimos, en que la mujer se creció enormemente.

El prestigio que ha ganado la mujer en nuestro país —la posibilidad de que toda la sociedad comprenda su preparación para trabajar en cualquier sector— depende de esa actitud que tomó la mujer y de esas tareas que muy rápidamente le tocaron en todas partes del país. En medio de la creación de la Federación, de la organización de sus delegaciones de base, asumieron estas tareas.

Salud pública: nuevos desafíos

Las tareas de salud fueron de mucha importancia en aquel momento. Indudablemente se trata de una tarea política fundamental. Eso lo vemos cuando nuestros médicos han ido a cualquiera de los países, algunos que hasta han estado en plena guerra, como la brigada médica que fue a Nicaragua durante la etapa de Somoza.[11] Las brigadas médicas que han

11. Después del terremoto de 1972 que arrasó a Managua, Nicaragua, el gobierno cubano envió una brigada de médicos y otros voluntarios de la salud a ese país, así como 100 toneladas de medicinas y alimentos. Los revolucionarios cubanos lo consideraron un acto elemental de internacionalismo proletario, a pesar de su intransigente oposición a la dictadura de la familia Somoza y su activo

ido a Honduras, las que han estado yendo a países de África, a través de los años pasados, los pueblos las han recibido con satisfacción. Se trata de una persona que viene a curar a sus hijos, a darles las medicinas, a salvar al herido. ¡Esto ha tenido una fuerza política tan intensa!

Hoy el médico de la familia es también una fuerza política formidable.[12] Es el mensaje más humano de la revolución, el más directo con toda la familia.

La Federación ha estado desde el principio vinculada a todas estas instituciones. Cada área de salud tiene un número de brigadistas sanitarias. Una razón importante en cuanto a lo que hemos logrado al bajar los índices de mortalidad infantil ha estado en la participación del pueblo en las tareas de la salud. Aquellas sencillas medidas que comenzamos, de cómo hervir la leche y hervir el agua, ya en los primeros momentos ayudaron a reducir los índices de mortalidad. La gastroenteritis empezó a bajar, la poliomielitis se erradicó, el paludismo prácticamente se eliminó en los primeros años. Y eso se logró con tarea de masas, ¡que incluía hasta la limpieza de las casas!

Todavía muchas mujeres eran analfabetas. Pero ya estaban entendiendo muy claramente que la salud de sus hijos dependía de la limpieza y del tipo de alimentación que se daba. A veces no solamente dependía de la pobreza que había en la familia, sino de que no sabían muy bien cómo preparar los alimentos, o cuáles eran los más importantes. Por ejemplo,

---

apoyo y solidaridad con la lucha para derrocar a esa tiranía, dirigida por el Frente Sandinista de Liberación Nacional. Siete años después, en julio de 1979, los trabajadores y campesinos de Nicaragua derrocaron al régimen somocista.

12. El programa del médico de la familia en Cuba, iniciado en enero de 1984, fijó una meta de poner un equipo comunitario de un médico y una enfermera a la disposición de cada 120 familias.

había lugares donde nunca hubo leche y la madre no sabía la importancia tan grande que tenía para el desarrollo del niño el incluir la leche en la alimentación diaria.

La Federación insistió mucho en los aspectos de sanidad e higiene del hogar y la alimentación. Enseñó a preparar los alimentos, a evitar que se contaminaran, a preparar los primeros biberones de la criatura. En la medida en que se iban constituyendo hospitales, había que convencer al campesino de que lo mejor era que la mujer fuera a dar a luz al hospital. Al principio costaba un poco de trabajo, pero después el campesino veía muy claramente que no se morían los niños, no había infecciones, no había septicemias, la infección de la sangre que tantas veces se presentaba en la mujer puérpera. Esas fueron nuestras primeras tareas de salud.

Actualmente existe una estrecha vinculación del médico de la familia con la brigada sanitaria y la delegación de la Federación, en general y en cuanto a muchos otros aspectos que hoy se desarrollan, como por ejemplo, la educación sexual. En los primeros años había problemas de una alta natalidad por ignorancia en muchas zonas del país. Entonces, en 1964 empezamos a explicar temas dirigidos a que las familias conocieran sobre la procreación y sus bases científicas. Comenzamos a dar debates a través de la revista *Mujeres*.

Utilizábamos la revista para llevar temas de salud a la mujer, y comenzamos dentro de esos debates con temas de educación sexual. Explicamos cómo evitar las enfermedades venéreas. Cómo evitar los hijos a través de los anticonceptivos, que en aquel momento teníamos a disposición de la población. Hacíamos una campaña muy fuerte para que la mujer fuera a la consulta del ginecólogo y del obstetra.

Luego vinieron también la prueba citológica, que es muy importante para evitar las muertes por cáncer cérvico-uterino, y las pruebas para detectar a tiempo el cáncer de mamas.

Todas estas han sido tareas que hemos mantenido permanentemente, y que hoy se ven muy calzadas, con una fuerza enorme, con el médico de la familia.

Una de las instituciones que se crearon en aquellos primeros años fueron los hogares maternos. En muchos casos no era porque las mujeres no querían ir al hospital a dar a luz, sino que vivían demasiado lejos y no había caminos suficientes, no había transportación adecuada. Entonces se decidió por el Ministerio de Salud Pública que estas mujeres estuvieran más cerca de los hospitales, y se crearon estos hogares maternos. En algunos casos se traían 45 días antes del parto. Pero había muchachas que llegaban antes porque tenían un embarazo difícil, y había temor por parte del médico de dejarlas tan lejos.

Brigadistas sanitarias

Nuestras brigadistas sanitarias, nuestras trabajadoras sociales, el Movimiento de Madres Combatientes por la Educación,[13] constituyeron fuerzas en la organización de las masas, en la participación del pueblo, en la erradicación de problemas muy serios. La brigadista sanitaria que se inició con aquellas tareas de higienización ahora trabaja con un plan muy coherente y planificado que el Ministerio de Salud Pública evalúa anualmente.

Cada año se inician nuevos planes. Ahora es mucho más perfecto el trabajo de la detección de las embarazadas. Ahora es todo un plan en que se chequea si las embarazadas han estado yendo a su consulta mensual. Después que nace el niño, vemos si se están cumpliendo los plazos de vacunación, si llevan a sus hijos a las consultas de los niños sanos.

Las brigadistas sanitarias tienen un plan para tiempo de

13. Ver pp. 271–274.

guerra, y todas se preparan para ello. Nuestras primeras brigadistas sanitarias, que estaban vinculadas directamente a las Fuerzas Armadas Revolucionarias, participaron en Playa Girón atendiendo a los heridos allí.[14]

En general, en los sectores de educación y salud históricamente han habido más mujeres que hombres. Pero después del triunfo de la revolución ha sido muy fuerte la participación femenina. Ya hay una cantidad muy grande de mujeres médicos, y ya hay directoras de hospitales y directoras de centros de investigación médica.

Muchas de las tareas de humanización, como dice Fidel, de hacer cada vez más humana la atención en los hospitales, surgieron de las demandas de la mujer a través de la Federación. Por ejemplo, esto de que las madres se queden con los niños en los hospitales fue un planteamiento de las madres. El Ministerio de Salud Pública temía el peligro de las infecciones, entre otros problemas. Pero hicimos un análisis conjunto y se decidió, hace muchos años, que se instituyera la madre acompañante, que las madres se queden en el hospital con los niños. Ya en los últimos años, a partir del cuarto congreso de la FMC en 1985, se ha llegado a una gran comprensión de que el padre acompañante es muy útil también en el hospital.

En 1961, la gran campaña de alfabetización trajo nuevas responsabilidades. La Federación no solamente se dedicó a lograr que todos los padres mandaran a los niños a la escuela, sino que además entramos directamente en la creación de condiciones para que la mujer se superara, que fuera a las aulas, que aprendiera a leer y a escribir. Fidel lo señaló con mucha fuerza en la reunión de constitución de la Federación.

En la campaña de alfabetización, la fuerza alfabetizadora

14. Ver en el glosario, Playa Girón.

La Federación de Mujeres Cubanas desde los primeros años de la revolución enfrentó aspectos fundamentales relacionados con los más graves problemas derivados de la ignorancia que padecían las mujeres: el conocimiento de su propio cuerpo, sobre su sistema reproductivo, sobre la salud sexual y sobre la posibilidad de planificar el número de hijos y el espacio entre un parto y otro.

Pronto logramos que el aborto se introdujera como un servicio en el sistema de salud, solamente legalizado si se realiza en centros hospitalarios por personal especializado con todas las condiciones de asepcia imprescindibles. Bien pronto, la Federación convocó a las instituciones de salud y educación para realizar una labor educativa y un verdadero programa de educación sexual muy sólidamente asentados en conceptos avanzados y criterios científicos.* †

VILMA ESPÍN
1997

* "Arquitectas de su destino", en *Mujeres,* número especial, agosto de 1997.

† En Cuba el aborto se prohibía bajo el código penal de 1879 impuesto por los gobernantes coloniales españoles. Una revisión de la ley en 1938 permitió la interrupción del embarazo en casos de violación o de ciertos defectos congénitos, o para salvar la vida de la mujer. Durante los primeros años de la revolución, las actitudes sociales que aún se aceptaban de manera generalizada en Cuba, especialmente en el campo, rechazaban el derecho de la mujer de interrumpir el embarazo. Se aplicaba la ley de 1938. La disponibilidad del aborto en condiciones sanitarias se veía limitada también por el hecho de que la mitad de los 6 mil médicos en Cuba —incluida la mayoría de los especialistas, tales como ginecólogos y obstetras— abandonaron la isla y se fueron a Estados Unidos.

En 1965, un reglamento del Ministerio de Salud Pública inter-

fue mayoritariamente femenina, porque la mayoría de los maestros en aquel tiempo eran mujeres. Y también la mayoría de los analfabetos eran mujeres, el 55 por ciento. Así que fue una tarea que requirió mucho del trabajo de la mujer: alfabetizando y recibiendo las clases para ser alfabetizadas.

Escuela de Campesinas Ana Betancourt

En enero de 1961 recibíamos las primeras de las 21 mil campesinas que entrarían en las escuelas Ana Betancourt, que se crearon por iniciativa de Fidel.[15] Tanto la Federación como la dirección revolucionaria comprendían la necesidad de que la mujer tomara plena conciencia de qué cosa era la revolución, lo que la mujer podía significar como una fuerza política. Ya se habían dado muestras de que para ellas quedaba muy claro lo que estaba haciendo la revolución en beneficio de su familia, de sus hijos.

La mayoría de los contrarrevolucionarios de las zonas montañosas eran terratenientes. La ignorancia de la población era la que los llevaba a seguir sus órdenes o planteamientos. No

15. En 1961 se graduaron más de 12 mil en tres clases distintas. Otras 9 200 se graduaron en diciembre de 1963.

---

pretó la ley de 1938 afirmando que esta permitía el aborto durante el primer trimestre del embarazo si un profesional médico licenciado lo realizaba en condiciones seguras. Como parte del cuidado médico en general, el aborto se ofrecía gratuitamente. Al aprobarse un nuevo código penal en 1979, se anuló la ley de 1938. Bajo la ley actual, el aborto durante el primer trimestre del embarazo es decisión exclusiva de la mujer. Ella no necesita el consentimiento de nadie. Durante el segundo y el tercer trimestre, se requiere la aprobación del director del hospital.

Se desincentiva el aborto como medio anticonceptivo rutinario mediante campañas educativas y la disponibilidad de métodos anticonceptivos confiables.

es casual que las bandas contrarrevolucionarias eligieran los territorios donde más analfabetos había y donde menos conocimientos tenía la población sobre lo que era la revolución.

Cuando Fidel observó esta situación en ciertas zonas montañosas más atrasadas, iniciamos el trabajo de captar a las muchachas para venir a las escuelas de campesinas. La Federación y la Asociación Nacional de Agricultores Pequeños coordinaron acciones conjuntas, como nos orientara Fidel. Comenzamos a ofrecer a la familia campesina traer sus hijas a La Habana a estudiar corte y costura.

Estas clases eran muy interesantes para todas las mujeres del país. La mayoría de las familias eran humildes, y el bolsillo familiar no daba para que se pudieran comprar ropas de cierta calidad en los comercios. El saber coser, el saber cortar una ropa bonita era siempre un anhelo de la mujer en nuestro país antes del triunfo de la revolución. Era de las cosas más atractivas para la mujer y lo aprendía con mucha facilidad.

Esta posibilidad que se ofreció a las familias campesinas se recibió con mucho interés, y ya en enero las primeras miles de campesinas llegaron en trenes aquí a La Habana. Se alojaron sobre todo en el Hotel Nacional,[16] y también en algunas de las casas de los burgueses que se habían ido del país.

Muchas de las muchachas campesinas llegaban con problemas de salud. Estaban parasitadas, sin conocimiento de los hábitos nutricionales. En primer lugar, las llevamos a los dentistas y a los médicos. Se les hizo chequeos médicos y se les aplicó tratamiento para erradicar los parásitos. Se les pusieron los dientes a muchas de estas muchachas que venían desdentadas por las caries. En el primer mes de estancia aquí ellas comenzaban a cambiar. Físicamente empezaban a estar

16. El Nacional, construido en 1930 y restaurado antes de la victoria de la revolución, era uno de los hoteles más lujosos de La Habana.

> Las graduadas de la Escuela Ana Betancourt van a retribuir lo que han recibido de la nación enseñando a las demás campesinas, con 10 campesinas que cada una de ellas enseña a coser.
>
> Después, ya muchas de ellas podrán ganarse la vida con los conocimientos que han adquirido, en las cooperativas enseñando, o en las granjas del pueblo, o en las asociaciones campesinas.
>
> Ochocientas más tendremos trabajando por la revolución, tan pronto cada una de estas jóvenes que hoy se gradúan regrese a su cooperativa.
>
> Y ellas ya llevan una idea más cabal de lo que es la revolución. Llevan una idea clara de que el esfuerzo que se está realizando es el esfuerzo de todo el pueblo.
>
> Ellas volverán con su espíritu revolucionario más desarrollado. Ellas volverán a ayudar a la revolución, a organizar a las mujeres de la Federación, a organizar a los jóvenes, a organizar a los niños, a organizar también y a participar y a formar parte de los Comités de Defensa de la Revolución y a despertar la conciencia revolucionaria de los campesinos donde ellas vivan.*
>
> FIDEL CASTRO
> 31 DE JULIO DE 1961

mejor. Se les inculcaba hábitos de higiene. Se les estaba borrando una serie de tabúes que habían aceptado por desconocimiento.

De ahí que los contrarrevolucionarios claramente vieron como un peligro que estas hijas de campesinos vinieran a ver

* Discurso en La Habana en la primera graduación de la Escuela Ana Betancourt. En *Mujeres y Revolución*, pp. 46–52.

qué cosa era la verdad, qué cosa era la revolución. Entonces organizaron campañas para asustar a los padres. Los contrarrevolucionarios decían que a esas muchachas las iban a meter a prostitutas. O que las iban a mandar para Rusia, ¡que las iban a devolver en carne enlatada!

Bueno, eran historias truculentas, pero muchos campesinos se asustaban y venían a buscar a sus hijas. Cuando llegaban a La Habana, se las encontraban en las escuelas. Notaban que ya estas muchachas habían cambiado. Se veían más saludables. Estaban contentas. Estaban aprendiendo, no solamente a coser, sino que muchas que habían venido analfabetas ya estaban leyendo y escribiendo.

Y al cabo de dos o tres meses, cuando algunos padres llegaron a buscarlas, las hijas se echaban a llorar de emoción y decían que por nada del mundo se iban antes de terminar. Tenían que cumplir con Fidel, y que además, Fidel les iba a dar una máquina de coser para que cada una de ella impartiera clases a 10 campesinas de su zona.

Así fue el plan, y se desarrolló muy rápidamente. Por eso también los primeros cuadros políticos que aparecieron en todas estas zonas montañosas fueron mujeres. Recordamos los comentarios de muchos de los padres, cuando al cabo del tiempo nos los encontrábamos por las montañas.

Nos decían, "Imagínese usted. Mi hija, cuando llegaba una visita aquí, se escondía detrás de la puerta y no había quien la sacara a la sala. Resulta que cuando regresaron de los cursos estos, la hija mía agarró una mesa, la puso en el medio del batey[17] y empezó a llamar a todos los campesinos y a explicarles qué cosa era la revolución".

17. En Cuba antes de la revolución, el central azucarero incluía el batey: las viviendas de los trabajadores, la tienda y otras instalaciones que pertenecían a la compañía.

Las muchachas no solamente aprendieron a leer y a escribir, a coser y a cortar. Aprendieron también qué cosa era la revolución. Vinieron aquí a La Habana, vieron todas las posibilidades que había, lo que se iba a hacer ya después en sus zonas. Se les explicaban los planes de salud, de educación, cómo las escuelas iban yendo hacia todas estas zonas donde nunca las hubo. Se dieron cuenta de qué cosa era la revolución.

No había quien las "tupiera" [engañara].

Como decían los padres, "A esta sí no hay quien me la tupa, porque ella vino aquí muy clara. Y primero, antes que nada, ¡empezó a convertirme a mí!"

En definitiva, estas muchachas fueron unas fuerzas muy importantes en aquellas zonas donde sus padres estaban siendo influidos o presionados por las bandas contrarrevolucionarias y los terratenientes que iniciaron esas bandas. Los terratenientes tomaban como carne de cañón a los pobres campesinos más ignorantes, a los que les contaban aquellas historias truculentas, y les decían que les iban a quitar el puerquito, la gallina y el muchacho.

Recuerdo cuando en Santiago de Cuba se capturaron algunas de las primeras bandas que hubo por la zona de Baracoa, en el extremo de la provincia de Oriente. Raúl Castro Ruz fue a hablar con los campesinos. Preguntó, ¿Por qué estos campesinos están peleando contra nosotros?

Raúl les decía, "¿Y para qué yo quiero esos muchachos barrigones que tú tienes ahí, chico?"

Bromeaba con ellos, y se dieron cuenta que esas historias eran absurdas, pero los habían tenido aterrorizados con ellas. Y claro, nunca había habido una revolución de verdad. No entendían todavía qué cosa era la revolución. Las muchachas ayudaron a que ellos supieran eso.

Las escuelas Ana Betancourt duraron los años necesarios

FOTOS DE LA FEDERACIÓN DE MUJERES CUBANAS

"Los dirigentes de las bandas contrarrevolucionarias en las montañas elegían territorios donde más analfabetos había y menos conocimiento tenía la población sobre la revolución. Entonces iniciamos el trabajo de captar a las muchachas en las montañas para las escuelas campesinas en La Habana". —Vilma Espín

La Escuela Ana Betancourt trajo a muchachas campesinas para alfabetizarlas y enseñarles corte y costura y otros oficios. **Arriba:** Alicia Imperatori (de pie), administradora de la escuela, en celebración con algunos de los instructores. **Abajo:** En la primera graduación, julio de 1961.

hasta que llegaron las escuelas secundarias a las montañas.[18] Propiciaron que las muchachas se prepararan, y luego que muchas de ellas al volver a la montaña tuvieran una activa participación política allí. Muchas de aquellas primeras Anitas, como popularmente se les llamaba, hoy son médicos, pedagogas, técnicas, dirigentes. Tienen todas las posibilidades que pueden tener los hijos de nuestro pueblo.

Alicia Imperatori organizó la escuela y le tocó estar todo el tiempo en el Hotel Nacional, donde radicaban las campesinas de la escuela Ana Betancourt.[19] Las historias que tiene son preciosas. Esas muchachas de zonas montañosas pasaron todas las enfermedades infantiles en el Nacional. Alicia puede contar historias del sarampión, de la papera, de la varicela, de todo. Hay que ver lo que significó esto. Todavía le escriben a Alicia, le mandan noticias.

La escuela Ana Betancourt fue una de las cosas geniales de Fidel. Desde aquel momento él dijo, "Aquí hay que hacerles llegar la revolución a la casa de los campesinos. ¿Y quiénes van a hacerlo? Las muchachas, sus hijas mismas". Eso fue maravilloso.

Escuelas para domésticas

Ese año 1961 fue muy fuerte.

La Federación participó intensamente en la campaña de alfabetización, de la que hablaremos luego.

Teníamos las escuelas Ana Betancourt así como las escuelas para domésticas, que se hicieron paralelamente.

Y claro, estuvo lo de Playa Girón.

Las escuelas para domésticas se crearon para las mucha-

18. La última graduación de la escuela grande en La Habana se celebró en diciembre de 1963.

19. Ver en el glosario, Alicia Imperatori.

REVISTA MUJERES

“Las escuelas nocturnas se crearon para muchachas domésticas que se habían quedado en casas que abandonaban los burgueses. Cuando los dueños se marchaban de Cuba, dejaban a las domésticas sin nada. Entonces les creamos una escuela que las preparó para la administración y otros oficios”. —Vilma Espín

Primera graduación de taxistas, 1961. Se conocían popularmente como “Las Violeteras” por el color de los taxis que manejaban.

chas que se habían quedado en las casas que iban abandonando los burgueses en las zonas de Cubanacán, Miramar, en todas esas zonas de La Habana. Antes de la revolución, decenas de miles de mujeres trabajaban en subempleo. Se calcula que más de 70 mil mujeres lo hacían en el servicio doméstico, en jornadas agotadoras, mal pagadas y sin ningún tipo de protección legal.

Cuando los dueños abandonaban el país, en esas casas dejaban a las muchachas domésticas sin nada. Ellas empezaban a acudir y nos decían, "¿Qué hago? Yo no tengo un salario, no tengo nada". Entonces se les creó escuelas que las prepararon para la administración.

Yo me acuerdo que hubo una escuela de choferes de taxis y otra de administración. Muchos trabajadores bancarios, a los que en Cuba se les llamaba "la aristocracia obrera", se fueron del país junto con sus amos. Entonces las antiguas domésticas ocuparon estos lugares.[20]

Creación de los círculos infantiles

En enero de 1961 se abrieron cursos para preparar a las asistentes, a las directoras y a las orientadoras de la salud de los círculos infantiles. Ya el 10 de abril, antes de la batalla de Playa Girón, se abrieron los primeros círculos infantiles. Durante los años 1960 y 1961, la Federación ya había trabajado con vistas a recaudar dinero para estos. Muchos recuerdan la campaña de "la tacita de café", que consistía en solicitar a la población que pagara más de los tres centavos por cada tacita. El dinero sobrante era un donativo para los círculos infantiles.

20. Ya a fines de 1961 se habían creado 17 escuelas para capacitar a ex trabajadoras domésticas. Unos años más tarde, solo en La Habana había 70 escuelas. En 1968, cuando terminó el programa, prácticamente todas las antiguas trabajadoras domésticas habían recibido capacitación para otros empleos.

Lo primero es organizar, reunir a todas las cubanas que quieran trabajar por su patria. Esos miles y miles de mujeres, decenas de miles de mujeres, cientos de miles de mujeres que quieren hacer algo. Ya se están organizando las primeras instituciones para recoger a todas esas jovencitas que ni están en la escuela ni tienen trabajo.

Hay mujeres que tienen que trabajar y no tienen dónde dejar a sus hijos. Hasta ahora las creches [guarderías] son insuficientes, y no puede esperarse que todo lo haga el municipio o el estado. El estado y el municipio tienen los recursos limitados.

En cambio, organizando a esas decenas de miles de jóvenes que hoy no van a la escuela ni tienen trabajo, tendremos un personal humano que podemos prepararlo y organizar todas las creches que necesitan todas las madres trabajadoras de Cuba…

¡La revolución cuenta con la mujer cubana! Y es tarea de la Federación de Mujeres Cubanas organizar y preparar a la mujer cubana.*

FIDEL CASTRO
23 DE AGOSTO DE 1960

La creación de los círculos fue una de las tareas que Fidel nos señaló, justamente el día de la constitución de la Federación. Había que resolver el problema de las mujeres que estaban trabajando.

Contábamos esas anécdotas terribles de las mujeres que antes del triunfo de la revolución no tenían más remedio que

* Discurso en el acto de fundación de la Federación de Mujeres Cubanas. En *Mujeres y Revolución*, pp. 40–41.

irse a trabajar de domésticas a cualquier lado, y dejar al niño encerrado en la casa. Muchas veces se les viraba un quinqué y se quemaban los niños en el hogar, o se ahogaban. Se provocaban situaciones terribles.

Fidel, en el acto de constitución de la Federación, habló de estas calamidades, y de que teníamos que buscarles solución. Entonces, en la vorágine de los primeros años, ya se habló de las guarderías.

Poco a poco se fue perfilando más la idea. En aquellos meses se estaban creando los círculos obreros en los antiguos clubes de la burguesía. Entonces Fidel decía, "Vamos a llamarles los círculos infantiles, porque es la sociedad de los niños que van a vivir allí en colectivo".

Nosotros consideramos que desde su inicio, la concepción del círculo infantil fue muy apropiada. Desde el principio Fidel decía que no debe ser una guardería, donde se guardan niños. Que debe ser "un lugar donde se educa, donde se cuida al niño, donde se le da afecto, donde se le enseñan las cosas".

Al principio había muy poca experiencia. No había personal especializado. Había unas pocas maestras de preescolar. Las que habían tampoco tenían toda la preparación para la tarea de atender al niño el día entero en un círculo infantil, y con todas las edades, desde los 45 días de nacido hasta los 6 años.

Al año siguiente de la fundación de los primeros círculos en abril de 1961 —cuando ya tuvimos relaciones con la Unión Soviética y otros países socialistas— empezamos a mandar algún personal a prepararse de maestros a esos países, los cuales ya tenían una experiencia en este tipo de instituciones. Y más adelante, tuvimos oportunidad de pedirles asesoría también. Igualmente se nos ofreció la posibilidad de mandar a conocer incluso las experiencias en países capitalistas sobre este tipo de instituciones.

Poco a poco fuimos perfeccionando la concepción. Pero desde el principio hubo una idea muy acertada de que lo más importante era cuidar bien al niño desde el punto de vista de su salud, de su nutrición, de que no se enfermara, y darle mucho afecto. En la medida en que fuimos elevando el nivel de las educadoras y de las mujeres que trabajaban en los círculos infantiles, pudimos irles dando una preparación mejor, para desarrollar las habilidades y el pensamiento de los niños.

Aunque no tuviéramos todas las posibilidades, les pedimos planes a las pedagogas de mayor nivel que teníamos, a las psicólogas —especialmente a las que conocían sobre cómo atender a los niños más pequeños— y trabajaron intensamente en esto. En los primeros planes de los círculos infantiles ya se incluían las actividades para desarrollar habilidades y desarrollar el pensamiento en los niños.

Entonces creamos escuelas donde se prepararon muchas de las muchachas que habían sido domésticas, sobre todo las jóvenes a las que les gustaban mucho los niños. También trajimos a muchas de todas partes, porque dondequiera que íbamos a abrir un círculo infantil necesitábamos mujeres de esa zona. Vinieron muchas muchachas campesinas.

Lo único que podíamos pedirles en aquellos tiempos era que tuvieran un nivel de alrededor de un cuarto grado. Para directoras sí queríamos que fueran maestras o que tuvieran por lo menos un octavo grado.[21] Se prepararon 300 directoras de círculos infantiles y unas 300 orientadoras de la salud, que eran enfermeras especializadas en higiene y nutrición.

Además de eso, 1 200 muchachas pasaron cursos de asistentes. Naturalmente no podíamos exigir mucho. A las asis-

21. Al momento de la revolución, la mayoría de los maestros en Cuba no habían completado más que el octavo grado antes de ser capacitados para dar clases.

tentes se les daba nociones de pedagogía, de psicología, se les instruía sobre la atención al niño en función de los juegos. Sobre todo, se les daba mucha orientación acerca de los aspectos higiénicos y las características de cada edad, desde el niño recién nacido hasta el niño más grande. Hoy muchas de estas muchachas son directoras de círculos. Muchas de ellas pasaron posteriormente cursos de mucho más nivel, y poco a poco fueron superándose hasta tener el nivel de educadoras como lo tienen las actuales.

Además tuvimos que empezar a preparar a las cocineras. Muchas de las cocineras que trabajaron durante muchos años en círculos eran analfabetas en aquel momento. Pero trabajaban con mucho cuidado y se les explicaba cómo la vida del niño estaba en sus manos. Las compañeras que trabajaban en la cocina, en la limpieza de los círculos, en la lavandería de los círculos, trabajaban con tanto esmero y dedicación que suplían cualquier deficiencia con esa voluntad de hacer lo mejor.

También el afecto era importante. Nosotros les decíamos que lo más importante para una persona que trabaja con niños es que les gusten mucho. El niño necesita mucho afecto, y nosotros siempre insistíamos en esto.

En 1961 estas compañeras estuvieron en una escuela que se creó en Ciudad Libertad,[22] que recibió bombardeos y tiros antes de Girón. Estas compañeras se prepararon allí bajo el fuego. No se fueron de la escuela; nadie quiso volver para su casa cuando Girón. Todas se mantuvieron allí.

22. Ciudad Libertad, anteriormente el Campamento Columbia, base militar de Batista en los límites de La Habana, se estaba convirtiendo en escuela. El 15 de abril de 1961, dos días antes de la invasión de Playa Girón, tres aviones B-26 basados en Estados Unidos, pintados como aviones de la fuerza aérea cubana, atacaron la base, dejando siete muertos y 53 heridos. La operación fue autorizada por el presidente John F. Kennedy.

Ahora no construimos un solo círculo infantil en un año. Un círculo nos parece ridículo: ahora decimos 50. Cincuenta círculos infantiles son los que se iban a hacer en 50 años. No solo porque no se tenía fuerza de trabajo, sino porque tampoco se tenía fuerza en la cabeza, ni se tenía fuerza en la imaginación.

Los propugnadores de ideas reaccionarias en el seno de la revolución decían que construir un círculo infantil era gasto social. Gasto social no sirve, gasto en inversión productiva sirve. Como si fueran bueyes y vacas, caballos y yeguas, mulos y mulas los que van a trabajar en las fábricas y no seres humanos, no hombres y mujeres con sus problemas, y, sobre todo, mujeres con sus problemas.

Y donde dicen, "Círculo no", ahí hay sin duda una concepción tecnocrática, burocrática, reaccionaria.

No les cabía en la cabeza a los tecnócratas la idea de que un círculo infantil era indispensable para la producción.

Sin los círculos, ¿cómo incorporamos a las mujeres al trabajo?*

FIDEL CASTRO
29 DE NOVIEMBRE DE 1987

Los círculos infantiles y el proceso de rectificación

Entre las tareas de la Federación que siempre han sido tomadas con un gran amor están las relacionadas con el apoyo al círculo infantil. La tarea como madre, como federada, es estar atentas a cualquier deficiencia o dificultad.

* Discurso de clausura en reunión provincial del partido en La Habana, en *Resumen Semanal Granma*, 13 de diciembre de 1987.

Por ejemplo, las construcciones de los círculos, cuya entrega demoraba muchísimo por el sector de la construcción. Encima de eso, a veces los entregaban sin tener la calidad suficiente. Todo esto fue motivo constante de planteamientos en nuestros congresos y nuestras reuniones de cada año. Los llevamos de inmediato a nuestro gobierno revolucionario a los más altos niveles.

También nuestra organización siempre ha ofrecido un apoyo muy amplio a través de las delegaciones en cuanto al abastecimiento de la ropita de los niños en los círculos, sobre todo de los lactantes. En la medida en que ya el estado ha ido abasteciendo de la ropa y los utensilios necesarios, no se han ido ya necesitando los aportes que se hacían en los primeros años por toda la población.

Nuestros planes siempre han sido ambiciosos en cuanto a la creación de los círculos infantiles, a la necesidad de que todas las mujeres que trabajan y tienen niños pequeños puedan contar con el círculo infantil. Pero el círculo infantil es una institución cara: exquisita pero cara. No podemos abrir un círculo infantil sin condiciones. Las condiciones de higiene, de seguridad del niño, su alimentación adecuada para cada una de las edades que abarca el círculo infantil, siempre han sido requisitos previos para poder llevar al niño al círculo infantil.

En los primeros años y en zonas campesinas hicimos instalaciones especiales, algún tipo de jardín infantil o de "circulitos guerrilleros", como le llamábamos al principio. Allí se podía permitir que una mujer, o dos o tres mujeres, pudieran cuidar un pequeño grupo de niños. Estos no eran círculos infantiles. Sencillamente se trataba de soluciones que daba la Federación en lugares donde no podíamos contar con un círculo infantil porque había poca cantidad de niños, pero había un grupo de mujeres trabajadoras que requerían de

> Los 54 círculos infantiles que construimos en menos de un año son un símbolo del proceso de rectificación, de la fuerza del pueblo, de la capacidad del movimiento de microbrigadas de transformar la capital y todas las ciudades del país.*
>
> FIDEL CASTRO
> 30 DE DICIEMBRE DE 1987

una atención para sus hijos.

Aún hoy, en algunas cooperativas, en algunos lugares donde hay poca población, tenemos este tipo de institución. Por la vía de los Ministerios de Salud Pública y de Educación se ve si hay condiciones adecuadas. Claro está, allí no se puede hacer un plan completo del círculo infantil con todos sus planes de desarrollo del niño y de la preparación de todo el personal.

Desde 1970 hasta hace un año, 1986, nos preocupaba que no se creaban en las cantidades que nosotros veíamos que se hacían necesarias. Cada vez se incorporaban más mujeres a la producción, cada vez más mujeres arribaban a la edad laboral y querían trabajar, y mujeres graduadas universitarias se encontraban con dificultades para el cuidado de sus niños.

Durante muchos años no pudimos resolver esto. Se detuvieron los planes de construcción de círculos. De ahí que cuando el año pasado, en 1986, Fidel lanzó un esfuerzo grande para construir círculos infantiles, primero aquí en la Ciudad de La Habana, y luego en toda la isla, para la Federación fue de una gran alegría y de una satisfacción enorme, porque habíamos

* Discurso en la inauguración del círculo infantil número 54 en 1987, en *Resumen Semanal Granma*, 10 de enero de 1988.

estado luchando por esto.[23]

Al principio de los círculos en los años 70, la Federación participaba en trabajos voluntarios para construirlos. Después se planteó que este trabajo debía tener un carácter más técnico y las brigadas de construcción se tenían que especializar. La realidad que nosotros vimos es que se fueron demorando cada vez más las entregas de los círculos, que los hacían con menos calidad. Esto ha recibido una crítica constante en cada congreso y reunión de la Federación a través de muchos años.

De ahí que Fidel decidiera que había que resolver esto. Ahora ustedes habrán visto cómo en La Habana ha habido un incremento tremendo del número de estas instituciones, más de 50 círculos nuevos en el último año. La mujer ahora puede incorporarse plenamente a su trabajo, sin tener esa preocupación de que el niño no esté bien cuidado.

Ha sido una labor extraordinaria, desde el punto de vista ideológico y revolucionario,[24] la creación de los círculos

23. En 1986, más de un millón de mujeres formaban parte de la fuerza laboral en Cuba. Sin embargo, ese año los círculos infantiles solo tenían capacidad para 96 mil niños. Ya en 1992, gracias al trabajo de las microbrigadas voluntarias de constructores, en las que participaba un número grande de mujeres, la cifra había subido a 149 mil.

24. Dicho esfuerzo se enmarcaba en lo que se conoce en Cuba como el proceso de rectificación. Esa trayectoria política, aplicada entre 1986 y 1991, marcó un viraje, alejándose de la tendencia en Cuba por más de una década de copiar medidas políticas y económicas que habían predominado por mucho tiempo en la Unión Soviética y Europa Oriental. Un aspecto de ese repliegue político de los años 70 y principios de los 80 había sido el decreciente uso del trabajo voluntario, promovido desde el principio por la dirección cubana como palanca proletaria que le permitía al pueblo trabajador avanzar, mediante la acción colectiva, para abordar necesidades sociales apremiantes tales como los círculos infantiles, las escuelas, las clínicas y la vivienda.

infantiles con la participación de la población a través de las microbrigadas de los centros de trabajo, y a través de la población directamente incorporada.[25] Amas de casa y hasta niños han participado en la construcción de los círculos infantiles. Esos círculos infantiles han tenido mejor calidad de terminación. A veces recibíamos círculos infantiles que tenían filtraciones. Hemos visto que los que se han entregado ahora, estos 54 círculos, tienen la calidad requerida.[26]

Es cierto que unos están más bonitos que otros. Hubo mucha variedad en los diseños, y unos son más perfectos que los otros. Pero todos han sido hechos con una calidad muy grande, con mucho interés por parte de los que participaron en su construcción a través del movimiento de microbrigadas, y con el apoyo de trabajo voluntario de la barriada, de los estudiantes. Nos da una gran satisfacción.

Con esto hemos logrado dos cosas. Primero, construir estos círculos infantiles. Y también revivir ese espíritu que Fidel decía, y en el que tanto énfasis hizo el Che: el trabajo voluntario y su papel en la formación de las nuevas generaciones,

25. Las microbrigadas, un elemento fundamental del proceso de rectificación, estaban integradas por trabajadores que se ofrecían voluntariamente a ser liberados de sus puestos normales por un cierto plazo a fin de participar en la construcción de viviendas, escuelas, círculos infantiles, clínicas, supermercados y otras necesidades sociales prioritarias. Sus compañeros de trabajo asumían sus responsabilidades anteriores. Los microbrigadistas seguían recibiendo los salarios que habían percibido en su empleo normal.

26. Ya para enero de 1989 se había construido 111 círculos infantiles en La Habana, lo cual creó espacio para 24 mil niños adicionales. Fue un aumento de más del 60 por ciento comparado con los 39 mil niños que antes se habían atendido en 300 centros, en su mayoría más pequeños, construidos o modificados en La Habana en años anteriores de la revolución.

en la agilización de la actividad creadora de todo el pueblo en la solución de sus propios problemas.

El trabajo voluntario es una escuela

Todas las tareas de la Federación resultan del trabajo voluntario que aportan las federadas a la sociedad. Ahora una gran parte de ellas son también trabajadoras, pero además dan su tiempo para cumplir estos objetivos de la Federación.

Las labores voluntarias de aquellos primeros años fueron evolucionando y creando nuevas formas, por ejemplo, en la producción. Las mujeres, a través de la Federación, pedíamos el trabajo voluntario para sustituir, en el surco o en las fábricas, al hombre que iba a la lucha contra bandidos contrarrevolucionarios a las montañas.[27] En los días de Playa Girón, el Che recalcó con una gran fuerza cómo las fábricas, en vez de bajar, habían aumentado su producción. Las mujeres que habían sustituido a los hombres en sus puestos de trabajo nunca habían estado en una fábrica. Su voluntad, su empuje revolucionario, las llevó a cumplir metas superiores, diariamente, a las que tenían las fábricas normalmente. Así pasó en el surco también.

El trabajo voluntario fue una escuela para la Federación. Fue una forma de ir forjando a la mujer, a todo nuestro pueblo. Ahora, para la construcción, se ha llamado otra vez a ese tipo de labor voluntaria.

Consideramos que esto es muy importante para la revolución, siempre que el trabajo voluntario esté bien organizado, que no se pierda tiempo, que esté bien preparado para que haya taller para cada uno de los compañeros que llega. Porque es una enorme masa de trabajadores que se suma a los que diariamente les corresponde esa tarea. Pero al mismo

27. Ver la nota 32.

Si el Che estuviera sentado aquí en esta silla, se sentiría realmente jubiloso. Se sentiría feliz de lo que estamos haciendo en estos tiempos; como se habría sentido muy desgraciado en ese período bochornoso en que aquí empezaron a prevalecer una serie de criterios, de mecanismos y de vicios en la construcción del socialismo.

Por ejemplo, el trabajo voluntario, que fue una creación del Che, y una de las mejores cosas que nos legó en su paso por nuestra patria, decaía cada vez más y más. Ya casi era un formalismo. En ocasión de una fecha tal, un domingo, un correcorre en ocasiones para hacer cosas desorganizadas.

Prevalecía cada vez más el criterio burocrático, el criterio tecnocrático de que el trabajo voluntario no era cosa fundamental ni esencial. La idea de que el trabajo voluntario fuera una especie de tontería y perdedera de tiempo…

Las microbrigadas, que fueron destruidas en nombre de tales mecanismos, están surgiendo de sus cenizas como el ave Fénix y demostrando lo que significa ese movimiento de masas, lo que significa ese camino revolucionario de resolver problemas que los teóricos, los tecnócratas, los que no creen en el hombre y los que creen en los métodos del mercachiflismo habían frenado y desbaratado.

Ahora resurgieron las microbrigadas. Hay ya más de 20 mil microbrigadistas en la capital…

Podría preguntarles a los mercachifleros, a los capitalistas de pacotilla, a los que tienen fe ciega en los mecanismos y en las categorías del capitalismo: ¿Podrían ustedes obrar ese milagro? ¿Podrían ustedes llegar a construir 20 mil viviendas en la capital sin un centavo más de salario? ¿Podrían construir 50 círculos en un año sin un centavo más de salario?, cuando antes se había planificado solo cinco en el quinquenio y no se construían, y cuando 19 500 madres esperaban por el círculo, que no se sabe cuándo llegaría.

Al ritmo en que se alcanzaría esa capacidad de matrícula, ¡necesitaríamos 100 años! Fecha para la cual se habrían muerto hace rato, y por suerte, todos los tecnócratas, capitalistas de pacotilla y burócratas que obstruyen la construcción del socialismo. [*Aplausos*] Se habrían muerto, el círculo número 100 no lo habrían conocido jamás. Los trabajadores de la capital, en dos años, van a tener los 100 círculos; y los trabajadores de toda la isla, en tres años, van a tener los 300 y tantos que necesitan.*

FIDEL CASTRO
8 DE OCTUBRE DE 1987

tiempo, es muy importante para la formación de los propios revolucionarios y para nuestras nuevas generaciones, que a veces no les ha tocado misiones que exijan alto nivel de sacrificio. Es muy importante que siempre haya una cuota de tareas voluntarias donde ellos comprendan lo que significa el trabajo en la agricultura, en la construcción, actividades que se hagan directamente con las manos.

* Discurso en ceremonia por el vigésimo aniversario de la muerte de Ernesto Che Guevara. En Che Guevara, Fidel Castro, *El socialismo y el hombre en Cuba* (Pathfinder, 1992), pp. 29–37 [impresión de 2010].

La campaña de alfabetización

El año 1961 fue también el Año de la Alfabetización.[28] Fue un enorme triunfo para nuestro país, para nuestra revolución, cuando ese compromiso de Fidel ante Naciones Unidas se cumplió al pie de la letra.[29]

Se celebró el 22 de diciembre, que ahora es el Día del Educador. Pero bien, no se logra nada si alfabetizamos y dejamos las cosas así; vino después el seguimiento. En esa tarea también la Federación participó muy activamente. Nos tocaron toda una serie de tareas en la alfabetización, no solamente buscar a las mujeres que pudieran alfabetizar a otras. Por ejemplo, las mujeres que tenían más de sexto grado y que estaban en condiciones de enseñar a leer y escribir pero no podían ir a la montaña. Se buscaba en el propio vecindario que alfabetizara a las que no sabían.

A las zonas de campo también fueron grupos de compañeras nuestras para apoyar a los alfabetizadores, que en muchos casos eran muchachitos de séptimo u octavo grados, con 12 o 13 años. Ahí las federadas de la propia zona —las campesinas y compañeras nuestras de la provincia y del municipio— organizaban las condiciones para los alfabetizadores, sobre todo en las zonas de montañas, en las zonas campesinas, donde había que tener una organización. Llevaban las

28. Ver la p. 198.

29. "En el próximo año", dijo Fidel Castro ante la ONU el 26 de septiembre de 1960, "nuestro pueblo se propone librar su gran batalla contra el analfabetismo... Organizaciones de maestros, de estudiantes, de trabajadores —es decir, todo el pueblo— están preparándose para una intensa campaña. Cuba será el primer país de América Latina que a la vuelta de algunos meses pueda decir que no tiene un solo analfabeto". En Fidel Castro, Che Guevara, *To Speak the Truth* [Para decir la verdad] (Pathfinder, 1992), pp. 61–62 [impresión de 2010].

Cuando se dijo que Cuba iba a liquidar el analfabetismo en solo un año, aquello parecía una afirmación temeraria, aquello parecía un imposible.

Nuestros enemigos posiblemente se burlaron de aquella promesa, posiblemente se rieron de aquella meta que nuestro pueblo se trazara...

¡Y es verdad! Aquella habría sido una tarea imposible, pero habría sido una tarea imposible para un pueblo que viviera bajo la opresión, una tarea imposible para cualquier pueblo del mundo, excepto que esa tarea se la hubiese planteado un pueblo en revolución.

Solo un pueblo en revolución habría sido capaz de desplegar el esfuerzo y la energía necesarios para llevar adelante tan gigantesco propósito.*

FIDEL CASTRO
22 DE DICIEMBRE DE 1961

cartas de las familias a los muchachos. Además orientaban a las familias cuando iban a ver a los muchachos.

Luego, en el seguimiento, se planteó que todas las mujeres que tuvieran un cierto nivel de alfabetización continuaran participando, ya que nos comprometimos a que las mujeres siguieran superándose. De ahí surgió lo que sería la batalla por el sexto grado, y que después se ha ido prolongando a la batalla por el noveno grado, que todavía no hemos terminado. La batalla por el sexto grado fue un éxito muy importante.[30]

30. La campaña para elevar el nivel de educación de todos los adultos cubanos al sexto grado se logró en 1980.

* Discurso en La Habana en acto para celebrar la victoria de la campaña de alfabetización. En *Revolución*, 23 de diciembre de 1961.

Incluso mereció el premio especial "Nadezhda Krupskaya" que la Federación de Mujeres Cubanas recibió de la UNESCO hace cuatro años.[31]

Esta tarea de la Federación en la campaña de alfabetización fue sobre todo volcada hacia las mujeres que al triunfo de la revolución no tenían nivel cultural, eran analfabetas y teníamos que llevar a una superación. Pero también trabajamos con las que ya tenían alguna preparación y que se estaban preparando para entrar en las fábricas donde las necesitábamos.

Primeros cursos de capacitación, planes avícolas

A principios de los 60, en la lucha contra bandidos contrarrevolucionarios, las mujeres estaban sustituyendo como voluntarias, en las fábricas y en el surco, a los hombres cuyas milicias se habían movilizado.[32] Al mismo tiempo se abrieron

31. El premio lleva el nombre de Nadezhda Krupskaya (1869–1939), cuadro del partido bolchevique que trabajó de maestra cuando tenía poco más de 20 años. Después de la revolución de octubre de 1917, Krupskaya fue Comisaria del Pueblo Adjunto de Educación y de la Ilustración en la república obrero-campesina dirigida por los bolcheviques bajo el liderazgo de Lenin. Ayudó a desarrollar la educación preescolar. Krupskaya fue esposa y colaboradora de Lenin de por vida.

32. Durante los primeros años de la Revolución Cubana, casi 4 mil contrarrevolucionarios en Cuba, organizados en 300 grupos armados, fueron entrenados, financiados y apoyados por el gobierno norteamericano. En diciembre de 1960, durante la Operación Jaula, unos 60 mil milicianos voluntarios fueron movilizados para cercar y capturarlos. Para leer el relato de un comandante de los batallones voluntarios en la sierra del Escambray, región central de Cuba, donde operaban más de la mitad de estas fuerzas contrarrevolucionarios, ver Víctor Dreke, *Del Escambray al Congo: En la vorágine de la Revolución Cubana* (Pathfinder, 2002). Ya para 1965 las bandas contrarrevolucionarias habían sido eliminadas.

> Este acto [de graduación] simboliza ese enorme avance de nuestra agricultura, pero simboliza también algo muy importante para la revolución, que es la incorporación de la mujer al trabajo productivo. Significa el principio verdadero de la igualdad de oportunidades para las mujeres, su acceso a una serie de actividades que pueden desempeñar perfectamente bien, con óptima calidad.
>
> Significa cómo se van creando las condiciones mediante las cuales un verdadero régimen de justicia se establece en nuestro país. Porque no solo padecíamos la explotación del hombre por el hombre en nuestra sociedad, sino padecíamos también, como subproducto de todo esto, una real situación en que a la mujer se le discriminaba en el trabajo y se le discriminaba en muchos aspectos.*
>
> FIDEL CASTRO
> 30 DE SEPTIEMBRE DE 1968

algunos nuevos centros de trabajo y se prepararon cursos para tractoristas, horticultoras, cunicultoras y para los grandes planes avícolas.

Una de las metas de la revolución en 1961 fue crear toda la base de la avicultura. Se necesitaban más proteínas. El poder adquisitivo de la población iba creciendo, pero no había respuesta a la demanda. Una solución era la producción de huevo.

A la Federación le tocó seleccionar a las mujeres para que

* Fidel Castro, discurso en la primera graduación de tractoristas, conocidas como "piccolinas" por el apodo dado a los tractores italianos que ellas manejaban. En *Mujeres y Revolución*, p. 127.

trabajaran en estos planes, y preparar a las técnicas. Creamos las escuelas junto con un pequeño equipo que tenía el plan de avicultura. A nosotros nos tocó organizar las escuelas, captar a las muchachas y prepararlas. Muchas pasaron unos cursos rápidos para después trasmitírselos a las avicultoras. Así surgió el plan de la avicultura.

En 1961 también se prepararon mujeres en cursos para tractoristas, y al mismo tiempo creamos escuelas para soldadoras, mecánicas, torneras y fresadoras. También comenzaron las demandas de trabajadoras para determinadas fábricas: por tanto, a las mujeres teníamos que prepararlas en cursos especiales. Y en cuanto a la gran masa de mujeres, sobre todo amas de casa, que tenían un nivel cultural muy bajo, y a las mujeres que empezaron a trabajar como agricultoras, sobre todo horticultoras, les dábamos clases de superación cultural.

Entonces la revolución abrió las escuelas obrero-campesinas en 1962,[33] y la Federación mandaba las alumnas. A través de nuestras delegaciones hacíamos una campaña en cada barrio, para que las mujeres que no tenían un nivel cultural adecuado, que no habían pasado la primaria, se iniciaran en las escuelas.

Ya tenemos nuevas generaciones de técnicas, ingenieras, médicos, que son también madres jóvenes. Nuestra preocupación es que podamos resolver el problema del círculo infantil y las condiciones para que puedan resolver los problemas de la familia, lograr que se compartan las tareas en el seno del hogar, para que ellas puedan integrarse plenamente a su trabajo. Esto ha sido una labor política. Buscamos las condiciones mejores para que la mujer no se vea frenada por las

33. Las escuelas obrero-campesinas formaron parte del extenso programa de educación para adultos establecido en Cuba en 1962. Ofrecían varios semestres de educación primaria acelerada.

dificultades en el hogar. Queremos ir creando condiciones para que en toda la población se entienda la necesidad de compartir las tareas en la casa.

Actualmente, más del 56 por ciento de los técnicos[34] en el país son mujeres. Eso da un índice muy importante. Es una diferencia enorme con el pasado, cuando no había técnicas industriales en el país. Ahí se incluyen los maestros que son técnicos medios, los técnicos medios de la salud, las enfermeras. Pero de todas maneras es un reflejo muy importante del papel de la revolución en el cambio de la mujer.

Tenemos que resaltar que en Cuba ahora hay una gran cantidad de mujeres que son ingenieras de todas las ramas.

En el proceso actual de priorización de la medicina como una carrera muy necesaria para el país, y también para la ayuda internacionalista, hay que ver la disposición de las mujeres para ser médicos. Los niveles académicos que han logrado las mujeres, además, les permiten acceder a la carrera de medicina en una proporción muy superior a la de los varones. Ya en los niveles superiores hay una cantidad enorme de estudiantes universitarios que son mujeres. La preparación de la mujer para cualquier profesión está ampliamente garantizada. Toda muchacha de este país tiene la posibilidad de aspirar a cualquier carrera.

Madres Combatientes por la Educación

En la fundación de la Federación, Fidel nos señalaba como una tarea inmediata y urgente la superación de la mujer

34. En Cuba, el término "técnico" abarca una amplia gama de empleos que requieren capacitación especializada. Ejemplos de estos son los maestros, los trabajadores de la salud, los ingenieros, los investigadores científicos, los secretarios, los contadores, los mecánicos y otros trabajadores especializados. En 2010, el 65 por ciento de la fuerza laboral técnica eran mujeres.

desde el punto de vista cultural, que fuera hacia las aulas. Pero no fue solamente esta tarea la priorizada por la Federación en la lucha educacional. Se ocupó además del papel de la mujer como madre de sus hijos escolares, como integrante de la sociedad en el apoyo a la escuela.

Hubo que improvisar maestros en muchos casos, y también las federadas tuvieron que apoyar a la escuela en todas las tareas auxiliares. Organizadas por la Federación, las mujeres han constituido desde entonces un gran apoyo a cada escuela.

Tomamos plena conciencia poco a poco, en los años primeros, de que se podía realizar una tarea mucho más organizada, y las propias masas en la base de la Federación nos lo señalaban así. Entonces se creó un plan nacional que se llamó el Movimiento de Madres Combatientes por la Educación.[35]

¿Que veían las compañeras de la Federación cuando iban a la escuela? Se encontraban que los maestros a veces se sentían un poco solos en aulas que en muchos casos estaban superior en número de alumnos a lo recomendado. En esos casos las federadas iban supliendo, apoyando a la maestra. Para que las madres trabajadoras que tenían sus hijos en primaria no tuvieran que volver a la casa, se fueron creando los primeros comedores escolares. Las madres amas de casa que podían, iban a la escuela y ayudaban.

De esta forma fue surgiendo este Movimiento de Madres Combatientes por la Educación. Ha desempeñado un papel muy importante, no solamente en las tareas de embellecimiento de la escuela, de las jornadas de limpieza de los baños

35. Madres Combatientes por la Educación, fundado en 1969 como proyecto piloto en las provincias de Camagüey y Matanzas, se extendió por toda Cuba, incorporando a más de 40 mil miembros en su primer año.

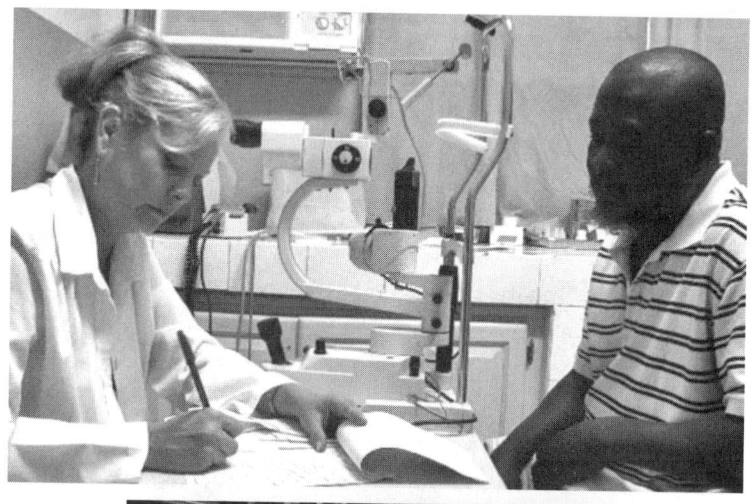

FOTOS DE GRANMA

"En Cuba, toda mujer tiene la posibilidad de aspirar a cualquier carrera". —Vilma Espín

Arriba: Gladys Montero Roca, cirujana y médico voluntaria, entrevista a paciente antes de una operación para cataratas, Puerto Príncipe, Haití, marzo de 2011. **Abajo:** Arminda Meneses Unzué, supervisora de turno, central Ciro Redondo, Ciego de Ávila, marzo de 2011.

y los comedores. También en las propias casas de las federadas se crearon los grupos de estudio.

Luchaban contra el ausentismo, realizaban una labor social de gran importancia. Cuando algún niño comenzaba a tener ausentismo, iban a averiguar qué pasaba. Se encontraban a veces situaciones que eran de carácter social. Cuando un niño empezaba a tener dificultades en la escuela, ya se notaba que pasaba algo. A veces resultaba que los padres acababan de divorciarse, otras veces que los padres se divorciaban y no atendían bien a los hijos.

En algunos casos los padres eran elementos antisociales —individuos que vivían del robo y la violencia— y los hijos habían crecido en ese ambiente. Existían barrios donde se manifestaban problemas sociales graves. La revolución no resuelve el problema de la delincuencia así, de un día para otro. Había que ir a esos hogares a hacer una labor de trabajo social, y a través de todas esas tareas fueron surgiendo las trabajadoras sociales de la Federación.

En aquellos planes de erradicación de barrios insalubres comenzaron las Madres una labor social, a ayudar a crear nuevas viviendas. A veces se trataba de barrios campesinos que se mudaban hacia zonas urbanizadas, y se creaban nuevas comunidades campesinas, con luz eléctrica y agua corriente. Se ofrecía ayuda sobre cómo utilizar los utensilios electrodomésticos. Toda esta tarea también le correspondió a la Federación.

Erradicación de la prostitución

Dentro de las tareas sociales que consideramos enormemente valiosas en los primeros años de la revolución, allá por los años 1960, 1961 y 1962, estuvo la de la erradicación de la prostitución. Antes del triunfo revolucionario, decenas de miles de mujeres estaban en esta terrible situación, prostituidas por la situación económica. Pensábamos que erradicar la prostitución iba a ser una tarea difícil y larga. Así que para todos fue una sorpresa que desapareciera como mal social en menos de dos años.

La Federación trabajó junto con el Ministerio del Interior. Hubo características diferentes de acuerdo con las situaciones en cada área: donde había más prostíbulos, donde los proxenetas tenían mayor fuerza.

Aprovechamos para iniciar el trabajo para la erradicación de la prostitución en el año de la alfabetización. Como estaba haciéndose el censo de las mujeres analfabetas en los primeros meses de 1961, también censamos a las mujeres y otras personas que estaban en los centros de prostitución. Yo estaba en Santiago de Cuba cuando se inició la campaña y fui a varios prostíbulos para ver las condiciones.

Algunos de estos centros eran lugares espantosos, hasta de piso de tierra, en medio de la ciudad. Uno se encontraba un espectáculo dantesco. Muchas de las muchachas eran oligofrénicas, niños por ahí desnudos. ¡Eran espectáculos espantosos! Muchas de estas muchachas habían nacido en este ambiente y se habían criado así; no conocían otra cosa. Otras eran mujeres que habían caído en esta vida por la presión económica, a veces porque los hijos se estaban muriendo de hambre.

Ya en 1961, muchas —posiblemente cientos— de las mujeres que antes habían trabajado como prostitutas habían empezado a buscar trabajo según las posibilidades que daba la revolución. Decidimos hacer toda una labor policiaca para cerrar los prostíbulos. Un día la policía entró por la madrugada en todos y se tomó presos a los proxenetas y a la gente que vivía del negocio allí. Y se dejó a las mujeres de vigilancia. Se entrevistó de inmediato a las mujeres, de acuerdo con el nivel educativo que tenían, sus características personales, su disposición para trabajar.

Educación y trabajo: vías para erradicación de la prostitución

La Revolución, en su gigantesca obra de transformación social, viene prestando especial atención a las mujeres caídas en la prostitución, imponiéndose la tarea de redimirlas por el único medio hacedero: la educación y el trabajo remunerado.

EN CAMAGÜEY

En el Centro de Producción Artesanal "Mariana Grajales", construído recientemente, han sido ingresadas to-

"Entre las prioridades de los primeros años de la revolución estuvo la erradicación de la prostitución. Antes de la revolución, decenas de miles de mujeres estaban prostituidas por la situación económica. Pensábamos que erradicar este mal social iba a ser una tarea difícil y larga. Fue una sorpresa que desapareciera en menos de dos años". —Vilma Espín

Diario cubano *Hoy*, 6 de marzo de 1962, informa sobre nuevo centro en Camagüey para capacitar en nuevos empleos a mujeres que habían sido prostitutas.

Muchas de ellas nos plantearon de inmediato que les enseñaran un oficio para trabajar. Generalmente eran las que tenían una disposición mayor, las que estaban locas por salir ya de esa situación. A todas les dimos empleo. A las que tenían alguna habilidad se les dio de inmediato empleo.

A las muchachas que tenían más problemas, a las que habían vivido toda la vida como prostitutas, las llevamos a escuelas donde se las capacitó para una nueva vida. A las muchachas oligofrénicas las llevamos a centros especiales. Había también muchachas que tenían problemas psíquicos graves u otras enfermedades. Lo primero que se hizo fue llevarlas a todas a un chequeo médico —en algunos casos con médicos especialistas en enfermedades psíquicas— para analizar las que tenían que pasar escuelas.

Creamos un gran centro para las antiguas prostitutas en Camagüey, con un círculo infantil al lado. Así los niños no se separaban de sus madres, que por la tarde iban y los veían. También se les enseñaba, sobre todo para que pasaran a trabajar a los talleres de confecciones de ropa que se estaban abriendo en aquel momento.

Nos sorprendió que fue muy rápido y nos dio una satisfacción tan grande que pudiéramos resolver un problema tan grave en tan poco tiempo. Las mujeres se fueron casando, muchas de ellas con sus propios reeducadores, con los policías.

La Federación trabajó intensamente en la creación de las escuelas, en el apoyo, en la búsqueda de trabajo para las mujeres. En definitiva fue muy exitoso el plan.

Incorporación de la mujer a la producción

Al rememorar aquellos años iniciales, recuerdo cómo trabajamos con vistas a la incorporación de la mujer plenamente en los empleos. Los primeros años no fueron muy fáciles, porque, si había una cantidad enorme de padres de familias desempleados antes del triunfo revolucionario, a los pocos años de la revolución ya no había desempleados. Ya en 1964 nos estaban pidiendo mujeres para toda una serie de actividades de la producción y los servicios. Se necesitaban más brazos.

Entonces encontramos hogares donde el padre o el esposo decía que no quería que la mujer trabajara. Que si él antes no había podido brindar a su hogar un salario decoroso para que sus hijos y su esposa pudieran tener cierta abundancia, ahora con la revolución ya tenía un empleo y podía traer facilidades al hogar. Los hijos estaban estudiando. La mujer podía tener más tranquilidad. ¡Y cómo era eso que ahora la mujer iba a la calle!

Lo cierto es que la mujer sí entendió, no solo su derecho a trabajar, sino a salir del ámbito del hogar. Tenían derecho a participar en una labor útil para toda la sociedad, no solo en su hogar. La mujer sintió el llamado del deber, de contribuir a la obra revolucionaria a través de su propio trabajo como proletaria. En 1964 y 1965 tuvimos que iniciar toda una labor ideológica y comenzamos a notar cómo las mujeres en muchos casos empezaron a enfrentarse a los planteamientos de los padres y los maridos.

Surgió una etapa de una intensa labor ideológica de la Federación y del partido. El tema comenzaba a manifestarse en las discusiones de todos los centros de trabajo. Empezamos a notar estos rezagos, estos matices discriminatorios, en cuanto a nombrar a mujeres en cargos de dirección. Tuvimos que salirle al paso, por la vía del partido y de la Federación, a manifestaciones de ese tipo.

La mujer participó muy activamente en todos los planes que la revolución necesitó. Los llamados a todos los planes contaron con los brazos femeninos. Organizamos cursos de apicultura, avicultura, horticultura y cunicultura con vistas a que las mujeres se incorporaran a centros de producción, a

CINDY JAQUITH/MILITANTE

"El trabajo voluntario fue una escuela para la Federación de Mujeres Cubanas. Fue una forma de ir forjando políticamente a la mujer, a todo nuestro pueblo. . . Al mismo tiempo, es muy importante para la formación de los propios revolucionarios y de nuestras nuevas generaciones, que a veces no les ha tocado misiones que exijan alto nivel de sacrificio". —Vilma Espín

Microbrigadistas voluntarios construyen complejo de viviendas en La Habana, 1990. "Las amas de casa no son las mismas de antes, reducidas al ámbito de su casa, o en el campo, de su terrenito", dijo Espín. "Hoy están incorporadas a labores voluntarias de la agricultura, de la construcción, de fábricas".

traerlas ya más preparadas a los centros de trabajo.

Muchas de las mujeres salieron a trabajar, incluso, sin tener las condiciones creadas. No teníamos todavía los círculos infantiles; comenzábamos a crear los primeros. Pesaban sobre la mujer toda una serie de actividades del hogar: la compra de los artículos, la cocina, el lavado de la ropa. Hubo que abogar por la creación de una nueva conciencia en toda la familia, en los padres y los hijos, para que contribuyeran a la labor doméstica. Y además que los padres tomaran más conciencia de sus propios hijos.

Esa batalla, que se empezó a manifestar con fuerza cuando la mujer acudió masivamente a los puestos de trabajo, aún continúa.

Posteriormente se incorporó toda la masa joven —los que nacieron con la revolución y los que eran niños al inicio de ella— a todo tipo de carreras universitarias y técnicas. No solamente hemos ganado en número de mujeres incorporadas, sino en la calidad de su preparación; por tanto, acceden a puestos de trabajo de mayor responsabilidad. Esto habla muy alto de los planes de la revolución en cuanto a la participación femenina y, claro está, del desarrollo de la revolución.

La incorporación femenina a los centros laborales ha aumentado enormemente en comparación con los primeros años. Se incorporaron muchas de las mujeres que habían estado en centros de prostitución. Se iniciaron en las tareas agrícolas, en los centros de corte y costura, en tareas de muy diverso tipo, y se fueron formando con una conciencia superior de su papel en la sociedad. Lo mismo ocurrió con las amas de casa y las muchachas jóvenes que se fueron integrando a los centros de trabajo.[36]

36. En 2008, el 59 por ciento de las mujeres en edad laboral formaban parte de la fuerza de trabajo, y representaban el 38 por ciento del conjunto de los trabajadores. En 1953, el 13.5 por ciento de las mu-

En la universidad, actualmente hay una masa enorme de jóvenes mujeres, y se gradúan en profesiones que requieren una labor muy intensa y la dedicación de todo su tiempo. Por ejemplo, las investigadoras, las médicos, las mujeres que ejercen diferentes profesiones fuera de la ciudad donde viven y que tienen que trasladarse a menudo hacia otras provincias. Algunas, como las agrónomas y las geólogas, han estudiado carreras que implican moverse por el campo.

Hoy la mujer es una fuerza técnica en todos los sectores. Hay mujeres que trabajan en Moa, en Cienfuegos, en los grandes planes de desarrollo industrial. Están las mujeres que son médicos en las escuelas en el campo.[37]

La batalla por la igualdad

Tenemos que hablar también del cambio enorme que se ha producido en las mujeres que han permanecido como amas de casa. Hoy no son las mismas de antes, reducidas al ámbito de su casa. Aquella mujer salía nada más para actividades recreativas, o cuando llevaba al niño a la escuela. En las zonas campesinas, las mujeres estaban metidas completamente en el hogar y en el conuquito. El ama de casa de hoy es una mujer incorporada plenamente a las labores voluntarias de la agricultura,[38] de la construcción, de las fábricas. Participa en

jeres tenían empleo, y representaban el 13.9 por ciento de la fuerza de trabajo.

37. La Bahía de Moa es el centro de la industria del níquel en Cuba. En Cienfuegos, donde hay una refinería de petróleo y un astillero importantes, existía, al momento de esta entrevista, un proyecto conjunto entre Cuba y la Unión Soviética para construir una central nuclear.

38. A partir de 1966, la FMC organizó a voluntarias para las brigadas agrícolas durante las cosechas. A principios de los años 70, más de 100 mil mujeres formaban parte de estas brigadas cada año.

> Si nosotros comparamos nuestra situación actual con la que existía antes de la revolución, los avances son enormes... Pero ahora, en esta etapa actual de la revolución, la mujer tiene una batalla histórica que librar.
>
> ¿Cuál es esa batalla? ¡La lucha por la igualdad de la mujer! ¡La lucha por la integración plena de la mujer cubana a la sociedad!
>
> Nosotros creemos que ese objetivo constituye precisamente el centro de este congreso, porque todavía en la práctica no existe la plena igualdad de la mujer. No es solo desde luego una tarea de las mujeres. ¡Es una tarea de toda la sociedad!...
>
> Es necesario que las regulaciones y la política del partido y de las organizaciones de masa velen por preservar y asegurar las posibilidades de que las mujeres se incorporen al trabajo. Primero, es una cuestión de elemental justicia, y segundo, es una necesidad imperiosa de la revolución.*
>
> FIDEL CASTRO
> 29 DE NOVIEMBRE DE 1974

actividades a través de la Federación, del CDR, de la Unión de Jóvenes Comunistas —en el caso de las más jóvenes— o del partido.

Actualmente hay amas de casa que son militantes del partido. Las recomendaron por la labor política y social que han realizado. Cuando decimos "ama de casa", hay que pensar muy bien qué cosa es en la Cuba revolucionaria.

Como decía antes, en los primeros años de la revolución ni

* "Discurso en el segundo congreso de la Federación de Mujeres Cubanas", en *Mujeres y Revolución*, pp. 152–58.

siquiera utilizábamos el término "igualdad", como no usábamos los de emancipación, de liberación de la mujer. No usábamos esos términos de la lucha feminista. Hablábamos de la necesidad de la participación plena de la mujer en la sociedad.

El primer congreso de la Federación, después de su fundación, fue en 1962. Hubo años de una tarea muy intensa en que considerábamos que no era oportuno tener nuevos congresos. Pero ya en 1974 era imprescindible hacer un análisis de qué había logrado la mujer.

Las tesis de nuestro segundo congreso traían un análisis muy profundo de la participación femenina: sobre la mujer trabajadora, sobre la mujer campesina, sobre la mujer joven, sobre las amas de casa. Además hubo una tesis sobre el papel de la familia en nuestra sociedad. Todas las elaboramos con la intención de analizar exhaustivamente lo que había logrado la mujer hasta ese momento, lo que había ella aportado a la revolución y las posibilidades que la revolución le había dado a ella.

En las conclusiones del congreso, Fidel planteó la necesidad de que estas tesis fueran estudiadas, no solo por las mujeres sino por todos los integrantes de la sociedad, a través de las organizaciones de masas, el partido y la juventud comunista.

En las conclusiones Fidel habló por primera vez de la igualdad. Aun en el análisis realizado en el congreso no habíamos hablado de la igualdad en la forma clara que hizo Fidel al decir que era una *batalla por la igualdad*. Habíamos analizado qué nos faltaba para lograr la igualdad en los aspectos materiales objetivos, y en los subjetivos, ideológicos.

Al surgir el concepto de la lucha por la igualdad, pudimos rechazar toda una serie de conceptos retrógrados, no revolucionarios, que aún quedaban en nuestra sociedad: rezagas de

Para nosotras, la igualdad no constituye solo un principio de justicia social sino que es un derecho humano fundamental... Sería peligroso que por consideraciones coyunturales a la familia se comenzara a hacer planteamientos coincidentes con los de los más retrógrados ideólogos capitalistas en cuanto a la participación femenina.

Significaría un retroceso desde todos los puntos de vista... el plantear el retorno de la mujer al hogar. Esto en primer lugar sería un absurdo, pues significa no solo quebrantar los principios de la igualdad y convalidar el papel tradicional de las mujeres, sino borrar casi un siglo y medio de luchas sociales transcurridas desde que los fundadores de la teoría marxista concretaron la concepción materialista sobre la relación indivisible entre la liberación de toda la sociedad por la revolución socialista y la liberación de la mujer como parte integrante del movimiento revolucionario...

Por ello hemos sido muy cuidadosas en todos estos años de no proponer aparentes soluciones a la situación de doble carga de la mujer, tales como la extensión del período de licencia por maternidad, los subsidios a las madres para cuidar a sus hijo, las jornadas reducidas de trabajo para la mujer. Estas medidas, lejos de resolver, tienden a perpetuar la situación de desigualdad... contribuyendo a desprofesionalizarla y retrasar su progreso...*

VILMA ESPÍN
FEBRERO DE 1989

* "Intervención en reunión de dirigentes femeninas de países socialistas", La Habana, febrero de 1989. En Vilma Espín, *La mujer en Cuba: Familia y sociedad* (La Habana: Ministerio de las Fuerzas Armadas Revolucionarias, 1990), pp. 240-41.

doble moral, de machismo, un rezago muy fuerte del egoísmo propio del capitalismo y la doble moral burguesa en el seno del hogar en cuanto a las tareas domésticas y el cuidado de los hijos.

Analizamos muy a fondo las responsabilidades que tiene cada uno de los integrantes de la familia: las del padre y la madre en su función de educadores de sus hijos, de ejemplos para sus hijos. Recalcamos la importancia formadora desde el punto de vista ideológico y social de la participación de toda la familia en la ejecución de las tareas domésticas: en el lavado de la ropa, en la cocina, en la limpieza.

Examinamos los casos en que la mujer es promovida a cargos superiores, y por qué la mujer aún no tenía los cargos de dirección que merecía por el desarrollo que había tenido a través de todos aquellos años.

Los resultados del segundo congreso de la Federación de Mujeres Cubanas fueron la base para las "Tesis sobre el Pleno Ejercicio de la Igualdad de la Mujer", que se llevó al primer congreso de nuestro partido en 1975.[39] También sirvió de mucho para la discusión del Código de la Familia.[40]

Así que 1974 y 1975 fueron dos años de intenso trabajo ideológico. Trabajamos para que toda nuestra población comprendiera los principios del partido, los principios de la revolución, en cuanto al derecho a la igualdad y a la participación plena

39. Ver pp. 213–215.

40. El Código de la Familia, promulgado en febrero de 1975, reemplazó las leyes prerrevolucionarias sobre el matrimonio, el divorcio, las adopciones y las pensiones alimenticias. Gran parte de los debates previos a su aprobación se enfocó en los artículos que estipulaban que las mujeres deben tener igualdad de derechos y de responsabilidades en el matrimonio y que los hombres deben compartir las labores domésticas y el cuidado de los hijos. El texto completo se puede encontrar en sitios web del gobierno cubano.

de la mujer, sin limitaciones, en la vida política, económica, social y cultural de Cuba, donde estábamos y estamos construyendo el socialismo.

Durante la discusión sobre el Código de la Familia, muchos hombres plantearon cuestiones más fuertes acerca de lograr la igualdad de la mujer que las planteadas en los documentos originales. Esto nos dio una medida muy importante del progreso. Estos hombres ya no eran los jóvenes al triunfo revolucionario. Sus proposiciones para el Código de la Familia enriquecieron esa discusión.

Antes de iniciarse el trabajo de preparación del primer congreso de nuestro partido,[41] Fidel planteó que las "Tesis sobre el Pleno Ejercicio de la Igualdad de la Mujer" debían ser discutidas también por toda la población, aunque se acababa de discutir el Código de la Familia así como las tesis del segundo congreso de la FMC de 1974. Él planteaba que lo más importante de nuestras leyes, de nuestras tesis, era que sus principios revolucionarios fueran discutidos y comprendidos por cada uno de los integrantes de la sociedad.

La promoción de la mujer a cargos de dirección ha sido una preocupación constante de Fidel. Cuando se creó la Federación de Mujeres Cubanas, él tenía mucho más clara la noción de lo que debíamos hacer —más claro que nosotras mismas que comenzamos en la Federación— acerca del nivel de des-

41. El primer congreso del Partido Comunista de Cuba se celebró en diciembre de 1975. El Partido Comunista surgió de una consolidación, dirigida por la dirección del Movimiento 26 de Julio, de los partidos que apoyaban la revolución. En 1961 el Movimiento 26 de Julio, el Partido Socialista Popular y el Directorio Revolucionario dejaron de funcionar como organizaciones distintas y se creó Organizaciones Revolucionarias Integradas (ORI). En 1963 se formó el Partido Unido de la Revolución Socialista (PURS), y en octubre de 1965, se fundó el Partido Comunista de Cuba.

Las generaciones más jóvenes no podrán comprender y mucho menos asimilar el grado de discriminación de que era objeto la mujer antes de la revolución, solo por su condición de tal. La inmensa mayoría padecía no solamente la explotación clasista, por ser humildes —y en el caso de la mujer negra, también la oprobiosa discriminación racial— sino además sufría la opresión de género, que las colocaba a todas en una humillante desventaja social.

Se imponía transformar radicalmente la situación, y así se hizo.

Considero necesario recalcar que no podemos retroceder un milímetro en lo alcanzado en estos 50 años, sobre todo en un elemento tan decisivo como es la igualdad real de oportunidades entre los hombres y mujeres en la esfera laboral.

Aquí también tiene un campo de acción la Federación, que debe alertar al partido ante cualquier desviación de la política trazada. Con ello, estoy reiterando la definición dada por Fidel hace 30 años, en ocasión del tercer congreso de la FMC, cuando dijo:

"También es el deber de la Federación estar atenta a todas las cuestiones que preocupen a la mujer, que le interesen a la mujer, y defender esos intereses en el seno del partido, en el seno del estado". A lo que podemos añadir: ¡Qué nadie tenga duda de ello![*]

VICEPRESIDENTE JOSÉ RAMÓN MACHADO VENTURA
23 DE AGOSTO DE 2010

[*] Discurso pronunciado en el 50 aniversario de la fundación de la Federación de Mujeres Cubanas. En *Mujeres,* número 3 (julio-septiembre) de 2010.

Las elecciones realizadas en el día de hoy por esta asamblea para cubrir las vacantes en el Consejo de Estado, incluyendo dos vicepresidencias, una de ellas por primera vez ocupada por una mujer, que a su vez se desempeña como Contralora General de la República, constituyen además de un justo reconocimiento a la trayectoria revolucionaria y profesional de los elegidos, la expresión de la intención manifiesta de elevar la representatividad de la composición étnica y de género de la población cubana en los cargos de dirección.

Personalmente considero que es una vergüenza el insuficiente avance en esta materia en 50 años de revolución, a pesar de que el 65 por ciento de la fuerza laboral técnica se compone de mujeres y que la ciudadanía forma un hermoso arco iris racial sin privilegios formales de tipo alguno. Aun en sociedades como la de Cuba, surgida de una revolución social radical, donde el pueblo alcanzó la plena y total igualdad legal y un nivel de educación revolucionaria que echó por tierra el componente subjetivo de la discriminación, esta existía todavía de otra forma. Fidel la calificó como discriminación objetiva, un fenómeno asociado a la pobreza y a un monopolio histórico de los conocimientos.

Por mi parte ejerceré toda mi influencia para que estos nocivos prejuicios sigan cediendo espacio hasta ser finalmente suprimidos y se promuevan a cargos de dirección a todos los niveles, por sus méritos y preparación profesional, a las mujeres y los negros.*

PRESIDENTE RAÚL CASTRO
20 DE DICIEMBRE DE 2009

igualdad que existía en la sociedad. A través de todos estos años —en cada una de las reuniones de la Federación y los congresos del partido— Fidel ha planteado con mucha fuerza la necesidad de una promoción mayor de mujeres a cargos de dirección en todas las diferentes tareas en nuestra sociedad, en el estado, en el partido, en todas las actividades.

La defensa de la patria

En todas nuestras luchas, en todas nuestras guerras, hubo mujeres que se destacaron, y tenemos nombres gloriosos que se inscriben a lo largo de la historia en nuestra gesta. Ya en la Guerra de los Diez Años (1868–78) y la Guerra de Independencia (1895)[42] hubo mujeres combatientes; algunas ganaron el grado de coronel o de capitana. Estas mujeres no solamente colaboraron o trabajaron clandestinamente o apoyaron al esposo, sino que se destacaron ellas mismas. Muchas murieron en combates.

Hay nombres con historias bellísimas, como Rosa la Bayamesa, Adela Azcuy, Mercedes Varona. Al inicio de la guerra de 1868, ya Carlos Manuel de Céspedes hablaba de las mujeres gloriosas que prefirieron morir a plegarse a los requerimientos de los españoles. Por ejemplo, Luz Vázquez, mujer fantástica; las hermanas Castillo, mujeres maravillosas.[43]

42. Ver la cronología y "Guerras cubanas de independencia" en el glosario.

43. Ver en el glosario, Rosa María Castellanos, Adela Azcuy, Mercedes Varona, Carlos Manuel de Céspedes, Luz Vázquez, Adriana y Lucía Castillo Vázquez.

---

* Discurso en la sesión de clausura de la Asamblea Nacional del Poder Popular. En las elecciones celebradas ese día, cuatro de los siete nuevos miembros elegidos al Consejo de Estado eran mujeres, una de las cuales era negra.

Muchas eran muy jóvenes.

Ana Betancourt se adelantó a su tiempo. Martí recalcó con esa misma frase la actuación de Ana Betancourt, quien planteó en la Asamblea Constituyente de Guáimaro en 1869[44] la necesidad de contemplar la emancipación de la mujer, su participación y su liberación.

Con palabras vibrantes y bellas, ella propuso que se desataran las alas de la mujer para que pudiera participar en todo. Esas palabras, por suerte, quedaron para la historia y nosotros en la Federación las hemos utilizado muchas veces para muy diversas actividades. Las hemos dado a conocer no solo en Cuba sino fuera del país cuando hablamos de la participación femenina en Cuba desde las primeras etapas de nuestras luchas.

Desde el 10 de marzo de 1952,[45] comenzamos a ver a mujeres en manifestaciones de estudiantes en las calles. En la última etapa de nuestra lucha, en nuestra guerra revolucionaria, el Movimiento 26 de Julio se nutrió de mucha gente joven y de muchas mujeres. En la ciudad las mujeres cuidaban a los muchachos que estaban perseguidos. En la montaña recibían al Ejército Rebelde, lo alimentaban, cuidaban a los heridos.

Las mujeres han sabido participar en todas sus formas, aunque muchas estuvieron en peligro en la vida clandestina. No solamente las mujeres lucharon en la clandestinidad, sino que tuvimos también combatientes en la Sierra Maestra, en las montañas, en nuestros frentes de guerra. Algunas fueron como maestras, otras como enfermeras, otras como organizadoras de los campamentos, o se integraron en los talleres

44. En Guáimaro, en una parte de la provincia de Camagüey liberada por los independentistas, se debatió y aprobó por votación la primera constitución de Cuba en abril de 1869.

45. Fecha del golpe militar de Batista.

Ciudadanos:

La mujer cubana, en el rincón oscuro y tranquilo del hogar, esperaba paciente y resignada esta hora sublime en que una revolución justa rompe el yugo y le desata las alas.

Todo era esclavo en Cuba: la cuna, el color, el sexo. Vosotros queréis destruir la esclavitud de la cuna peleando hasta morir si es necesario. [En la República en Armas] la esclavitud del color no existe ya.

Cuando llegue el momento de libertar a la mujer, el cubano, que ha echado abajo la esclavitud del color, consagrará también su alma generosa a la conquista de los derechos de la que es hoy en la guerra su hermana de caridad, abnegada, que mañana será, como fue ayer, su compañera ejemplar.*

ANA BETANCOURT
14 DE ABRIL DE 1869

"Con palabras vibrantes y bellas, Ana Betancourt planteó hace un siglo que se desataran las alas de la mujer para que pudiera participar en todo. Por suerte, esas palabras quedaron para la historia y nosotras en la Federación las hemos utilizado muchas veces". —Vilma Espín

*Según un relato, después de que Betancourt habló en la Asamblea Constituyente de Guáimaro en 1869 durante la primera guerra de independencia, Carlos Manuel de Céspedes, elegido presidente de la República de Cuba en esa asamblea, la felicitó. Dijo, "El historiador cubano, al escribir sobre este día, dirá cómo usted, adelantándose a su tiempo, pidió la emancipación de la mujer".

de confección de uniformes, mochilas y otros artículos esenciales.

Algunas compañeras fueron mensajeras, que era una de las tareas de mayor riesgo. Otras trabajaron en las cocinas, en el abastecimiento, en el traslado de los compañeros de la montaña hacia las ciudades y de las ciudades hacia las montañas, en el cuidado de los heridos, en la creación de los hospitales. Trabajaron en la creación de las escuelas en el Segundo Frente y en la Sierra Maestra. Por tanto, consideramos que era necesario también que se les diera la oportunidad de tomar las armas y luchar como soldados y oficiales.

En los últimos meses de la guerra, Fidel demostró su sabiduría y previsión de los pasos políticos que había que dar durante la guerra. Con esa confianza enorme que siempre ha tenido en las mujeres, constituyó el Pelotón Femenino Mariana Grajales, por una demanda de las mujeres que ya llevaban tiempo en la tropa y que no habían tenido la oportunidad de luchar con las armas en la mano.[46]

Acudir a las montañas y poder luchar era el anhelo de todo revolucionario, de todos los jóvenes, muchachos y muchachas, que participábamos en la lucha. Pero no era fácil esta posibilidad. Los luchadores clandestinos, en ese constante acoso de las fuerzas muy superiores de la tiranía que sentíamos constantemente sobre nosotros, siempre pensábamos en la posibilidad de poder estar ya en el Ejército Rebelde en las montañas, frente al enemigo, y poder combatir con las armas en las manos.

Por eso cuando Fidel constituyó las Mariana Grajales, fue un día glorioso para nuestras compañeras que tuvieron la oportunidad allí, en la Sierra Maestra, de empuñar el fusil y prepararse para combatir. Lo hicieron con gran éxito desde

46. Ver la p. 72, nota 10.

el primer encuentro.

Demostraron toda la capacidad de la mujer de pelear contra el enemigo, a pesar de la dura vida de la montaña y del batallar constante. Fue un momento extraordinario en la historia de la participación femenina en la revolución.

Poco después del triunfo en 1959, cuando el gobierno revolucionario comenzó a organizar las milicias en los centros de trabajo, de inmediato recibimos solicitudes de compañeras de integrarlas. En su gran mayoría eran amas de casa. Entonces la Federación creó una milicia. Tan pronto la mujer se fue incorporando a centros laborales, ya pasaba a la milicia. Posteriormente, de acuerdo con la estructura de la milicia obrera, se fueron cambiando nuestras concepciones y los milicianos se fueron integrando fundamentalmente a través de los centros de trabajo.

Durante este tiempo en que la revolución ha recibido constantemente las agresiones y las amenazas del enemigo, hemos visto una participación activa de la mujer en la defensa. En los días de Playa Girón, las mujeres se movilizaron en todo el país. Fue una brigada nuestra de primeros auxilios y se integraron también las mujeres de la zona. Dos compañeras murieron allí: Cira García, nuestra secretaria general de la zona de Playa Larga, y Juliana Montano.

Las mujeres se movilizaron cuando la Crisis de Octubre,[47] cuando hicimos un llamado a través de Radio Habana Cuba en octubre de 1962, contando lo que estaba ocurriendo. Recuerdo que empezamos a recibir mensajes de otros países y a través de los cables de prensa. En México, en Estados Unidos mismo, las mujeres se habían refugiado en sus hogares. Habían comprado velas, leche condensada. Existía una alarma tremenda, un gran terror a la guerra atómica.

47. Ver en el glosario, Crisis "de los Misiles" de octubre de 1962.

Aunque veníamos haciendo muchas cosas esenciales, nos sentíamos frustradas al no poder combatir con un fusil en la mano. Estábamos en los lugares donde se estaban desarrollando los combates.

"Si la mujer tiene que participar en todas las tareas de la revolución", dijimos, "por qué no combatir por la revolución en la misma forma que combaten nuestros hombres?"

Le pedimos al Comandante en Jefe que nos dejara combatir. Él estuvo de acuerdo.

El 3 de septiembre de 1958, Fidel agrupó a su estado mayor en aquel momento. Hubo un debate que duró más de siete horas. Fidel tuvo una discusión muy grande. Aún no teníamos armas suficientes para todos y los hombres decían, "¿Cómo se le va a entregar un fusil a las mujeres con tantos hombres desarmados?"

Fidel respondía, "Porque son mejores soldados que ustedes. Son más disciplinadas".

"Y de todas maneras", decía, "Yo voy a hacer el pelotón y les voy a enseñar a tirar".*

TETÉ PUEBLA
2003

Sin embargo, en nuestro país vimos tal tranquilidad y serenidad. Las mujeres, con sus trajes de milicianas, estaban frente a las antiaéreas. A los niños se los llevaba a los lugares donde mejor se les pudiera cuidar, a veces con los abuelos. Estábamos conscientes de que en esos días podíamos desaparecer de la faz de la Tierra y que no quedaría vivo ninguno

* En *Teté Puebla y el Pelotón Femenino Mariana Grajales en la guerra revolucionaria cubana* (Pathfinder, 2003), pp. 50–53.

de nosotros, pero todo se hizo con una serenidad y una tranquilidad muy grandes.

Esto siempre lo hemos recalcado, porque después, a lo largo de los años cuando han continuado las amenazas, la mujer siempre ha pedido estar bien preparada si se inicia la guerra, saber qué le corresponde como misión en tiempo de guerra, qué tiene que preparar antes, cómo atender a los ancianos y a los niños, adónde debe ir, dónde se debe refugiar. A través de la defensa civil, hemos estado entrenando a nuestras brigadistas sanitarias junto con las fuerzas armadas y el Ministerio de Salud Pública.

En 1980, cuando la política agresiva de la administración Reagan, después de las victorias revolucionarias en Granada y Nicaragua, nos dio la medida de que teníamos que prepararnos aún mejor para la guerra, Fidel planteó la necesidad de las Milicias de Tropas Territoriales.[48] Las mujeres de inmediato se presentaron para estas milicias. Hubo algunas voluntarias que fueron rechazadas por tener niños pequeños; se sintieron discriminadas y plantearon muy firmemente que tenían que dejarles incorporarse. De ahí que comenzara a surgir una nueva política: preparar a mujeres para la oficialidad de las Milicias de Tropas Territoriales: las mujeres que querían participar en las fuerzas armadas en forma regular podrían ser incorporadas al servicio activo.

Se hicieron análisis profundos por la Federación y el Ministerio de las Fuerzas Armadas Revolucionarias, y se llegó a la conclusión de que en muchos puestos permanentes de las fuerzas armadas deben estar mujeres. Hasta ese momento solamente ingresaban a las fuerzas armadas por la vía técnica. Podían ingresar como médicos, como enfermeras —y como ingenieras o técnicas de aviación y de tanques— pero todavía

48. Ver en el glosario, Milicias de Tropas Territoriales.

no formaban parte de las líneas de mando. El Primer Regimiento Femenino de Artillería Antiaérea se formó en marzo de 1984. Abrió nuevas posibilidades y creó una esperanza y un anhelo de participación de las masas femeninas, especialmente de las jóvenes. Vemos cómo se integraron en este primer regimiento y ya en el segundo, en la zona de Guantánamo. Hemos visto un gran entusiasmo y deseos no solo de prestar su servicio militar voluntario en el regimiento, sino de seguir siendo miembros de las fuerzas armadas.[49]

La concepción de la guerra de todo el pueblo está no solo en la mente o como un proyecto. Es una realidad en la organización de nuestro pueblo y nuestras Fuerzas Armadas. Es una realidad que ya se siente en cada una de las actividades de la defensa que se realizan.

En el primer ejercicio Bastión[50] se puso de manifiesto cómo había un deseo unánime de nuestra población de saber exactamente qué podían realizar. Sobre todo las mujeres lo plantearon con mucha fuerza, a través de la Federación y del partido. O sea, que si no podían estar en la formación regular de las Milicias de Tropas Territoriales, qué les correspondería, si era un fusil, una granada.

Yo recuerdo que Raúl dijo, "Hasta una olla de agua caliente puede servir para combatir al enemigo".

49. Unidades de ambos regimientos femeninos de artillería antiaérea en 1988 participaron en la última etapa de la misión internacionalista en Angola que derrotó a las fuerzas del apartheid sudafricano.

50. Los ejercicios militares Bastión se basan en el concepto de la "guerra de todo el pueblo" en caso de una invasión norteamericana. Ejercicios con la participación de la población civil así como las fuerzas armadas se realizaron por primera vez en septiembre de 1980. Continuaron en 1983, 1986, 2004 y 2009, cuando participaron casi 4 millones de personas.

JUVENTUD REBELDE

"Cuando se formó el Primer Regimiento Femenino de Artillería Antiaérea en marzo de 1984, abrió nuevas posibilidades y creó una esperanza y un anhelo, especialmente entre las jóvenes. Se integraron en este primer regimiento y después en el segundo, en la zona de Guantánamo. Hemos visto un gran entusiasmo, no solo para prestar su servicio voluntario en el regimiento, sino para seguir en las fuerzas armadas". —Vilma Espín

Miembros del Regimiento Femenino de Artillería Antiaérea de Guantánamo, en base en La Habana, 1988, antes de ser movilizadas a Angola. Defendieron nuevas pistas aéreas en el sur de Angola contra ataques de las fuerzas del régimen sudafricano del apartheid. Espín, con blusa blanca, está en el centro.

Bien, se comenzaron a perfilar los nuevos métodos, las nuevas concepciones, en las cuales cada uno de los integrantes de nuestra población pudiera tener un lugar, un arma y una visión para el combate si invadiera el enemigo. Con la concepción de la guerra de todo el pueblo, cada uno de los habitantes —y las mujeres muy en particular— sabe qué tiene que hacer si el enemigo osara atacarnos, si osara tratar de invadirnos.

La moral de nuestra población es extraordinariamente alta. Nuestro pueblo está preparado para defenderse aun en las situaciones más difíciles. El hecho de que esto se conozca —porque lo hemos divulgado— ha sido un elemento disuasivo del enemigo imperialista.

Cronología

1868 — Carlos Manuel de Céspedes da inicio a la primera guerra por la independencia de Cuba contra el dominio colonial español.

1869 — Independentistas organizan asamblea de la República en Armas en Guáimaro, en una parte de la provincia de Camagüey que habían liberado. Los delegados adoptan la primera constitución de Cuba, la cual declara: "Todos los habitantes de la República son enteramente libres", incluidos los esclavos. Ana Betancourt participa y habla sobre la necesidad de luchar por la participación de la mujer en la vida política y social.

1870 — El 25 de diciembre Céspedes, electo presidente en la Asamblea de Guáimaro, anula las restricciones a la emancipación adoptadas por la nueva legislatura de la República y reafirma la igualdad de derechos civiles y políticos para los esclavos emancipados.

1878 — Termina la primera guerra de independencia. La mayoría de las fuerzas independentistas firman el Pacto del Zanjón con Madrid. El acuerdo mantiene el dominio español y solo emancipa a los esclavos y a los trabajadores en servidumbre que fueron miembros del ejército anticolonial. Insurgentes dirigidos por Antonio Maceo rechazan el pacto y afirman que continuarán la lucha hasta lograr la independencia y la abolición de la esclavitud.

1879 — Algunas fuerzas independentistas inician lo que se llega a conocer como la Guerra Chiquita, que dura hasta 1880.

1886 — Abolición por parte de Madrid de la esclavitud en Cuba.

1895 — El Partido Revolucionario Cubano, dirigido por José Martí, reanuda la guerra de independencia.

1898 — El gobierno norteamericano interviene con tropas en la guerra anticolonial, robándoles la victoria a las fuerzas independentistas cubanas. Derrotada, España firma con Washington el Tratado de París, cediéndole Puerto Rico, Filipinas y Guam, y poniendo a Cuba bajo ocupación militar norteamericana.

1901 — En la Asamblea Constituyente en junio, el gobierno estadounidense impone la llamada Enmienda Platt en la constitución cubana. La enmienda afirma que Washington tiene "el derecho de intervenir" en Cuba y de establecer bases navales en la isla.

1902 — Cuba obtiene la independencia formal, pero los intereses imperialistas norteamericanos dominan su gobierno y, más y más, su agricultura, producción industrial y comercio.

1903 — Un "tratado" dictado por Washington impone una base naval estadounidense en Guantánamo.

1931–39 — Revolución en España. La guerra civil (1936–39) termina con la derrota de las fuerzas republicanas y la imposición del régimen fascista de Francisco Franco, un golpe contra la clase trabajadora a nivel mundial.

Agosto de 1933 — Una huelga general revolucionaria lleva al derrocamiento de la dictadura de Machado en Cuba y a la formación del "Gobierno de los Cien Días", el cual aplica medidas contrarias a los intereses capitalistas estadounidenses en Cuba.

Enero de 1934 — Con el respaldo de Washington, Fulgencio Batista, jefe del estado mayor del ejército, derroca al Gobierno de los Cien Días. Durante los siguientes seis años,

Batista domina el gobierno cubano mediante presidentes sometidos a él.

1940 — Batista electo presidente, forma un gobierno de "frente nacional" que incluye en su gabinete al Partido Socialista Popular (Partido Comunista).

1944 — Electo presidente Ramón Grau San Martín, dirigente del Partido Auténtico.

Mayo de 1947 — Se funda el Partido del Pueblo Cubano (Ortodoxo) dirigido por Eduardo Chibás. El partido atrae a una nueva generación indignada por la corrupción y el servilismo del gobierno ante Washington. Fidel Castro encabeza su ala juvenil radical.

Julio de 1947 — Fidel Castro se suma a una expedición armada —apoyada y financiada por el gobierno de Grau— para derrocar a Rafael Trujillo, el dictador en República Dominicana apoyado por Washington. En septiembre, ante presiones norteamericanas, Grau suspende la operación, conocida como la expedición de Cayo Confites, nombre de la isla cubana donde se preparó.

Junio de 1948 — Electo presidente Carlos Prío Socarrás, del Partido Auténtico.

Marzo de 1949 — Después de un año de lucha de los estudiantes y profesores, la nueva Universidad de Oriente en Santiago de Cuba logra el reconocimiento oficial y fondos del gobierno.

Octubre de 1949 — Fuerzas del Partido Nacionalista (Kuomintang) de Chiang Kai-shek, apoyadas por el imperialismo, son derrotadas y huyen de China continental. Se proclama la República Popular China.

5 de agosto de 1951 — Eduardo Chibás se mata de un tiro al concluir su programa radial semanal, después de un discurso en que denunció la corrupción del gobierno. Su entierro se convierte en una gigantesca protesta contra el gobierno.

1952

10 de marzo — Golpe militar de Batista derroca a Prío dos meses y medio antes de las elecciones presidenciales del 1 de junio. El golpe provoca protestas estudiantiles en La Habana y otras ciudades. Batista impone una dictadura brutal que defiende los intereses imperialistas norteamericanos. Fidel Castro empieza a organizar un movimiento revolucionario, reclutado principalmente de la juventud del Partido Ortodoxo, para derrocar a la tiranía.

9 de abril — Un ascenso revolucionario en Bolivia, con los mineros de estaño a la vanguardia, tumba al régimen militar. Se nacionalizan las minas de estaño más grandes, se legalizan los sindicatos, se inicia una reforma agraria y la mayoría indígena boliviana gana el derecho al voto.

1953

27 de enero — En la "Marcha de las Antorchas" en La Habana, conmemorando el centenario del natalicio de José Martí, estudiantes denuncian al régimen de Batista. El movimiento revolucionario dirigido por Fidel Castro aparece por primera vez en público con una columna de 500 personas.

5 de abril — El régimen arresta a dirigentes del Movimiento Nacional Revolucionario (MNR) por planear una rebelión antibatistiana dentro del ejército destinada a tomar una base en La Habana.

26 de julio — Unos 160 revolucionarios dirigidos por Fidel Castro lanzan un ataque insurreccional contra el cuartel Moncada en Santiago de Cuba y el cuartel Carlos Manuel de Céspedes en Bayamo. Los ataques fracasan, y 56 revolucionarios capturados son asesinados en los días siguientes.

27 de julio — Un armisticio pone fin a la Guerra de Corea después de tres años. Los trabajadores y campesinos de Corea y el Ejército Popular de Liberación chino impiden que Washington domine toda la península coreana e invada a China para aplastar la revolución.

22 de agosto — Washington y Londres organizan un golpe de estado en Irán y derrocan al gobierno de Mohammad Mossadegh, que había nacionalizado los intereses petroleros británicos. Instalan a la monarquía del sha Mohammed Reza Pahlavi.

Septiembre–octubre — Juicio contra los moncadistas capturados en agosto. Fidel Castro y otros 31 reciben sentencias de hasta 15 años de prisión.

1954

20 de febrero — Son excarceladas Haydée Santamaría y Melba Hernández, las dos moncadistas que son mujeres, después de cumplir sentencias de siete meses.

7 de mayo — Fuerzas francesas se rinden en Dien Bien Phu a los combatientes por la liberación de Vietnam, marcando la derrota del dominio colonial francés en Indochina. Los Acuerdos de Ginebra codifican la división de Vietnam, en la que Washington domina el sur del país.

Junio — Para tratar de aplastar las luchas obreras y campesinas en Guatemala y revertir pasos iniciales hacia una reforma agraria, fuerzas mercenarias respaldadas por la CIA invaden el país y derrocan al gobierno de Jacobo Arbenz.

Octubre — Los defensores de los combatientes del 26 de Julio imprimen y comienzan a difundir clandestinamente *La historia me absolverá*, el alegato de autodefensa de Fidel Castro ante el tribunal, que él escribió en la cárcel y que se sacó secretamente. Distribuyen decenas de miles de ejemplares del documento, que se convierte en programa del movimiento revolucionario.

1955

15 de mayo — La creciente campaña de amnistía obliga a Batista a liberar a más de 200 presos políticos, incluidos los moncadistas. Haydée Santamaría y Melba Hernández están entre los dirigentes de la campaña.

12 de junio — Se forma el Movimiento Revolucionario 26 de Julio con una fusión de los moncadistas y otras corrientes. Estos incluyen miembros del Movimiento Nacional Revolucionario como Armando Hart y Faustino Pérez, y de Acción Nacional Revolucionaria, dirigida por Frank País y basada en Santiago; entre estos está Vilma Espín.

7 de julio — Fidel Castro llega a México. Comienza preparativos para una expedición destinada a regresar a Cuba y lanzar la guerra revolucionaria contra Batista.

15 de agosto — Fidel Castro manda carta a dirigentes del Partido Ortodoxo, instando a que el partido se incorpore al movimiento insurreccional.

5 de diciembre — En Montgomery, Alabama, comienza boicot del sistema segregado racialmente de autobuses, una de las primeras batallas en la lucha ascendiente de masas de los negros para acabar con el sistema segregacionista *Jim Crow* en el Sur de Estados Unidos.

Diciembre — En una huelga nacional, 200 mil trabajadores azucareros cubanos protestan contra medidas del gobierno para reducir salarios. Los trabajadores y sus partidarios se apoderan brevemente de varios pueblos en la región central de Cuba.

1956

26 de febrero — José Antonio Echeverría y otros dirigentes estudiantiles en La Habana forman el Directorio Revolucionario para realizar acciones armadas contra la dictadura.

3 de abril — El régimen descubre conspiración de oficiales militares antibatistianos, conocidos como "Los Puros". Arresta y detiene a 12 oficiales en servicio activo, incluido José Ramón Fernández.

Junio — Vilma Espín regresa a Cuba después de hacer un posgrado en Estados Unidos. Pasando por México se reúne con la dirección del Movimiento 26 de Julio, y se reincorpora a la lucha clandestina en Santiago de Cuba.

30 de agosto — Fidel Castro y José Antonio Echeverría firman la Carta de México, para coordinar acciones del Movimiento 26 de Julio y del Directorio Revolucionario.

25 de noviembre — A bordo del yate *Granma*, 82 miembros del Movimiento 26 de Julio bajo el mando de Fidel Castro zarpan de México para iniciar la guerra revolucionaria en la Sierra Maestra de Cuba oriental.

30 de noviembre — El Movimiento 26 de Julio en Santiago, dirigido por Frank País, organiza una acción armada en apoyo al desembarco del *Granma*. En los días siguientes, la policía batistiana desata una ola de arrestos y asesinatos, especialmente en Santiago y por toda la provincia de Oriente.

2 de diciembre — Retrasado por tormentas, el *Granma* desembarca en el oriente de Cuba. Comienza la guerra revolucionaria.

5 de diciembre — En la primera batalla de la guerra revolucionaria, tropas de Batista sorprenden a combatientes del Ejército Rebelde, que sufren fuertes bajas.

1957

6 de enero — El Movimiento 26 de Julio organiza una manifestación de miles de mujeres en Santiago, en protesta contra el asesinato por la policía de William Soler, de 15 años de edad, miembro de un grupo de acción del movimiento.

17 de febrero — La Dirección Nacional del Movimiento 26 de Julio se reúne en la Sierra Maestra, un mes después de la primera victoria del Ejército Rebelde. Frank País y Vilma Espín llegan a la reunión desde Santiago.

— Herbert Matthews, corresponsal del *New York Times*, entrevista a Fidel Castro. La publicación de la entrevista y la foto expone las mentiras de Batista de que habían matado a Castro.

13 de marzo — El Directorio Revolucionario organiza asalto al palacio presidencial en La Habana. Echeverría y la mayoría de los combatientes mueren en el asalto o son perseguidos y asesinados posteriormente.

15 de marzo — El primer refuerzo al Ejército Rebelde —51 cuadros de la lucha clandestina en la provincia de Oriente— llega a la Sierra Maestra. La operación la organizan Frank País, Celia Sánchez y Vilma Espín.

10 de mayo — En un tribunal de Santiago, 22 expedicionarios del *Granma* capturados son condenados a la cárcel. En ese juicio son absueltos Frank País y otros 70 acusados por la acción del 30 de noviembre.

28 de mayo — El Ejército Rebelde gana un combate contra el cuartel militar muy fortificado en El Uvero.

20 de julio — Vilma Espín designada jefa de acción de la clandestinidad en Oriente cuando Frank País asume responsabilidades como jefe nacional de acción del Movimiento 26 de Julio.

21 de julio — Ernesto Che Guevara es el primer combatiente ascendido por Fidel Castro al grado de comandante, al mando de la segunda columna del Ejército Rebelde, la Columna 4.

30 de julio — Frank País y Raúl Pujol son asesinados; una huelga general paraliza Santiago.

31 de julio — Sesenta mil personas participan en marcha fúnebre para Frank País. Manifestación de mujeres en Santiago se enfrenta al embajador estadounidense, exigiendo el cese de ayuda de Washington a Batista.

5 de septiembre — Combatientes del Movimiento 26 de Julio se unen a fuerzas antibatistianas en la base naval de Cienfuegos para tomar la ciudad; la dictadura aplasta brutalmente la rebelión al día siguiente.

1958

10 de enero — Armando Hart y otros dos dirigentes del Movimiento 26 de Julio son arrestados al bajar de la Sierra Maestra. Se salvan la vida gracias a la respuesta inmediata del Movimiento 26 de Julio, que divulga los arrestos. Hart sigue preso hasta el triunfo revolucionario.

23 de enero — Derrocado el dictador venezolano Marcos Pérez Jiménez en una rebelión popular en Caracas.

Marzo — El Ejército Rebelde crea el Segundo Frente Oriental Frank País, dirigido por Raúl Castro en el noreste de Oriente. El Tercer Frente, al noreste de Santiago, lo encabeza Juan Almeida.

9 de abril — El Movimiento 26 de Julio convoca a huelga general nacional. Fracasa la huelga, y la dictadura de Batista responde con represión feroz. Aprovechando los reveses del movimiento, el régimen prepara una ofensiva, con 10 mil efectivos, para "cercar y aniquilar" a los rebeldes.

Mayo — Protestas en Argentina, Paraguay, Bolivia, Perú, Venezuela y otros países contra gira del vicepresidente norteamericano Richard Nixon por América Latina y contra el dominio estadounidense de la región.

3 de mayo — Reunión de la Dirección Nacional del Movimiento 26 de Julio en la Sierra Maestra evalúa desenlace de la huelga del 9 de abril. El centro de la dirección nacional del Movimiento 26 de Julio se traslada a la Sierra Maestra, bajo el mando directo de Fidel Castro.

28 de junio — Fuerzas del Ejército Rebelde en el Segundo Frente al mando de Raúl Castro capturan a 29 marines norteamericanos de la cercana base de Guantánamo y los detienen —junto con 20 civiles de Estados Unidos y Canadá— para contrarrestar los bombardeos aéreos de Batista. Cuando se entera Fidel Castro en julio, él ordena que sean puestos en libertad.

Junio — Vilma Espín trasladada al Segundo Frente; asume responsabilidades en la formación política de los combatientes y la coordinación del apoyo logístico desde zonas aledañas.

20 de julio — En batalla de El Jigüe, el Ejército Rebelde asesta golpe decisivo contra la ofensiva del ejército batistiano. Inicia preparativos para una contraofensiva.

Agosto — Asela de los Santos trasladada al Segundo Frente; designada para organizar el Departamento de Educación, que abre 400 escuelas para fines del año.

21–31 de agosto — Camilo Cienfuegos y poco después Che Guevara dirigen columnas del Ejército Rebelde hacia el occidente y el centro de Cuba, respectivamente.

4 de septiembre — Fidel Castro organiza el Pelotón Femenino Mariana Grajales en la Columna 1 del Ejército Rebelde. El pelotón libra su primer combate el 27 de septiembre.

21 de septiembre — En el Congreso Campesino en Armas cerca del cuartel general del Segundo Frente, 200 delegados ratifican su apoyo al Ejército Rebelde y a una reforma agraria.

Octubre — La Columna 8 de Che Guevara llega a la provincia de Las Villas y él toma el mando de las fuerzas rebeldes en la sierra del Escambray.

10 de octubre — El Ejército Rebelde proclama la Ley No. 3, que codifica el derecho del campesino a la tierra que trabaja, medida revolucionaria que ya se está aplicando en zonas controladas por los rebeldes en Oriente.

Noviembre–diciembre — Las victorias estratégicas liberan a un número creciente de ciudades en Oriente y en Las Villas, fortaleciendo la contraofensiva del Ejército Rebelde contra las tropas de Batista.

31 de diciembre — Las fuerzas de Guevara liberan a Santa Clara, capital de Las Villas, mientras las fuerzas combinadas de los frentes rebeldes en Oriente, bajo el mando de Fidel Castro, se acercan a Santiago.

1959

1 de enero — Batista huye de Cuba. Las tropas del régimen en Santiago de Cuba se rinden al Ejército Rebelde. Fidel Castro convoca a una huelga general revolucionaria y una insurrección en toda la isla.

2 de enero — Levantamiento masivo de trabajadores cubanos. Columnas del Ejército Rebelde dirigidas por Cienfuegos y Guevara entran a La Habana y toman los cuarteles. La "Caravana de la Libertad", bajo el mando de Fidel Castro, parte desde Santiago hacia La Habana.

8 de enero — La Caravana de la Libertad entra a La Habana.

13 de febrero — Contrarrevolucionarios incendian cañaverales en la región central de Cuba.

16 de febrero — Fidel Castro asume el cargo de primer ministro, remplazando a la figura de oposición burguesa José Miró Cardona.

27 de febrero — El gobierno revolucionario reduce las tarifas eléctricas.

6 de marzo — El gobierno revolucionario reduce los alquileres en un 30 a un 50 por ciento.

22 de marzo — El gobierno anuncia medidas que proscriben la discriminación racial en las instalaciones públicas y el empleo. En respuesta a iniciativas de los trabajadores, Fidel Castro llama a la creación de milicias populares.

17 de mayo — La primera ley de reforma agraria limita los terrenos privados a 30 caballerías (400 hectáreas). Por decreto del gobierno se confiscan las tierras de propietarios extranjeros y cubanos que rebasan el límite. Más de 100 mil campesinos reciben títulos de la tierra que trabajan.

11–21 de octubre — Aviones provenientes de Estados Unidos empiezan a tirar bombas incendiarias sobre cañaverales y centrales azucareros cubanos. Aviones B-25 bombardean La Habana, dejando dos muertos, 50 heridos.

26 de octubre — Creación de las Milicias Nacionales Revolucionarias, que consolida unidades locales de trabajadores y campesinos establecidas a principios del año.

Noviembre — Delegación cubana de más de 80 mujeres, encabezada por Vilma Espín, participa en una conferencia internacional de mujeres en Chile; el trabajo de promover la delegación ayuda a sentar las bases para lo que después será la Federación de Mujeres Cubanas.

1 de noviembre — Dos mil trabajadores y estudiantes en Panamá entran a la Zona del Canal para plantar la bandera panameña. Fuerzas norteamericanas los atacan con gases lacrimógenos y cachiporras, lo cual desata más acciones a favor de la soberanía panameña del canal.

1960

4 de marzo — El buque francés *La Coubre*, con un cargamento de granadas y municiones compradas a Bélgica, estalla en el puerto de La Habana, dejando 101 personas muertas.

17 de marzo — El presidente Dwight Eisenhower ordena que la CIA empiece preparativos para una invasión a Cuba por fuerzas mercenarias cubanas basadas en Estados Unidos.

6 de julio — Eisenhower ordena la reducción en un 95 por ciento de la cuota de azúcar que Washington había acordado comprarle a Cuba bajo un acuerdo entre los dos países establecido desde hace muchos años. La Unión Soviética acuerda comprar azúcar cubana.

6 de agosto — En respuesta a la creciente agresión económica de Washington, el gobierno revolucionario decreta la nacionalización de grandes compañías estadounidenses en Cuba, respaldado por masivas movilizaciones populares y ocupaciones obreras de las empresas.

23 de agosto — Se funda la Federación de Mujeres Cubanas. Fidel Castro se dirige a la asamblea en el auditorio de la Confederación de Trabajadores de Cuba en La Habana.

2 de septiembre — Concentración de un millón de personas en La Habana aprueba por aclamación la Primera Declaración de La Habana, condenando al imperialismo norteamericano y señalando un camino revolucionario para el pueblo trabajador en América Latina.

28 de septiembre — Se crean los Comités de Defensa de la Revolución (CDR) en los barrios, con la participación de decenas de miles de trabajadores, en respuesta a crecientes agresiones.

13 de octubre — Nacionalización de los bancos cubanos y extranjeros, así como de 380 grandes empresas de capital cubano.

14 de octubre — Nacionalización de la vivienda; a los cubanos se les garantiza títulos a las casas o apartamentos donde viven.

24 de octubre — Nacionalización de las demás compañías estadounidenses.

1961

1 de enero — Comienza campaña de alfabetización, que dura un año. Unos 250 mil voluntarios alfabetizan a más de 700 mil adultos mayores de 14 años, que en su mayoría son mujeres.

3 de enero — Washington rompe relaciones diplomáticas con Cuba.

31 de marzo — El presidente John F. Kennedy anula contratos estadounidenses para la compra de azúcar de Cuba.

10 de abril — El gobierno revolucionario abre los tres primeros círculos infantiles en La Habana.

17–19 de abril — Invasión mercenaria en Bahía de Cochinos, organizada por Washington, derrotada por el pueblo cubano en Playa Girón.

17 de mayo — Se funda la Asociación Nacional de Agricultores Pequeños (ANAP).

31 de julio — Primera graduación de 800 mujeres campesinas en la escuela Ana Betancourt.

11 de diciembre — Se gradúan 8 mil mujeres de la escuela Ana Betancourt. En tres cursos entre julio y diciembre se gradúan 12 mil mujeres.

22 de diciembre — En una masiva celebración en La Habana, Cuba se declara "territorio libre de analfabetismo".

1962

22–31 de enero — Reunión de cancilleres de América Latina y de Estados Unidos en Uruguay expulsa a Cuba de la Organización de Estados Americanos y apoya acciones militares contra la revolución.

3 de febrero — El presidente Kennedy ordena un embargo total al comercio norteamericano con Cuba.

4 de febrero — Asamblea de un millón de personas en la Plaza de la Revolución en La Habana aprueba la Segunda Declaración de La Habana, proclamando el apoyo cubano a luchas revolucionarias en toda América Latina.

26 de febrero — Primera campaña de vacunación contra la polio; 70 mil voluntarios vacunan a 2.2 millones de niños.

5 de julio — Argelia logra su independencia de Francia.

1 de octubre — El primer congreso de la Federación de Mujeres Cubanas se concentra en apoyar la incorporación de las mujeres a la fuerza laboral. La organización ya cuenta con 375 mil federadas.

22–28 de octubre — La administración Kennedy provoca la Crisis "de los Misiles" tras enterarse de que el gobierno cubano, ante los planes de Washington de invadir la isla, ha permitido la instalación de misiles nucleares soviéticos como parte de un pacto de defensa mutua. Kennedy exige el retiro de los misiles y ordena un bloqueo naval contra Cuba, poniendo las fuerzas armadas estadounidenses en alerta nuclear. El premier Nikita Jruschov, sin consultar con el gobierno cubano, anuncia el retiro de los misiles. Masivas movilizaciones de trabajadores y campesinos cubanos frenan los planes de invasión.

1963

24 de mayo — Argelia recibe a 55 voluntarios cubanos entre médicos, dentistas y enfermeras: la primera misión médica internacionalista de la Revolución Cubana.

6 de octubre — El gobierno revolucionario promulga la segunda reforma agraria, nacionalizando las propiedades privadas mayores de 67 hectáreas. Se expropia a unos 10 mil agricultores capitalistas, dueños del 20 por ciento de la tierra cultivable de Cuba.

6 de diciembre — Graduación de 9 200 mujeres del tercer curso de la escuela Ana Betancourt.

1974

Enero — Se promulga ley de maternidad, que garantiza seis semanas de licencia remunerada antes del parto y 12 semanas después. La mujer también puede acogerse de un año de licencia sin remuneración y luego regresar a su empleo.

25–29 de noviembre — El segundo congreso de la FMC ratifica un camino para avanzar en la lucha por la plena igualdad de la mujer.

1975

14 de febrero — El gobierno aprueba el Código de la Familia, reafirmando derechos de la mujer en el trabajo y el hogar, y reemplazando leyes prerrevolucionarias sobre el matrimonio, el divorcio, la adopción y las pensiones alimenticias.

Noviembre — El gobierno cubano responde al pedido de ayuda de Angola para derrotar una invasión de las fuerzas de Sudáfrica supremacista blanca; comienza una misión que durará 16 años.

17–22 de diciembre — El primer congreso del Partido Comunista aprueba documento "Sobre el Pleno Ejercicio de la Igualdad de la Mujer".

1979

13 de marzo — El Movimiento de la Nueva Joya en Granada, dirigido por Maurice Bishop, derroca a una dictadura respaldada por Washington y da inicio a una revolución en ese país caribeño. Internacionalistas cubanos cumplen misión voluntaria en Granada como constructores, personal médico y maestros.

19 de julio — Insurrección popular en Nicaragua, dirigida por el Frente Sandinista de Liberación Nacional, derroca a la dictadura de Somoza. Durante los siguientes 10 años, miles de voluntarios internacionalistas cubanos cumplen misión en ese país como maestros, médicos y asesores técnicos.

1980

5–8 de marzo — El tercer congreso de la FMC. Ahora cuenta con más de 2.3 millones de miembros, el 80 por ciento de las cubanas mayores de 14 años.

1981

Enero — En respuesta a crecientes amenazas militares de Washington, comienzan a formarse las Milicias de Tropas Territoriales. Se integran cientos de miles de cubanos, casi la mitad mujeres.

1984

Marzo — Se crea el Primer Regimiento Femenino de Artillería Antiaérea como parte de la integración más general de las mujeres en las Fuerzas Armadas Revolucionarias.

1985

Marzo — El cuarto congreso de la FMC evalúa el progreso en la integración de las mujeres a la fuerza laboral y en la lucha por la igualdad en el trabajo.

1986

Febrero y diciembre — El tercer congreso del Partido Comunista de Cuba marca el inicio del proceso de rectificación. Para fines de 1988 se construyen más de 100 círculos infantiles en La Habana, mayormente con microbrigadas de trabajo voluntario.

1988

Baterías Femeninas de Artillería Antiaérea se incorporan a la misión internacionalista cubana en Angola, participando en la campaña militar que culmina con la derrota de las fuerzas invasoras del régimen sudafricano del apartheid.

Glosario de individuos, organizaciones, y sucesos

AAA – Ver Triple A.

Acción Libertadora – Fundada en 1952 bajo la dirección de Justo Carrillo. Propugnaba acciones armadas instando a los oficiales militares a efectuar un golpe de estado contra Batista. Después de que muchos de sus miembros quedaran arrestados o exiliados, desapareció a principios de 1955. Muchos de sus miembros se integraron al Movimiento 26 de Julio.

Acosta, Clodomira (1936–1958) – Mensajera del Ejército Rebelde. Arrestada, torturada y asesinada por la policía batistiana en La Habana, septiembre de 1958; su cadáver fue lanzado al mar.

Almeida, Juan (1927–2009) – Miembro del Comité Central y Buró Político del Partido Comunista desde su fundación en 1965 hasta su muerte. Albañil en La Habana al momento del golpe militar de Batista. Participó en el asalto al cuartel Moncada en 1953. Excarcelado en mayo de 1955 tras campaña de amnistía. Participó en la expedición del *Granma*, 1956. En febrero de 1958 fue ascendido a comandante, luego encabezó el Tercer Frente Oriental. Después de 1959, sus responsabilidades, entre otras, fueron: comandante de la fuerza aérea, viceministro de las Fuerzas Armadas Revolucionarias, vicepresidente del Consejo de Estado. Uno de los tres combatientes de la Sierra que recibieron el grado de Comandante de la Revolución. Héroe de la República de Cuba. Presidente de la Asociación de Combatientes de la Revolución Cubana al momento de su muerte.

Almendros, Herminio (1898–1974) – Profesor de pedagogía; apoyó a los republicanos en la guerra civil española, se fue de España después de la victoria fascista. Se incorporó al cuerpo docente de la Universidad de Oriente en 1952. Después de 1959 trabajó en el Ministerio de Educación, incluso en la Sierra Maestra.

Alomá, Tony (1932–1956) – Miembro de la clandestinidad del Movimiento 26 de Julio en Santiago de Cuba. Cayó en combate durante la acción armada del 30 de noviembre de 1956.

Amat, Carlos (1930–) – Miembro de la clandestinidad del Movimiento 26 de Julio en Santiago de Cuba. Trabajaba en la compañía telefónica. Después de 1959, ministro de justicia y embajador en la Misión Permanente de Cuba ante la ONU en Ginebra.

Ameijeiras, Efigenio (1931–) – General de división en las Fuerzas Armadas Revolucionarias. Se incorporó a la lucha revolucionaria contra el régimen de Batista en marzo de 1952. Participó en la expedición del *Granma* en 1956, terminó la guerra como comandante de la Columna 6 del Ejército Rebelde y segundo al mando del Segundo Frente Oriental. Jefe de la Policía Nacional Revolucionaria y de su batallón que combatió en Playa Girón, abril de 1961. Estuvo al mando de la misión internacionalista cubana en Argelia, 1963. Encabezó la misión de voluntarios cubanos en Angola, 1984.

ARO – Acción Revolucionaria Oriental. Fundada en 1954 por Frank País. Luego, cuando se extendió más allá de Oriente, se nombró Acción Nacional Revolucionaria. Se fusionó con veteranos del Moncada y otros para formar el Movimiento 26 de Julio, junio de 1955.

Asociación Nacional de Agricultores Pequeños (ANAP) – Fundada en mayo de 1961. Organización de agricultores que hoy día pertenecen a Cooperativas de Crédito y Servicios (CCS), que cultivan tierras en manos privadas, o a Cooperativas de Producción Agropecuaria (CPA), de agricultores que cultivan tierras colectivamente.

Atala Medina, Ibis y Nayibe – Miembros de la clandestinidad en Santiago.

Azcuy, Adela (1861–1914) – Se incorporó al ejército independentista cubano, 1896, como enfermera. Llegó a ser capitana.

Bahía de Cochinos – Ver Playa Girón.

Barrera, Pedro – Coronel en el ejército de Batista, primer comandante enviado a combatir al Ejército Rebelde en la Sierra Madre, enero de 1957.

Batista, Fulgencio (1901–1973) – Militar apoyado por Washington que dominó gobierno cubano, 1934–44. Dirigió golpe de estado del 10 de marzo de 1952 e impuso tiranía militar-policiaca apoyada por Washington. Huyó de Cuba el 1 de enero de 1959 ante avance del Ejército Rebelde y una insurrección popular.

Batista, Rubén (1933–1953) – Primer mártir estudiantil en la lucha contra la tiranía de Batista. Universitario en La Habana, participó en protestas contra el golpe de 1952. Abaleado por la policía el 15 de enero de 1953 en manifestación contra profanación del monumento a Julio Antonio Mella frente a la universidad. Murió al mes siguiente.

Benítez, Conrado (1942–1961) – Maestro alfabetizador voluntario en la sierra del Escambray. Asesinado por bandidos contrarrevolucionarios el 5 de enero de 1961, junto al campesino Eliodoro Rodríguez Linares, su alumno.

Betancourt, Ana (1832–1901) – Participante en la primera guerra cubana de independencia contra España, 1868–78. Participó en la asamblea de Guáimaro en 1869, la cual aprobó la primera constitución de Cuba. Arrestada por el régimen colonial y deportada.

Boti, Regino (1878–1958) – Partidario de la lucha independentista de Cuba contra España; destacado poeta cubano de la primera mitad del siglo 20.

Camacho, Julio (1924–) – Miembro del Partido Ortodoxo, Acción Libertadora y Movimiento Nacional Revolucionario. Fundador del Movimiento 26 de Julio en Guantánamo, 1955, y dirigente de acción armada del 30 de noviembre de 1956. Ayudó a dirigir rebelión en Cienfuegos, 5 de septiembre de 1957; luego se incorporó al Ejército Rebelde en la Sierra Maestra. Miembro del Comité Central del Partido Comunista desde su fundación en 1965.

Cañas Abril, Pedro (1902–1992) – Profesor en la Universidad de Oriente en Santiago. Después de la revolución encabezó el Instituto de Geografía de la Academia de Ciencias, 1966–81.

Carbonell, Fe – Miembro de la clandestinidad en Santiago.

Castellanos, Rosa María (Rosa la Bayamesa) (c.1830–1907) – Esclava emancipada que se unió al ejército libertador al inicio de la guerra de independencia de 1868–78. Dirigió hospital para combatientes entonces y también durante la guerra de 1895–98.

Castillo Vázquez, Adriana y Lucía – Hijas de Luz Vázquez y Francisco Castillo Moreno, revolucionarias en la primera guerra cubana de independencia. Cuando Bayamo estaba a punto de caer en manos de las tropas españolas en 1869, ayudaron a incendiar la ciudad y huyeron al campo, donde ambas murieron de enfermedades.

Castro, Fidel (1926–) – Dirigente central del movimiento revolucionario en Cuba desde el inicio de la lucha contra la dictadura de Batista en 1952. Organizó el asalto a los cuarteles Moncada en Santiago de Cuba y Carlos Manuel de Céspedes en Bayamo el 26 de julio de 1953. Capturado y condenado a 15 años de prisión. Excarcelado en 1955 tras una campaña de amnistía. Dirigió fusión de organizaciones revolucionarias para fundar el Movimiento Revolucionario 26 de julio. Organizó la expedición del *Granma* desde México para lanzar la guerra revolucionaria en Cuba, 1956. Comandante en jefe del Ejército Rebelde, 1956–59, y comandante en jefe de las Fuerzas Armadas Revolucionarias, 1959–2008. Primer ministro de Cuba, febrero de 1959 a 1976. Primer secretario del Partido Comunista de Cuba, 1965–2011. Presidente de los Consejos de Estado y de Ministros, 1976–2008.

Castro, Ramón (1924–) – Hermano mayor de Fidel y Raúl Castro. Ayudó a organizar abastecimiento del Ejército Rebelde durante la guerra revolucionaria. Asumió tareas relacionadas principalmente con la agricultura desde 1959.

Castro, Raúl (1931–) – Presidente de los Consejos de Estado y de Ministros, y primer secretario del Partido Comunista de Cuba. Organizador de protestas estudiantiles en la Universidad de La Habana contra la dictadura de Batista. Participó en asalto al cuartel Moncada en 1953 y fue capturado y condenado a 13 años de prisión. Excarcelado en mayo de 1955 tras campaña de amnistía. Miembro fundador del Movimiento 26 de Julio y expedicionario del *Granma*, 1956. Comandante del Segundo Frente Oriental del Ejército Rebelde, 1958. Ministro de las Fuerzas Armadas Revolucionarias, 1959–2008. Viceprimer ministro, 1959–76. Primer vicepresidente de los Consejos de Estado y de Ministros, 1976–2008, y segundo secretario del Partido Comunista desde 1965.

Causse Pérez, José (1928–1994) – General de brigada en las Fuerzas Armadas Revolucionarias. Participante en la lucha clandestina en Santiago de Cuba; en el Ejército Rebelde después de la acción armada del 30 de noviembre de 1956. Uno de los organizadores de la primera escuela para entrenar a maestros del Ejército Rebelde; manejó la radioemisora del Segundo Frente.

Céspedes, Carlos Manuel de (1819–1874) – Abogado, hacendado y demócrata revolucionario en la provincia de Oriente. El 10 de octubre de 1868 liberó a sus esclavos, proclamó la República de Cuba e inició la primera guerra contra el coloniaje español, atacando el cuartel en el vecino pueblo de Yara, en lo que se conoce como el Grito de Yara. Fue comandante supremo del ejército independentista cubano y luego el primer presidente de la República en Armas hasta octubre de 1873. Caído en combate el 27 de febrero de 1874.

Chabás, Juan (1900–1954) – Se unió al Partido Comunista de España durante la guerra civil. En el exilio enseñó en Cuba, incluso en la Universidad de Oriente.

Chaviano Ver Del Río Chaviano, Alberto.

Chibás, Eduardo (1907–1951) – Dirigente del Directorio Estudiantil en la lucha contra la dictadura de Machado, años 20 y 30. En 1947 fue dirigente fundador del opositor Partido Ortodoxo (Partido del Pueblo Cubano), que contaba con amplio apoyo popular. Electo senador en 1950. El 5 de agosto de 1951, en protesta contra corrupción estatal, se dio un tiro al cierre de un mensaje por radio; murió 11 días después.

Cienfuegos, Camilo (1932–1959) – Expedicionario del *Granma*, 1956. Capitán en la Columna 4 del Ejército Rebelde al mando de Che Guevara, ascendido a comandante en 1958. De agosto a octubre de 1958, dirigió la Columna 2 Antonio Maceo desde la Sierra Maestra hacia occidente. Dirigió operativos en el norte de Las Villas hasta el fin de la guerra. Jefe del Estado Mayor del Ejército Rebelde desde enero de 1959. Murió cuando su avión se perdió en alta mar mientras regresaba a La Habana, 28 de octubre de 1959.

Colomé, Abelardo (Furry) (1939–) – General de cuerpo de ejército y, desde 1989, ministro del interior. Se integró al Movimiento 26 de Julio en 1955. Participante en acción armada de Santiago de Cuba, 30 de noviembre de 1956. Integrante de primeros refuerzos al Ejército Rebelde en la Sierra Maestra, marzo de 1957. Ascendido a comandante, diciembre de 1958. Cumplió misión internacionalista en Argentina y Bolivia 1962–64 para preparar frente guerrillero en Argentina dirigido por Jorge Ricardo Masetti en 1964. Encabezó misión cubana en Angola, 1975–76. Miembro del Comité Central del Partido Comunista desde su fundación en 1965. Miembro del Buró Político y Consejo de Estado. Héroe de la República de Cuba.

Comités de Defensa de la Revolución (CDR) – Organizados el 28 de septiembre de 1960 a nivel de cuadra para hacer vigilancia contra actividades contrarrevolucionarias y organizar participación en trabajo de salud, defensa civil y otras campañas de la revolución.

Congreso de Campesinos en Armas – Asamblea de 200 delegados campesinos, que representaban 84 comités locales, cerca del cuartel general del Segundo Frente, 21 de septiembre de 1958. Organizó comité campesino regional para aplicar reforma agraria y fortalecer la alianza con obreros agrícolas.

Con la Cruz y con la Patria – Organización de católicos que apoyaban la revolución, fundada en 1960. Germán Lence, su portavoz principal, fue suspendido del sacerdocio por los obispos cubanos después que emitieran declaración en agosto de 1960 denunciando el "régimen comunista".

Cowley, Fermín (1907–1957) – Teniente coronel en el ejército de Batista. En diciembre de 1956, como jefe militar del regimiento de Holguín, dirigió secuestro y asesinato de 23 opositores de la dictadura. En mayo de 1957, ordenó el asesinato de 15 sobrevivientes capturados de la expedición del *Corynthia* organizada por la Organización Auténtica. Ajusticiado por orden del Movimiento 26 de Julio, 23 de noviembre de 1957.

Crisis "de los Misiles" de octubre de 1962 – Ante crecientes preparativos de Washington para una invasión, el gobierno cubano firmó un acuerdo de defensa mutua con la Unión Soviética, principios de 1962. En octubre de 1962 el presidente estadounidense John Kennedy exigió el retiro de misiles nucleares soviéticos instalados en Cuba, decretó un bloqueo naval, aceleró preparativos para invadir y puso las fuerzas armadas estadounidenses en alerta nuclear. Millones de trabajadores y agricultores cubanos se movilizaron para defender la revolución. El 28 de octubre, el premier soviético, Nikita Jrushchov, sin consultar al gobierno cubano, anunció la decisión de retirar los misiles.

Cuadras, Gloria (1911–1987) – Veterana de lucha antimachadista, principios de años 30. Una dirigente de la campaña nacional de amnistía para los moncadistas encarcelados. En 1955 fue una fundadora del Movimiento 26 de Julio y su jefa de propaganda en Oriente. Participó en la clandestinidad urbana. Después de 1965 fue miembro del comité provincial de Oriente del Partido Comunista de Cuba.

De la Torre, Carlos (1858–1950) – Pedagogo, rector de la Universidad de La Habana, años 20; exiliado 1930–34 por oponerse a la dictadura de Machado.

Del Río Chaviano, Alberto (n. 1911) – Oficial de Batista al mando del Primer Regimiento basado en el cuartel Moncada en Santiago de Cuba. Tras el asalto al Moncada el 26 de julio de 1953, dirigió masacre de 56 revolucionarios capturados. Promovido a general de brigada. Huyó de Cuba en enero de 1959.

Díaz, Emiliano (Nano) (1936–1957) – Miembro de Acción Nacional Revolucionaria, dirigida por Frank País en Santiago, que formó parte de la fundación del Movimiento 26 de Julio en 1955. Participó en acción armada del 30 de noviembre de 1956; se incorporó al Ejército Rebelde con el refuerzo enviado en marzo de 1957. Murió en El Uvero, con rango de teniente, 28 de mayo de 1957.

Directorio Revolucionario – Fundado por José Antonio Echeverría y otros dirigentes de la Federación Estudiantil Universitaria, 1955. Suscribió la Carta de México en 1956 junto con el Movimiento 26 de Julio para cooperar en acciones contra la dictadura. Organizó asalto al palacio presidencial, 13 de marzo de 1957; unos 40 miembros y dirigentes, incluido Echeverría, murieron ese día y en masacre policiaca unas semanas más tarde. En 1958 su columna guerrillera en la sierra del Escambray se unió al frente bajo el mando de Che Guevara. Se fusionó con el Movimiento 26 de Julio y el Partido Socialista Popular en 1961.

Doce, Lidia (1916–1958) – Mensajera del Ejército Rebelde. Arrestada, torturada y asesinada por la policía batistiana en La Habana, septiembre de 1958; su cadáver fue lanzado al mar.

Domínguez, Guillermo (1932–1957) – Miembro de la clandestinidad del Movimiento 26 de Julio en Puerto Padre. Se integró al Ejército Rebelde como parte del primer refuerzo, marzo de 1957. Ascendido a teniente; capturado y asesinado cerca de Pino del Agua, 17 de mayo de 1957.

Domitro, América (1935–1971) – Participó en la clandestinidad en Santiago, La Habana, Camagüey. Novia de Frank País. Asignada al Segundo Frente del Ejército Rebelde, noviembre de 1958. Después del 1 de enero de 1959 trabajó en ministerios de defensa y relaciones exteriores.

Domitro, Taras – Miembro de la clandestinidad del Movimiento 26 de Julio en Santiago de Cuba, participó en acción armada del 30 de noviembre de 1956. Hermano de América Domitro.

Duque de Estrada, Arturo (1928–1963) – Miembro de Acción Revolucionaria Oriental desde 1954, luego del Movimiento 26 de Julio en Santiago de Cuba. Secretario de Frank País. Recibió telegrama de México el 27 de noviembre de 1956 diciendo que el *Granma* había zarpado para Cuba.

Echeverría, Delia (1908–1998) – Miembro de la organización revolucionaria Joven Cuba, años 30, y novia de Antonio Guiteras. Exiliada por actividades antibatistianas; regresó en enero de 1959. Trabajó en Casa de las Américas. Al fundarse la Federación de Mujeres Cubanas en 1960 fue su primera vicepresidenta.

El Uvero, batalla de – El Ejército Rebelde, tras recibir refuerzos del movimiento clandestino en Santiago, lanzó ataque frontal y tomó el cuartel de El Uvero, 28 de mayo de 1957.

Escalona, Juan (1931–) – Como estudiante hizo campaña por el reconocimiento estatal de la Universidad de Oriente. Miembro del Partido Socialista Popular y, desde septiembre de 1958, del Ejército Rebelde; integrante del Segundo Frente. General de brigada de las Fuerzas Armadas Revolucionarias (retirado). Miembro del Comité Central del Partido Comunista, 1980–2011. Ministro de justicia, 1983–90, 1993–2010. Presidente de la Asamblea Nacional, 1990–93.

Espín, Nilsa (m. 1965) – Participó en el movimiento estudiantil de la Universidad de Oriente y en la clandestinidad del Movimiento 26 de Julio. Hermana de Vilma Espín.

Federación Democrática Internacional de Mujeres – Organización internacional de mujeres fundada en París, diciembre de 1945, dirigida por Partidos Comunistas en la Unión Soviética y otros países.

Ferrer, Nilda (m. 1990) – Miembro del Movimiento 26 de Julio en Santiago de Cuba. Junto con María Antonia Figueroa, realizó primeras manifestaciones en apoyo a presos moncadistas cuando llegaron a juicio, septiembre de 1953.

Figueroa, Max (1913–1996) – Profesor de la Universidad de Oriente, partidario de lucha contra Batista. Exiliado en Honduras, 1953–59. Después de 1959 tuvo responsabilidades en el Ministerio de Educación, incluso como director del Instituto Central de Ciencias Pedagógicas.

Frente Cívico de Mujeres Martianas – Fundado en 1952 para unificar a mujeres en la lucha contra el golpe militar de Batista. Trabajó estrechamente con el Movimiento 26 de Julio. Se disolvió en enero de 1959; sus partidarias trabajaron en campañas de la revolución en salud, educación, otras esferas, y muchas fueron miembros fundadoras de la Federación de Mujeres Cubanas.

Galbe, José Luis (1904–1985) – Exiliado republicano de la guerra civil española; llegó a Cuba en 1940. Miembro de la facultad de derecho en la Universidad de Oriente. Después de 1959 estuvo en el servicio diplomático cubano, como agregado en Grecia, Chipre, Italia.

García, Cira (1920–1961) – Miliciana y dirigente de una unidad municipal de la Federación de Mujeres Cubanas en Playa Larga, Bahía de Cochinos. Murió en un bombardeo durante invasión organizada por Washington.

García, Guillermo (1928–) – Campesino de la Sierra Maestra que se unió al Movimiento 26 de Julio antes del desembarco del *Granma*. Ayudó a organizar reagrupamiento de fuerzas del Ejercito Rebelde, diciembre de 1956. Desde principios de 1957, combatiente de la Columna 1 dirigida por Fidel Castro. Comandante del Tercer Frente Oriental dirigido por Juan Almeida, fines de 1958. Miembro del Comité Central del Partido Comunista desde 1965, y de su Buró Político, 1965–86. Miembro del Consejo de Estado. Uno de los tres combatientes de la Sierra que ostentan el grado de Comandante de la Revolución.

García Bárcena, Rafael (1907–1961) – Veterano de lucha antimachadista, años 20 y 30. Profesor en la Universidad de La Habana, miembro del Partido Ortodoxo. Tras golpe de estado de Batista en 1952, fundó el Movimiento Nacional Revolucionario (MNR), instando a golpe militar por oficiales opuestos a Batista. Arrestado, torturado y encarcelado, abril de 1953; Armando Hart fue su abogado defensor. Nombrado embajador cubano a Brasil, 1959.

Grajales, Mariana (1808–1893) – Instó a sus ochos hijos a que se alistaran en la guerra de independencia contra España en 1868. Su esposo y cinco hijos murieron en combate. Su hijo Antonio Maceo, teniente coronel y reconocido líder y estratega militar, ejemplo de intransigencia revolucionaria y conocido como el Titán de Bronce, cayó en combate en 1896.

Griñán Peralta, Leonardo (1892–1962) – Profesor de historia en la Universidad de Oriente. Autor de libros sobre Antonio Maceo y las guerras cubanas contra España.

Guerra civil española – El derrocamiento de la monarquía en España en 1931 abrió el camino para que el movimiento obrero en ascenso pudiera luchar y conquistar el poder político. La clase gobernante capitalista, con el apoyo de otras potencias imperialistas, recurrió a las fuerzas fascistas del general Francisco Franco en 1936 para derrotar al gobierno republicano electo. La guerra civil aceleró luchas revolucionarias obreras y campesinas por la tierra, derechos nacionales y el poder obrero. El último bastión republicano cayó en manos de los fascistas en enero de 1939.

Guerras cubanas de independencia – Entre 1868 y 1898 los cubanos libraron tres guerras de independencia contra España: la Guerra de los Diez Años (1868–78), la "Guerra Chiquita" (1879–80) y la guerra de 1895–98, que llevó al fin del dominio español. Tras la derrota de España, Washington ocupó militarmente a Cuba e impuso la llamada Enmienda Platt en la constitución, que le autorizó "el derecho de intervenir" en Cuba y establecer bases navales allí.

Guevara, Ernesto Che (1928–1967) – Dirigente de la Revolución Cubana nacido en Argentina. Reclutado en México en 1955 para la expedición del *Granma* como médico de la tropa. Primer combatiente del Ejército Rebelde en ser ascendido a comandante, 1957. Después de 1959 desempeñó diversas responsabilidades, entre ellas presidente del Banco Nacional y ministro de industrias. Dirigió destacamentos de voluntarios internacionalistas cubanos en el Congo en 1965, y en Bolivia, 1966–67. Herido y capturado en un operativo contrainsurgente organizado por la CIA, 8 de octubre de 1967; asesinado al día siguiente.

Guillén, Nicolás (1902–1989) – Poeta cubano y miembro del Comité Nacional del Partido Socialista Popular antes de la revolución. Perseguido por la dictadura, vivió en el exilio durante la guerra revolucionaria; regresó a Cuba en 1959. Asumió presidencia de la Unión de Escritores y Artistas, 1961. Miembro del Comité Central del Partido Comunista al momento de su muerte.

Guitart, Renato (1930–1953) – Miembro del comité de dirección del movimiento dirigido por Fidel Castro antes del asalto al Moncada. Uno de los cinco combatientes que cayeron durante el ataque.

Guiteras, Antonio (1906–1935) – Dirigente de luchas estudiantiles contra la dictadura de Gerardo Machado, años 20 y principios de los 30, y de las fuerzas antiimperialistas durante la revolución de 1933 que derrocó a ese régimen. Ministro de gobernación en el "Gobierno de los Cien Días" que llegó al poder en septiembre de 1933 y fue derrocado por la "Rebelión de los Sargentos" dirigida por Batista, enero de 1934. Asesinado al dirigir lucha revolucionaria contra el régimen militar, enero de 1935.

Gutiérrez Baró, Elsa (1921–) – Miembro fundadora del Partido Ortodoxo en 1947, combatiente de la clandestinidad del Movimiento 26 de Julio. Vicepresidenta de la FMC al fundarse en 1960; primera directora de la Escuela Ana Betancourt, 1960–62; primera directora de revista *Mujeres*, 1961. Médico y psicóloga; fundadora de la Clínica del Adolescente, 1975.

Hart, Armando (1930–) – Dirigente del Movimiento Nacional Revolucionario tras el golpe militar de Batista. En 1955 fue miembro fundador del Movimiento 26 de Julio, y su coordinador nacional de principios de 1957 a enero de 1958. Capturado y encarcelado hasta el 1 de enero de 1959. Ministro de educación, 1959–65. Secretario de organización del Partido Comunista, 1965–70. Ministro de cultura, 1976–97. Miembro del Comité Central del Partido Comunista desde 1965, y del Buró Político, 1965–86. Desde 1997 es director de la Oficina del Programa Martiano del Consejo de Estado.

Hart, Enrique (1929–1958) – Miembro del Movimiento Nacional Revolucionario. Responsable de acción y sabotaje en el Movimiento 26 de Julio en La Habana durante la guerra revolucionaria. Organizó milicias del Movimiento 26 de Julio en Matanzas. Durante el intento de huelga del 9 de abril de 1958, ayudó a ocupar una radioemisora y se dirigió a la población. Murió el 21 de abril de 1958 cuando estalló una bomba que fabricaban. Hermano de Armando Hart.

Hatuey (m. 1511) – Cacique taíno que dirigió sublevación en Cuba contra colonizadores españoles; capturado y quemado vivo en 1511. Según la tradición, cuando le ofrecieron la extremaunción para que su alma fuera al cielo, Hatuey preguntó si era ahí donde iban las almas de los conquistadores españoles. Cuando le aseguraron que sí, rehusó el rito, diciendo que prefería que su alma fuera a cualquier otra parte.

Heredia, José María (1803–1839) – Opositor del dominio español. Poeta nacional de Cuba a principios del siglo 19.

Hernández, Melba (1921–) – Una de las dos combatientes del Moncada que eran mujeres. Capturada y condenada a siete meses de cárcel. Excarcelada en febrero de 1954; ayudó a dirigir campaña nacional por la amnistía de los moncadistas. Al fundarse el Movimiento 26 de Julio en 1955, fue miembro de su Dirección Nacional. Volvió a Cuba desde México tras el desembarco del *Granma*, realizó actividades clandestinas y luego se incorporó al Ejército Rebelde. Miembro del Comité Central del Partido Comunista. En 2001 recibió el título honorífico Heroína de la República de Cuba.

Historia me absolverá, La – Versión reconstruida del discurso de defensa de Fidel Castro en su juicio en 1953 por dirigir el asalto al cuartel Moncada, que posteriormente circuló clandestinamente por toda Cuba sirviendo como el programa del Movimiento 26 de julio.

Ibarra, Laureano – Infame oficial de policía de Batista. Huyó a Estados Unidos tras la victoria revolucionaria en 1959.

Ibarra Planas, Zoila (m. 1986) – Segunda jefa del Departamento de Educación del Segundo Frente Oriental. En 1959 encabezó el Departamento de Educación del Ejército Rebelde.

Imperatori, Alicia (1913–) – Administradora fundadora de la Escuela de Campesinas Ana Betancourt en La Habana, 1960–61. Durante la guerra revolucionaria colaboró con el Movimiento 26 de Julio vendiendo bonos para recaudar fondos. Ingresó a las Milicias Nacionales Revolucionarias al formarse en 1959. Participó en el trabajo preparatorio en 1959–60 que llevó a la creación de la Federación de Mujeres Cubanas. Miembro del Comité Nacional de la FMC desde su fundación, desempeñando responsabilidades en su Secretariado Nacional. Jefa de despacho de la presidenta de la FMC. Recibió título honorífico Heroína del Trabajo en 2011.

Jiménez Lage, Reynerto (1930–1987) – Miembro del Movimiento 26 de Julio y partícipe de la acción armada en Santiago de Cuba, 30 de noviembre de 1956. Se integró al Ejército Rebelde en marzo de 1957 con el primer refuerzo; formó parte de las Columnas 1, 6 y 16. Después de 1959 fue coronel en las Fuerzas Armadas Revolucionarias.

La Bayamesa, Rosa – Ver Castellanos, Rosa María.

Ley de Reforma Agraria – Decretada por el gobierno revolucionario el 17 de mayo de 1959. Limitó la tenencia individual de la tierra a 400 hectáreas (mil acres), resultando en la expropiación de extensas propiedades, muchas de manos de familias adineradas norteamericanas. Unos 100 mil campesinos sin tierra recibieron títulos a la tierra que trabajaban. La segunda reforma agraria, en 1963, limitó la tenencia a 67 hectáreas (167 acres), afectando a 10 mil agricultores capitalistas.

López Rendueles, Julio (1893–1986) – Republicano español exiliado. Se incorporó a la facultad de la Universidad de Oriente como profesor de química, 1950. En la guerra revolucionaria colaboró con el Movimiento 26 de Julio en la fabricación de municiones.

Machado, Gerardo (1871–1939) – Encabezó dictadura apoyada por Washington en Cuba, 1927–33. Electo presidente en 1924; extendió su mandato a la fuerza en 1927, provocando protestas que fueron salvajemente reprimidas. En agosto de 1933, un ascenso revolucionario lo envió al exilio.

Machado Ventura, José Ramón (1930–) – Primer vicepresidente de los Consejos de Ministros y de Estado desde 2008, y segundo secretario del Partido Comunista desde 2011. Se incorporó al Ejército Rebelde en la segunda mitad de 1957, como médico, y llegó al rango de comandante. Estuvo en el Segundo Frente Oriental. Ministro de Salud Pública, 1960–1968; primer secretario del Partido Comunista en la provincia de La Habana, 1971–1976. Miembro del Comité Central del partido desde 1965, del Buró Político desde 1975 y del secretariado del Comité Central desde 1976.

Mambises – Combatientes en las tres guerras cubanas de independencia contra España entre 1868 y 1898. Muchos eran antiguos esclavos y trabajadores en servidumbre. La palabra "mambí" es de origen africano.

Marinello, Juan (1898–1977) – Presidente del Partido Socialista

Popular, 1939–61. Rector de la Universidad de La Habana después de la revolución. Presidente de la Asamblea Nacional y miembro del Comité Central del Partido Comunista al momento de su muerte.

Marrero, Levi (1911–1995) – Historiador, profesor de geografía, Universidad de La Habana. Autor de *Geografía de Cuba*. Se fue de Cuba en 1961.

Martí, José (1853–1895) – Héroe nacional de Cuba. Destacado poeta y escritor. Arrestado y exiliado por su actividad a favor de la independencia a los 16 años. En 1892 fundó el Partido Revolucionario Cubano. Encabezó lucha contra el dominio colonial español y los designios de Washington sobre Cuba. Organizó y planificó la guerra de independencia de 1895. Murió en combate.

Masetti, Jorge Ricardo (1929–1964) – Periodista argentino que fue a la Sierra Maestra en enero de 1958 y fue captado para la causa rebelde. Fundó servicio noticioso cubano Prensa Latina después de 1959. Murió al dirigir un frente guerrillero en el norte de Argentina.

Masferrer, Rolando (1914–1975) – En los años 50 organizó una fuerza paramilitar conocida como los "Tigres" que actuaron como escuadrones de la muerte durante la guerra revolucionaria. Miembro del Partido Comunista de Cuba en los años 30; peleó en la guerra civil española. Llegó a ser un acaudalado senador batistiano, hizo campaña en Oriente durante la farsa electoral de 1958. Huyó de Cuba el 31 de diciembre de 1958. Murió en un asesinato gangsteril en Miami al estallar un coche-bomba.

Matthews, Herbert (1900–1977) – Corresponsal del *New York Times* que en febrero de 1957 fue el primer periodista en entrevistar y fotografiar a Fidel Castro en la Sierra Maestra, desmintiendo al régimen de Batista, que decía que los rebeldes habían sido aniquilados. Cubrió la guerra civil española para el *New York Times* en los años 30.

Mella, Julio Antonio (1903–1929) – Presidente fundador de la Federación Estudiantil Universitaria, 1923. Uno de los dirigentes fundadores del Partido Comunista de Cuba, 1925. Arrestado por la policía de Machado en 1926, escapó a México, donde continuó organizando actividades contra la dictadura. Asesinado en Ciudad de México por agentes de Machado, enero de 1929.

Meruelo, Otto – Comentarista de televisión batistiano. Arrestado en 1959 por complicidad con crímenes de la dictadura. Sentenciado a 30 años; cumplió 20, se fue de Cuba.

Milicias de Tropas Territoriales – Milicias voluntarias organizadas en Cuba en 1981 ante amenazas militares norteamericanas en respuesta a victorias revolucionarias en Granada y Nicaragua. Integradas por unos 1.5 millones de trabajadores, agricultores, estudiantes y amas de casa, que se entrenan antes y después del trabajo y ayudan a sufragar sus gastos militares. Parte importante de la estrategia revolucionaria de defensa cubana de la "guerra de todo el pueblo".

MNR (Movimiento Nacional Revolucionario) – Fundado por Rafael García Bárcena, mayo de 1952. Promovía un golpe por fuerzas dentro del ejército con respaldo popular. Falló su intentona en La Habana, abril de 1953. La mayoría de sus cuadros jóvenes, entre ellos Armando Hart y Faustino Pérez, se unieron al Movimiento 26 de Julio.

Moncada, asalto al cuartel – El 26 de julio de 1953, unos 160 revolucionarios bajo el mando de Fidel Castro lanzaron simultáneamente un asalto insurreccional al cuartel Moncada en Santiago de Cuba y al cuartel Carlos Manuel de Céspedes en Bayamo, iniciando la lucha armada revolucionaria contra la dictadura batistiana. Cinco murieron en combate en el Moncada. Al fracasar el ataque, las fuerzas de Batista masacraron a 56 de los revolucionarios capturados. Fidel Castro y otros 27 fueron capturados más tarde; él y otros 31 recibieron condenas de hasta 15 años de cárcel. Una amplia campaña nacional de amnistía logró su excarcelación el 15 de mayo de 1955.

Montané, Jesús (1923–1999) – Uno de los dirigentes del asalto al Moncada en 1953, liberado en la amnistía de mayo de 1955. Expedicionario del *Granma*. Capturado en diciembre de 1956, preso durante el resto de la guerra. Después de 1959 fue jefe del Departamento de Relaciones Internacionales del Comité Central; secretario de organización del Comité Central; ministro de comunicaciones. Miembro del Comité Central del Partido Comunista desde 1965 hasta su muerte.

Montseny, Demetrio (1925–) – General de brigada (retirado) de las Fuerzas Armadas Revolucionarias. Obrero ferroviario de Guantánamo, miembro del Movimiento 26 de Julio en Santiago de Cuba. Se integró al Ejército Rebelde en 1958; fue jefe de la Columna 20. Después de 1959 representó al Ministerio de Industrias en Oriente; fue agregado militar; jefe de relaciones internacionales del Ministerio de las Fuerzas Armadas Revolucionarias; presidente de la Asociación de Combatientes de la Revolución Cubana en Santiago.

Movimiento Revolucionario 26 de Julio – Fundado en junio de 1955 por Fidel Castro y otros participantes en el asalto al cuartel Moncada, fusionándose con otras fuerzas revolucionarias incluida Acción Nacional Revolucionaria, encabezada por Frank País. En mayo de 1958 la dirección nacional fue centralizada en la Sierra Maestra, siendo Fidel Castro secretario general y comandante en jefe del Ejército Rebelde. Dirigió fusión con el Partido Socialista Popular y el Directorio Revolucionario en 1961 para formar la organización que en 1965 sería el Partido Comunista de Cuba.

Navarrete, Agustín (Tin) – Miembro de la clandestinidad del Movimiento 26 de Julio en La Habana y Santiago de Cuba. Ascendido a comandante del Ejército Rebelde en 1959. Posteriormente viceministro de la industria siderúrgica.

Núñez Jiménez, Antonio (1923–1998) – Se integró a la columna de Guevara en 1958 en la víspera de la batalla de Santa Clara con el rango de capitán. Conocido geólogo y geógrafo. Entre sus responsabilidades después de 1959 fue director ejecutivo del Instituto Nacional de Reforma Agraria, presidente de la Academia de Ciencias, viceministro de cultura y embajador en Perú.

Organización Auténtica – Organización militar creada por dirigentes del Partido Auténtico para oponerse a Batista después del golpe de 1952.

Organizaciones Revolucionarias Integradas (ORI) – Creada en 1961 a iniciativa del Movimiento 26 de Julio en fusión con el Partido Socialista Popular y el Directorio Revolucionario. Ayudó a sentar las bases para la fundación del Partido Comunista de Cuba en 1965.

País, Frank (1934–1957) – Uno de los principales dirigentes del Movimiento 26 de Julio desde su fundación en 1955, basado en Santiago. Estudiante en la Escuela Normal para Maestros y la Universidad de Oriente en Santiago; vicepresidente de la Federación Estudiantil Universitaria de Oriente. Jefe de acción del Movimiento Nacional Revolucionario de Oriente; dirigente central de Acción Revolucionaria Oriental y Acción Nacional Revolucionaria (ANR). Reclutó a combatientes de la ANR para el Movimiento 26 de Julio en 1955; fue su principal dirigente en Oriente, su jefe de acción nacional y jefe de sus milicias urbanas. Asesinado por fuerzas de la dictadura, 30 de julio de 1957.

País, Josué (1937–1957) – Militó en el Bloque Estudiantil Martiano en La Habana. Se unió al Movimiento 26 de Julio, participó en acción armada del 30 de noviembre de 1956 en Santiago de Cuba. Capitán de milicia urbana del Movimiento 26 de Julio en Santiago; asesinado por tropas del gobierno el 30 de junio de 1957. Hermano de Frank País.

Parada Marañón, Lucía – Miembro del movimiento clandestino en Santiago de Cuba. Después de 1959, trabajó más de 20 años como una de las secretarias de Raúl Castro.

Parellada, Otto (1928–1956) – Miembro de Acción Libertadora, trabajó estrechamente con Frank País. Encarcelado en 1954 por intentar ataque dinamitero contra caravana presidencial de Batista; excarcelado en amnistía de mayo de 1955. Miembro fundador del Movimiento 26 de Julio; cayó en combate en la acción armada en Santiago de Cuba el 30 de noviembre de 1956.

Partido Ortodoxo (Partido del Pueblo Cubano) – Fundado en 1947 con una plataforma de oposición al dominio imperialista norteamericano y a la corrupción del gobierno. Su dirigente principal fue Eduardo Chibás. De su ala juvenil vinieron los cuadros iniciales del movimiento revolucionario organizado por Fidel Castro tras el golpe de Batista de 1952. La dirección del partido viró hacia la derecha tras la muerte de Chibás en 1951; el partido se fragmentó después del golpe.

Partido Socialista Popular – Nombre que adoptó el Partido Comunista de Cuba en 1944. Se opuso a la dictadura de Batista pero rechazó la perspectiva política de los moncadistas y del Movimiento 26 de Julio y el Ejército Rebelde de lanzar una guerra revolucionaria en 1956–57. Cuadros del PSP colaboraron con el Movimiento 26 de Julio en los últimos meses de la lucha. Después del triunfo de 1959, el Movimiento 26 de Julio inició una fusión con el PSP y el Directorio Revolucionario en 1961, que llevó a la fundación del Partido Comunista de Cuba en 1965.

Pedraza, José Eleuterio (1903–1989) – Como jefe del ejército cubano, intentó deponer a Batista en 1941 durante su primer régimen. Expulsado del ejército, regresó como inspector general durante la guerra revolucionaria. Huyó de Cuba el 1 de enero de 1959; trabajó estrechamente con la dictadura de Trujillo en República Dominicana.

Pérez, Faustino (1920–1992) – Miembro del Partido Ortodoxo. Tras el golpe de 1952 se unió al Movimiento Nacional Revolucionario y en 1954, junto a Armando Hart, fue uno de sus dirigentes. Encarcelado en octubre de 1954, liberado por la amnistía de mayo de 1955. Fundador del Movimiento 26 de Julio en junio de 1955, fue parte de su primera dirección nacional. Expedicionario del *Granma*. Encabezó el movimiento clandestino del Movimiento 26 de Julio en La Habana hasta abril de 1958. Fue comandante del Ejército Rebelde en la Sierra. Miembro del Comité Central del Partido Comunista desde 1965 hasta su muerte.

Playa Girón – El 17 de abril de 1961, unos 1 500 mercenarios cubanos, organizados, financiados y desplegados por Washington, invadieron a Cuba por la Bahía de Cochinos en la costa sur. En menos de 72 horas fueron derrotados por las milicias, fuerzas armadas y policía revolucionarias. El 19 de abril fueron capturados los últimos invasores en Playa Girón, nombre por el cual se conoce en Cuba la invasión y batalla.

Poder Popular – Organismos del gobierno de Cuba elegidos a nivel municipal, provincial y nacional, según lo establecido por la constitución de 1976. La Asamblea Nacional del Poder Popular, elegida cada cinco años, es la mayor autoridad legislativa, y elige el Consejo de Estado y su presidente, quien es jefe de estado y de gobierno.

Portuondo, José Antonio (1911–1996) – Escritor, veterano del ascenso revolucionario contra la dictadura de Machado en los años 30. Miembro del Partido Socialista Popular. Profesor en la Universidad de Oriente, 1953–58. Embajador de Cuba en México, 1960–62; miembro fundador y vicepresidente de la Unión de Escritores y Artistas de Cuba (UNEAC). Rector de la Universidad de Oriente, 1962–65. Embajador al Vaticano, 1976–82.

Prío Socarrás, Carlos (1903–1977) – Dirigente del Partido Auténtico. Presidente de Cuba desde 1948 hasta el golpe de estado de Batista de marzo de 1952. Una de las principales figuras de la oposición burguesa en el exilio durante la guerra revolucionaria. A principios de 1961 se marchó a Estados Unidos.

PSP – Ver Partido Socialista Popular.

Puebla, Delsa "Teté" (1940–) – General de brigada en las Fuerzas Armadas Revolucionarias. Una de las primeras mujeres que se incorporaron al Ejército Rebelde, julio de 1957, llegando al rango de teniente. Miembro fundadora y segunda al mando del Pelotón Femenino Mariana Grajales. Miembro fundadora de la Federación de Mujeres Cubanas y del Partido Comunista. Miembro del Comité Central del partido, 1980–86, y de su Comité Provincial en La Habana desde 1980. Desde 1985, directora de Atención a los Combatientes, Familiares de Internacionalistas y Mártires de la Revolución.

Pujol, Raúl (1918–1957) – Miembro de la Resistencia Cívica en Santiago. Asesinado junto a Frank País, 30 de julio de 1957.

Ramos Latour, René (Daniel) (1932–1958) – Jefe de acción nacional del Movimiento 26 de Julio tras la muerte de Frank País, encabezando sus milicias urbanas. Se integró al Ejército Rebelde como comandante, mayo de 1958. Murió en combate, 30 de julio de 1958, en los últimos días de la fallida ofensiva del ejército de Batista en la Sierra Maestra.

Randich Jústiz, Luis Mariano (m. 1957) – Compañero de clase de Frank País en la Escuela Normal de Maestros en Santiago, se alistó en la policía provincial. Confirmó la identidad de País a los policías que lo asesinaron el 30 de julio de 1957. Ajusticiado por el Movimiento 26 de Julio.

Realengo 18 – Zona en Cuba oriental donde hubo una larga batalla por la tierra; poblada en el siglo 19 por veteranos de las guerras de independencia. Desde los años 20, bajo el grito de guerra "Tierra o sangre", familias campesinas apoyadas por obreros agrícolas lucharon contra el despojo de tierras por los magnates del azúcar. Los hacendados —respaldados por los tribunales, la Guardia Rural y Batista tras el golpe de 1934— prevalecieron hasta que la zona fue liberada por el Ejército Rebelde en 1958.

Revolución de 1933 – Ascenso revolucionario y huelga general que en agosto de 1933 tumbó a la dictadura de Machado. Fue reemplazado por un gobierno proimperialista encabezado por Carlos Manuel de Céspedes, hijo del iniciador de la guerra de independencia de 1868; derrocado ese año por un golpe de estado dirigido por suboficiales, estudiantes y civiles, conocido como la "Rebelión de los Sargentos". Se formó un gobierno de coalición "de los Cien Días", que incluía a dirigentes antiimperialistas como Antonio Guiteras; decretó jornada de ocho horas, anuló el "derecho" de Washington de intervenir en asuntos cubanos (Enmienda Platt). Fulgencio Batista, entonces jefe del estado mayor, dirigió un segundo golpe el 14 de enero de 1934, con apoyo de la embajada norteamericana.

Risquet Valdés, Jorge (1930–) – Miembro del Partido Socialista Popular, se incorporó al Ejército Rebelde en 1958. Secretario de Organizaciones Revolucionarias Integradas (ORI) en provincia de Oriente después de marzo de 1962; posteriormente fue ministro del trabajo. En 1965 fue jefe de la Columna 2 en Congo-Brazzaville para apoyar la misión internacionalista dirigida por Che Guevara en el este del Congo. Miembro del Comité Central del Partido Comunista desde 1965. Jefe de la misión civil internacionalista cubana en Angola, 1975–80. Miembro del Comité Central del Partido Comunista de Cuba. Diputado en la Asamblea Nacional.

Rivero, Rafael (m. 1965) – Participó en la clandestinidad del Movimiento 26 de Julio, luego capitán en las Fuerzas Armadas Revolucionarias. Esposo de Nilsa Espín.

Rodríguez, Léster (1927–1998) – Participante en asalto al cuartel Moncada. Al fundarse el Movimiento 26 de Julio en 1955, fue su coordinador en Oriente. Ayudó a organizar la acción armada en Santiago el 30 de noviembre de 1956. Arrestado, absuelto en mayo de 1957, se exilió. Delegado del Movimiento 26 de Julio en Estados Unidos hasta octubre de 1957. En 1958 regresó a Cuba y se unió al Ejército Rebelde, alcanzando el grado de capitán. Después de 1959 ocupó diversos cargos, entre otros en la industria del acero.

Salas Cañizares, José María – Uno de los más connotados esbirros de Batista; al mando de la escuadra de la policía que asesinó a Frank País en julio de 1957. Teniente coronel y comandante del Servicio de Inteligencia Militar (SIM) en Santiago de Cuba. Huyó de Cuba el 1 de enero de 1959.

Salas Cañizares, Rafael (1913–1956) – Jefe de policía en La Habana tras el golpe de Batista de marzo de 1952. Connotado asesino y torturador. Murió de sus heridas durante redada en octubre de 1956 contra embajada de Haití, donde la policía asesinó a 10 militantes antibatistianos que se habían refugiado allí.

Sánchez, Celia (1920–1980) – Primera mujer combatiente en el Ejército Rebelde, miembro de la comandancia general desde octubre de 1957. Diez años antes fue miembro fundadora del Partido Ortodoxo y dirigente de su juventud. Dirigente en la provincia de Oriente de la campaña de amnistía para los presos del Moncada. En 1955 fue miembro fundadora del Movimiento 26 de Julio y su organizadora central en Manzanillo. Junto con Frank País, organizó red urbana de abastecimiento y reclutamiento para el Ejército Rebelde. Al momento de su muerte era miembro del Comité Central del Partido Comunista y secretaria de los Consejos del Estado y de Ministros.

Sánchez Arango, Aureliano (1907–1976) – Activista estudiantil en lucha contra la dictadura de Machado, 1925–33. Ministro de educación en el gobierno de Carlos Prío, 1948–52, conocido por su corrupción. Formó la Triple A, que propugnó lucha armada contra la dictadura de Batista pero no la llevó a cabo.

Tras la victoria revolucionaria se involucró en actividades contrarrevolucionarias y huyó a Estados Unidos.

Santamaría, Abel (1927–1953) – Segundo al mando del asalto al cuartel Moncada en 1953; capturado, torturado, y asesinado por fuerzas batistianas. Dependiente de tienda y estudiante, tras el golpe de marzo de 1952 encabezó un grupo de jóvenes del Partido Ortodoxo que instaron a la dirección a combatir la dictadura. En mayo de 1952 se unió a Fidel Castro y ayudó a dirigir propaganda, agitación, organización e instrucción militar para los 1 200 reclutas se preparaban para la acción del Moncada.

Santamaría, Haydée (1922–1980) – Participante en asalto al Moncada en 1953, en el cual su hermano Abel fue capturado, torturado y asesinado. Ella fue arrestada, enjuiciada y encarcelada por siete meses. Miembro fundadora del Movimiento 26 de Julio y de su Dirección Nacional. Ayudó a organizar la acción armada del 30 de noviembre de 1956 en Santiago de Cuba. Enviada a Estados Unidos en 1958 para organizar apoyo entre exiliados. Fundadora y directora de la organización cultural Casa de las Américas desde 1959 hasta su muerte. Miembro del Comité Central del Partido Comunista, 1965–80.

Segundo Frente Oriental Frank País – Establecido en marzo de 1958, llegó a ser zona liberada en el noreste de la provincia de Oriente bajo el mando de Raúl Castro. Abarcaba más de 12 mil kilómetros cuadrados (4 700 millas cuadradas) con una población de medio millón.

Smith, Earl (1903–1991) – Corredor de bolsa en Wall Street; embajador norteamericano en Cuba, 1957–59.

Somoza – Familia de dictadores que gobernaron Nicaragua, 1933–79; derrocados por revolución de 1979 dirigida por el Frente Sandinista de Liberación Nacional.

Tabernilla, Francisco (1888–1972) – General que respaldó golpe de Batista en 1952, luego jefe del estado mayor del ejército con rango de mayor general. Huyó de Cuba el 1 de enero de 1959.

Tey, José (Pepito) (1932–1956) – Dirigente estudiantil en Santiago y estrecho colaborador de Frank País en Acción Libertadora, 1952–53, Movimiento Nacional Revolucionario, 1953–54, Acción Revolucionaria Oriental (1954), Acción Nacional Revolucionaria (1955) y Movimiento 26 de Julio, 1955–56. Cayó en la acción armada del 30 de noviembre de 1956 en Santiago.

Triple A – Organización armada fundada por Aureliano Sánchez Arango tras el golpe de 1952; incluía a veteranos de la lucha antimachadista de los años 30. Fundada por dirigentes del Partido Auténtico; buscaba convencer a militares a tumbar a Batista. Prácticamente desapareció al inicio de la guerra revolucionaria en diciembre de 1956.

Unidad Femenina Revolucionaria – Organizada a principios de 1959, principalmente en zonas rurales. Asociada estrechamente con el Partido Socialista Popular. Disuelta, sus miembros se integraron a la Federación de Mujeres Cubanas, fundada en agosto de 1960.

Varona, Mercedes (m. 1870) – Colaboradora activa de combatientes por la independencia cubana, capturada por autoridades españolas. Primera mujer caída en combate durante la guerra cuando la columna española que la escoltaba con otros presos fue atacada por las fuerzas independentistas, a quienes ella buscó apoyar.

Vázquez, Leyla – Miembro del movimiento clandestino en Santiago.

Vázquez, Luz (1831–1870) – Cuando Bayamo estaba a punto de caer en manos de las tropas españoles en 1869, ella y su familia ayudaron a incendiar la ciudad y huyeron al campo, donde ella y varios de sus hijos murieron.

Ventura Novo, Esteban (m. 2001) – Jefe de policía de La Habana, uno de los más connotados asesinos de Batista. Huyó a Estados Unidos el 1 de enero de 1959.

Índice

G

T

de Pathfinder

MALCOLM X LA LIBERACIÓN DE LOS NEGROS Y EL CAMINO AL PODER OBRERO

JACK BARNES

"No empecemos con los negros como nacionalidad oprimida. Empecemos con el papel de vanguardia de los trabajadores que son negros en las amplias luchas sociales y políticas con dirección proletaria en Estados Unidos. Desde la Guerra Civil hasta el día de hoy, el historial es asombroso. Es la fuerza y capacidad de resistencia, no la opresión, lo que nos deja pasmados".

— Jack Barnes

Este libro, al sacar lecciones de un siglo y medio de lucha, nos ayuda a entender por qué la conquista revolucionaria del poder por la clase trabajadora hará posible la batalla final por la libertad de los negros, y abrirá el camino a un mundo que se base, no en la explotación, la violencia y el racismo, sino en la solidaridad humana. Un mundo socialista. US$20. También en inglés y francés.

Tomo complementario

EL ROSTRO CAMBIANTE DE LA POLÍTICA EN ESTADOS UNIDOS

La política obrera y los sindicatos

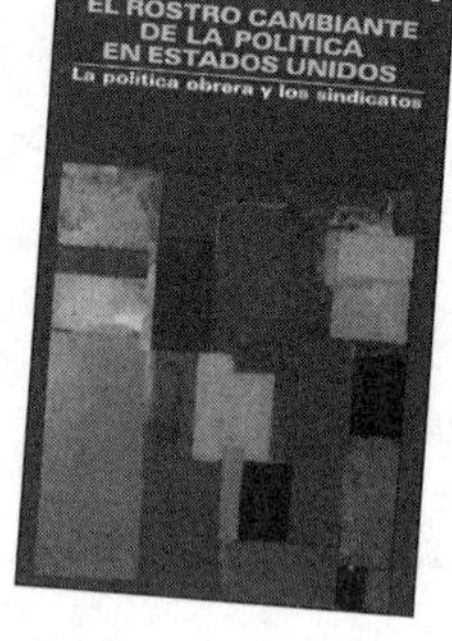

JACK BARNES

Sobre la construcción del tipo de partido que los trabajadores necesitan a fin de prepararse para las batallas de clases que vienen, a través de las cuales se revolucionarán a sí mismos, revolucionarán nuestras organizaciones de clase y toda la sociedad. US$24. También en inglés, francés y sueco.

www.pathfinderpress.com

Política obrera y la unión creciente de los trabajadores

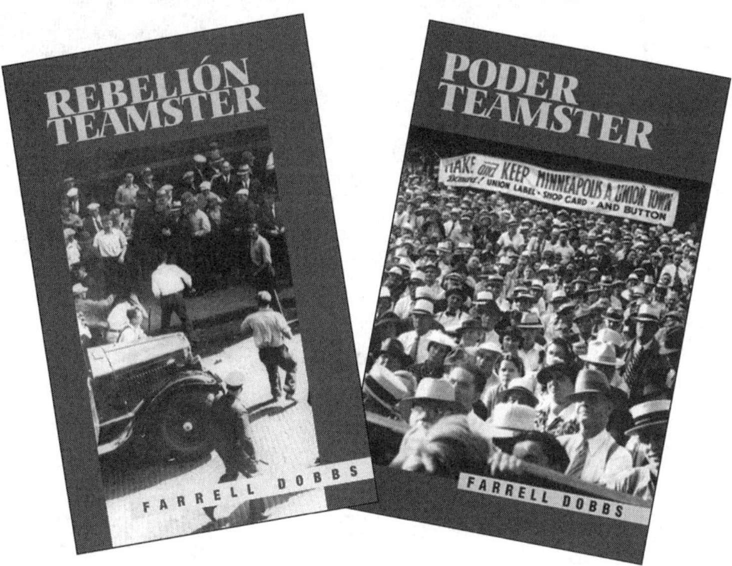

Rebelión Teamster y Poder Teamster

Farrell Dobbs

Sobre las huelgas y campañas de sindicalización de los años 30 que forjaron el movimiento sindical industrial en Minneapolis y extendieron el poder sindical desde las Dakotas hasta Texas y Ohio. Los primeros dos de una serie de cuatro tomos escritos por un dirigente central de estas batallas y del movimiento comunista en Estados Unidos. Importantes fuentes para los que participan en las batallas de clases que se agudizan en el siglo 21. US$19 cada uno. También en inglés.

Wall Street enjuicia al socialismo

James P. Cannon

Las ideas básicas del socialismo, explicadas en el testimonio durante el juicio de 1941 contra dirigentes del sindicato de los Teamsters en Minneapolis y del Partido Socialista de los Trabajadores, a quienes les fabricaron cargos y encarcelaron bajo la connotada Ley Smith "de la mordaza" durante la Segunda Guerra Mundial. US$16. También en inglés.

www.pathfinderpress.com

Una revolución dentro...

Marianas en combate

Teté Puebla y el Pelotón Femenino Mariana Grajales en la guerra revolucionaria cubana, 1956-58

La general de brigada Teté Puebla se integró en 1956, a los 15 años, a la lucha para derrocar a la dictadura de Batista, respaldada por Washington. Esta es su historia: desde la actividad clandestina en las ciudades, hasta su papel como oficial en la primera unidad de mujeres del Ejército Rebelde, el Pelotón Femenino Mariana Grajales, hasta el día de hoy. Por más de 50 años, la lucha por transformar la condición social y económica de la mujer ha sido clave para la revolución socialista en Cuba. US$14. También en inglés y persa.

Haciendo historia

Entrevistas con cuatro generales de las Fuerzas Armadas Revolucionarias de Cuba

Enrique Carreras, Harry Villegas, José Ramón Fernández, Nestor López Cuba

A través de las historias de cuatro destacados generales cubanos vemos la dinámica de clases que ha definido toda nuestra época. Podemos comprender mejor cómo el pueblo de Cuba, al luchar por la construcción de una nueva sociedad, ha mantenido a raya a Washington por más de 50 años. US$17. También en inglés y persa.

Con la memoria en el futuro

Este documental en DVD, producido en 2005 en el 45° aniversario de la Federación de Mujeres Cubanas (FMC), examina el progreso que ha logrado la mujer en Cuba desde que los trabajadores y agricultores de ese país tomaron el poder en 1959. Por medio de entrevistas en las calles, en centros de trabajo y en escuelas, se discuten francamente las actitudes sobre la igualdad de la mujer en el empleo, el divorcio, la crianza de niños, las relaciones sexuales y otros temas. US$15. En español con subtítulos en inglés.

de la revolución socialista cubana

Women and the Cuban Revolution

(La mujer y la Revolución Cubana)

Discursos y documentos de Fidel Castro, Vilma Espín y otros

La victoria de la Revolución Cubana, dijo Fidel Castro en 1966, ha significado "para la mujer una doble liberación", puesto que era "discriminada no ya como trabajadora, sino discriminada como mujer". En inglés. US$16

De la sierra del Escambray al Congo

En la vorágine de la Revolución Cubana

Víctor Dreke

El autor describe lo fácil que resultó, tras la victoria de la Revolución Cubana, quitar una soga que segregaba a negros de blancos en la plaza de un pueblo, pero lo enorme que resultó la batalla para transformar las relaciones sociales que subyacían todas esas "sogas" heredadas del capitalismo y de la dominación yanqui. Dreke describe el gozo creador con que el pueblo trabajador ha defendido su trayectoria revolucionaria: desde la sierra del Escambray hasta África y más allá. US$17. También en inglés.

Renewal or Death: Cuba's Rectification Process

(Renovación o muerte: El proceso de rectificación en Cuba)

Fidel Castro en *New International* no. 6

Dos discursos de Fidel Castro que señalan el momento decisivo en la Revolución Cubana a fines de los años 80 conocido como el proceso de rectificación. Representaba un alejamiento de las prácticas de copiar los métodos económicos y políticos de la Unión Soviética, y una revitalización de métodos proletarios, las movilizaciones populares y el trabajo voluntario. Introducción de Mary-Alice Waters. En inglés y francés. US$16

www.pathfinderpress.com

Fidel Castro sobre la victoria revolucionaria en Cuba

Por todos los caminos de la Sierra

LA VICTORIA ESTRATÉGICA

El relato de primera mano de Fidel Castro sobre 74 días de batalla en el verano de 1958, cuando 300 combatientes revolucionarios —con el apoyo de trabajadores y agricultores por toda Cuba— derrotaron la "ofensiva para arrinconar y aniquilar" de 10 mil tropas de la dictadura de Batista. Incluye mapas, fotos, documentos históricos, glosario ilustrado de armamentos. 855 páginas. US$35

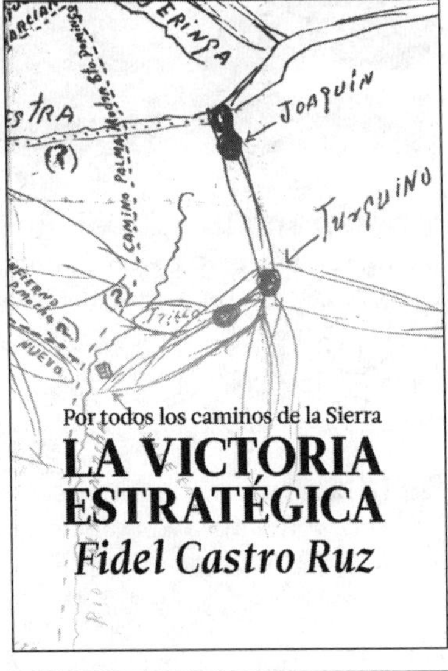

De la Sierra Maestra a Santiago de Cuba

LA CONTRAOFENSIVA ESTRATÉGICA

Crónica diaria de Fidel Castro de los últimos meses de la guerra revolucionaria a finales de 1958. Relata cómo combatientes obreros y campesinos, después de derrotar a un ejército 30 veces más grande que el suyo, lanzaron una contraofensiva de 147 días para extender la lucha revolucionaria por toda Cuba, y tomaron el poder el 1 de enero de 1959. Incluye comunicados, cartas, mapas y fotos. 593 páginas. US$25

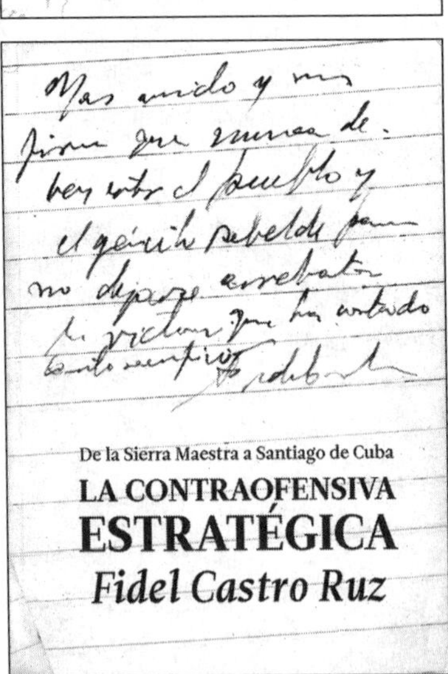

US$50 por los dos tomos.

Publicados por el Consejo de Estado de Cuba.

www.pathfinderpress.com

Nueva Internacional

UNA REVISTA DE POLÍTICA Y TEORÍA MARXISTAS

NUEVA INTERNACIONAL N⁰. 6

HA COMENZADO EL INVIERNO LARGO Y CALIENTE DEL CAPITALISMO

Jack Barnes

Los actuales conflictos interimperialistas que se agudizan se ven impulsados por el inicio de lo que serán décadas de convulsiones y batallas de clases, y por un cambio trascendental en la política y organización militar de Washington. Los trabajadores de disposición de lucha de clases debemos encarar esta histórica coyuntura para el imperialismo, al trazar un curso revolucionario.

US$16. También en inglés, francés y sueco.

NUEVA INTERNACIONAL N⁰. 7

NUESTRA POLÍTICA EMPIEZA CON EL MUNDO

Jack Barnes

Las enormes desigualdades económicas y culturales entre los países imperialistas y semicoloniales, y entre las clases dentro de estos países, se reproducen y acentúan por las operaciones del capitalismo. Para que los trabajadores de vanguardia forjemos partidos capaces de dirigir una exitosa lucha revolucionaria por el poder en nuestros propios países, nuestra actividad debe guiarse por una estrategia para cerrar esta brecha.

US$14. También en inglés, francés y sueco.

NUEVA INTERNACIONAL N⁰. 8

EL LEGADO ANTIOBRERO DE LOS CLINTON: RAÍCES DE LA CRISIS FINANCIERA MUNDIAL DE 2008

US$14. También en inglés, francés y sueco.

De la dictadura del capital...

El Manifiesto Comunista

Carlos Marx, Federico Engels

El documento de fundación del movimiento obrero revolucionario moderno, publicado en 1848. Explica por qué el comunismo no es un conjunto de principios preconcebidos sino la línea de marcha de la clase trabajadora hacia el poder, una marcha que emana de "las condiciones reales de una lucha de clases existente, de un movimiento histórico que se está desarrollando ante nuestros ojos". US$5. También en inglés, francés y árabe.

El estado y la revolución

V.I. Lenin

"La relación entre la revolución socialista proletaria y el estado adquiere no solo una importancia política práctica", escribió V.I. Lenin apenas unos meses antes de la revolución rusa de octubre de 1917. También aborda "la cuestión más cadente: explicar a las masas qué deberán hacer para liberarse de la tiranía capitalista." En *Obras escogidas de Lenin.* US$14.95

Su Trotsky y el nuestro

Jack Barnes

Para dirigir a la clase trabajadora en una revolución exitosa, se necesita un partido revolucionario de masas cuyos cuadros han asimilado con mucha antelación un programa comunista mundial, son proletarios en su vida y su trabajo, derivan una satisfacción profunda de la actividad política y han forjado una dirección con un agudo sentido de lo próximo que hay que hacer. Este libro trata sobre la construcción de dicho partido. US$15. También en inglés y francés.

www.pathfinderpress.com

...a la dictadura del proletariado

La última lucha de Lenin

Discursos y escritos, 1922–23

V.I. Lenin

En 1922 y 1923, V.I. Lenin, dirigente central de la primera revolución socialista en el mundo, libró lo que sería su última batalla política. Lo que estaba en juego era si esa revolución, y el movimiento internacional que dirigía, seguiría por el curso proletario que había llevado al poder a los trabajadores y campesinos del antiguo imperio zarista en octubre de 1917. Lectura indispensable para entender la lucha de clases mundial en los siglos 20 y 21. US$20. También en inglés.

¿Es posible una revolución socialista en Estados Unidos?

Un debate necesario

Mary-Alice Waters

En dos charlas, presentadas en el marco de un amplio debate en la Feria Internacional del Libro de Venezuela, Waters explica por qué una revolución socialista es posible en Estados Unidos. Explica por qué las luchas revolucionarias del pueblo trabajador son inevitables: nos las impondrán los ataques de la clase patronal, impulsados por la crisis. Al ir creciendo la solidaridad entre una vanguardia combativa del pueblo trabajador, se divisan ya los contornos de batallas de clase por venir. US$7. También en inglés, francés y sueco.

The History of the Russian Revolution

(La historia de la Revolución Rusa)

León Trotsky

La dinámica social, económica y política de la primera revolución socialista, relatada por uno de sus dirigentes centrales. Edición completa en inglés, tres tomos en uno. US$38. También en ruso.

La Revolución Cubana y la

Cuba y la revolución norteamericana que viene

Jack Barnes

Trata sobre la lucha de clases en el corazón del imperialismo, los jóvenes atraídos a ella y el ejemplo dado por el pueblo de Cuba de que una revolución no solo es necesario, se puede hacer. Trata sobre la lucha de clases en Estados Unidos, donde hoy día las fuerzas gobernantes descartan el potencial revolucionario de los trabajadores y agricultores tan rotundamente como descartaron el del pueblo trabajador cubano. Y de forma igualmente errada. US$10. También en inglés y francés.

Episodes of the Cuban Revolutionary War, 1956–58

(Pasajes de la guerra revolucionaria cubana, 1956–58)

Ernesto Che Guevara

Recuento testimonial de los sucesos políticos y las campañas militares en Cuba que culminaron en la insurrección popular de enero de 1959 que derrocó a una dictadura respaldada por Washington. Con claridad y sentido de humor, Guevara describe su propia educación política. Explica cómo la lucha transformó a los hombres y las mujeres del Ejército Rebelde y del Movimiento 26 de Julio, abriendo la puerta a la primera revolución socialista en las Américas. En inglés. US$30

Aldabonazo

EN LA CLANDESTINIDAD REVOLUCIONARIA CUBANA, 1952–58

Armando Hart

Este relato de primera mano por un dirigente histórico de la Revolución Cubana complementa las entrevistas aquí con Vilma Espín y Asela de los Santos. Hart narra la historia de los hombres y mujeres que dirigieron la clandestinidad urbana, la cual brindó apoyo decisivo al Ejército Rebelde en la lucha que derrocó a la brutal tiranía batistiana apoyada por Washington. Las acciones de esta generación revolucionaria cambiaron la historia del siglo 20 y del siglo actual. US$25. También en inglés.

política mundial

Los Cinco Cubanos

QUIÉNES SON, PORQUÉ LES FABRICARON UN CASO, POR QUÉ DEBEN SER LIBERADOS

Martín Koppel, Mary-Alice Waters y otros

Presos en Estados Unidos desde 1998, cinco revolucionarios cubanos fueron acusados bajo cargos amañados de formar parte de una "red cubana de espionaje" en Florida. Gerardo Hernández, Ramón Labañino, Antonio Guerrero, Fernando González y René González estaban vigilando grupos derechistas, con un largo historial de ataques armados contra Cuba desde territorio estadounidense, para informar al gobierno cubano. Artículos publicados en el *Militante* sobre la verdad del caso amañado y la lucha internacional por la libertad de los cinco. US$5. También en inglés.

To Speak the Truth

WHY WASHINGTON'S 'COLD WAR' AGAINST CUBA DOESN'T END

(Hay que decir la verdad: Por qué no cesa la 'Guerra Fría' de Washington contra Cuba)

Fidel Castro, Ernesto Che Guevara

"En el próximo año, nuestro pueblo se propone librar la gran batalla contra el analfabetismo, con la meta ambiciosa de enseñar a leer y escribir hasta el último analfabeto", dijo Fidel Castro ante la Asamblea General de la ONU en septiembre de 1960. Un año después, la meta se había cumplido. En discursos históricos ante asambleas de la ONU, dos dirigentes de la revolución socialista presentan los logros políticos de Cuba y su trayectoria internacionalista. Explican por qué Washington detesta tanto el ejemplo de Cuba y por qué va a fracasar en sus intentos de destruir la revolución. En inglés. US$18

NUEVA INTERNACIONAL Nº. 4

La defensa de Cuba, la defensa de la revolución socialista cubana

Mary-Alice Waters

Al enfrentar en los años 90 las mayores dificultades económicas en la historia de la revolución, los trabajadores y agricultores de Cuba defienden su poder político, su independencia y soberanía, y el rumbo histórico que emprendieron a comienzos de los años 60. US$17. También en inglés, francés, sueco e islandés.

LA EMANCIPACIÓN DE LA MUJER Y EL SOCIALISMO

El aborto: Derecho fundamental de la mujer

PAT GROGAN Y OTROS

Por qué el derecho al aborto es esencial no solo para la lucha por la emancipación plena de la mujer sino también para forjar un movimiento obrero unido y combativo. US$6. También en inglés.

Cosmetics, Fashions, and the Exploitation of Women

(Los cosméticos, la moda y la explotación de la mujer)

JOSEPH HANSEN, EVELYN REED, MARY-ALICE WATERS

Plantea cómo los capitalistas promueven los cosméticos para sacar ganancias y perpetuar la condición de segunda clase de la mujer. Explica cómo el ingreso de millones de mujeres a la fuerza laboral durante y después de la Segunda Guerra Mundial sentó las bases para los avances que la mujer ha conquistado durante las últimas tres décadas. En inglés. US$15

Woman's Evolution

(La evolución de la mujer)

Desde el clan matriarcal a la familia patriarcal

EVELYN REED

Analiza las contribuciones decisivas y aún mayormente desconocidas de la mujer al desarrollo de la civilización humana y refuta el mito de que las mujeres han estado siempre subordinadas a los hombres. En inglés. US$32

Communist Continuity and the Fight For Women's Liberation

(La continuidad comunista y la lucha por la liberación de la mujer)

Documentos del Partido Socialista de los Trabajadores 1971–86

EDITADOS CON INTRODUCCIÓN DE MARY-ALICE WATERS

¿Cómo comenzó la opresión de la mujer? ¿Qué clase se beneficia? ¿Qué fuerzas sociales tienen el poder necesario para poner fin a la condición de segunda clase de la mujer? Esta serie en tres partes ayuda a armar políticamente a la generación de mujeres y hombres que hoy se incorpora a las batallas en defensa de los derechos de la mujer. 3 tomos en inglés. US$30

www.pathfinderpress.com

También de

PATHFINDER

La clase trabajadora y la transformación de la educación

El fraude de la reforma educativa bajo el capitalismo

JACK BARNES

"Hasta que la sociedad se reorganice para que la educación sea una actividad humana desde que aún somos muy jóvenes hasta el momento en que morimos, no habrá una educación digna de la humanidad creadora y trabajadora". US$3. También en inglés, francés, sueco, islandés, persa y griego.

Malcolm X habla a la juventud

Cuatro charlas y una entrevista de Malcolm X a jóvenes en Ghana, el Reino Unido y Estados Unidos durante los últimos meses de su vida. Incluye su intervención en un debate en la Universidad de Oxford, Inglaterra, en diciembre de 1964, hasta la fecha inédita. Concluye con dos homenajes de un joven dirigente socialista a este gran revolucionario, cuyo ejemplo y cuyas palabras siguen planteando la verdad para una generación tras otra de jóvenes. US$15. También en inglés y francés.

Puerto Rico: La independencia es una necesidad

RAFAEL CANCEL MIRANDA

En dos entrevistas, el dirigente independentista puertorriqueño Cancel Miranda —uno de los cinco nacionalistas puertorriqueños encarcelados por Washington por más de 25 años, hasta 1979— habla sobre la realidad brutal del coloniaje norteamericano, la campaña para liberar a los presos políticos puertorriqueños y el ejemplo de la revolución socialista cubana. US$5. También en inglés.

PATHFINDER EN EL MUNDO

Visite nuestro sitio web para una lista completa de títulos y hacer pedidos

www.pathfinderpress.com

DISTRIBUIDORES DE PATHFINDER

ESTADOS UNIDOS
(y América Latina, el Caribe y el este de Asia)

Libros Pathfinder, 306 W. 37th St., 10º piso,
Nueva York, NY 10018

CANADÁ

Libros Pathfinder, 7107 St. Denis, suite 204,
Montreal, QC, H2S 2S5

REINO UNIDO
(y Europa, África, Oriente Medio y el sur de Asia)

Libros Pathfinder, primer piso, 120 Bethnal Green Road
(entrada en Brick Lane), Londres E2 6DG

AUSTRALIA
(y el sureste de Asia y Oceanía)

Pathfinder, 1er nivel, 3/281-287 Beamish St., Campsie, NSW 2194
Dirección Postal: P.O. Box 164, Campsie, NSW 2194

NUEVA ZELANDA

Pathfinder, 4/125 Grafton Road, Grafton, Auckland
Dirección Postal: P.O. Box 3025, Auckland 1140

Sea miembro de Club del Lectores de Pathfinder
y obtenga un 15% de descuento para todos los títulos de Pathfinder y mayores descuentos con ofertas especiales. Inscríbase en www.pathfinderpress.com o a través de los distribuidores listados arriba.